U0514303

国家社会科学基金一般项目"政府创新支持、开放式创新模式与制造企业创新绩效的关系研究"（17BGL095）

教育部人文社会科学研究规划基金项目"数字资源与技术机会视角期望绩效差距对企业战略转型的影响机制及作用路径研究"（21YJA630037）

2021年度浙江工商大学工商管理学院代表性成果培育项目

# 政府创新支持、开放式创新与制造企业创新绩效的关系研究

蒋樟生 ◎ 著

中国财经出版传媒集团

经济科学出版社
Economic Science Press

图书在版编目（CIP）数据

政府创新支持、开放式创新与制造企业创新绩效的关系研究／蒋樟生著. —北京：经济科学出版社，2022. 1

ISBN 978 – 7 – 5218 – 3392 – 8

Ⅰ. ①政…　Ⅱ. ①蒋…　Ⅲ. ①政策支持 – 作用 – 制造工业 – 企业创新 – 研究 – 中国　Ⅳ. ①F426.4

中国版本图书馆 CIP 数据核字（2022）第 014285 号

责任编辑：张　燕
责任校对：靳玉环
责任印制：邱　天

政府创新支持、开放式创新与制造企业创新绩效的关系研究
蒋樟生　著
经济科学出版社出版、发行　新华书店经销
社址：北京市海淀区阜成路甲 28 号　邮编：100142
总编部电话：010 – 88191217　发行部电话：010 – 88191522
网址：www. esp. com. cn
电子邮箱：esp@ esp. com. cn
天猫网店：经济科学出版社旗舰店
网址：http：//jjkxcbs. tmall. com
固安华明印业有限公司印装
710 × 1000　16 开　17.5 印张　270000 字
2022 年 4 月第 1 版　2022 年 4 月第 1 次印刷
ISBN 978 – 7 – 5218 – 3392 – 8　定价：88.00 元
（图书出现印装问题，本社负责调换。电话：010 – 88191510）
（版权所有　侵权必究　打击盗版　举报热线：010 – 88191661
QQ：2242791300　营销中心电话：010 – 88191537
电子邮箱：dbts@ esp. com. cn）

# 前　言

　　20 世纪末，随着知识、人才和资本等生产要素流动加剧，对传统的封闭式创新模式提出挑战，开放式创新模式应运而生。进入 21 世纪后，互联网技术的加速普及，进一步为开放式创新模式的兴起和广泛应用创造了条件。开放式创新模式可以使企业打破组织、产业和技术的边界，从外部获取知识、人才和资本以弥补企业内部创新资源的短缺，进而实现持续创新与高质量发展。企业通过实施开放式创新可以在较短的时间和较少的成本下开发新产品、进入新市场或扩大现有市场范围等，从而提高企业的核心竞争能力。在此背景下，互联网企业占据了得天独厚的优势而得到迅猛发展，不断创新，引领着国内技术革命浪潮。相比之下，制造企业的创新氛围、条件、速度与成果均与互联网企业拉开了较大距离。因此，提高制造企业的开放度，促进制造企业全面拥抱开放式创新模式，从而拉动制造企业创新投入和创新产出，是实现传统制造企业转型升级的重要出路。

　　同时，从内生经济增长理论来看，政府是企业技术创新网络中的重要主体，政府所建立的创新环境和提供的创新支持，是推动企业实施创新的重要工具。为了抢占未来竞争优势，我国政府一直以来都在大力支持制造企业创新与高质量发展、推进开放式创新模式普及、发展开放式经济的过程中做出了巨大努力。自李克强总理在 2015 年提出要用全球视野整合资源以大力推进开放式创新以来，国家层面、各级政府开始积极布局制度体系。2015 年国务院出台《中国制造 2025》，指出政府要牵头建立产业创新联盟和知识产权联盟，形成制造业创新中心，建设制造业协同创新的公共服务平台，建设重大科学研究和实验设施以及标准创新研究基地。2016 年国务院在《国家创新驱动发展战略纲要》中强调，要全方位推进开放式创新，支持企业面向全球布局创新网络。此后，相继出台的政策均强调了开放式创新的战略意义，并全方位细化了推进开放式创新局面的落实举措，为制造企业开展创新合作营造了积极的制度环境。其中，政府补助、税收优惠成为促进企业创新最主要的政府支持工具。

政府在制造企业的发展中发挥的作用越来越突出。一方面体现为政府支持是企业创新的重要支撑，另一方面体现为政府规制是企业创新的重要驱动力。改革开放40多年来，我国充分利用生产要素实现经济高速增长，成为全球第二大经济体。然而，在此背后，能源过度消耗、资源过度浪费、生态环境遭到破坏等问题逐渐突出。中国制造业仍然大而不强，在资源利用效率、产业结构水平、质量效益等方面差距明显。因此，党的十八大以来，以习近平同志为核心的党中央高度重视环境保护工作，提出创新、协调、绿色、开放、共享五大发展理念。《中国制造2025》更是明确提出，要把绿色发展作为制造业发展的主攻方向之一。在此背景下，制造企业正面临着越来越大的正式环境规制压力，驱动着企业思考可持续发展的问题。

与此同时，以公众媒体为代表的非正式环境规制势力也在无形中影响着制造企业。近年来，绿色发展理念被大力倡导，国民收入水平提高后对高品质生活的追求，以及互联网技术普及提高了各类污染事件报道的透明度，都促使公众媒体加强了对环境污染现象的关注，并参与到环境污染防治的监督管理中，给排污制造企业带来了巨大的社会压力和市场压力。这种压力甚至不亚于政府力量，迫使企业不得不改变粗放的生产方式，提升创新效率，研发绿色产品以赢得市场青睐。

制造企业是强国之基，技术创新是制造企业立足的根本。如何推动制造企业融入开放式创新大环境、平衡生态保护与经济增长的关系，在很大程度上取决于政府如何支持制造企业创新，以及内外部环境规制如何影响企业技术创新。现有研究很少回答这一问题。因此，本书在对相关理论和学者的观点进行梳理的基础上，分析政府创新支持、开放式创新与制造企业创新绩效之间的动态作用关系，引入内外部环境规制、市场预期和市场竞争的调节作用，从制度和市场环境视角揭示政府创新支持对制造企业开放式创新及创新绩效的影响问题，有利于实施创新驱动发展战略，为我国制造企业制定适宜的创新支持政策，推动制造企业实施开放式创新，以及促进制造企业加快转型升级提供一定的决策依据和理论支持。

蒋樟生

2022 年 1 月

# 目　　录

# 第1章 绪 论

## 1.1 选题现实与理论背景

### 1.1.1 政府层面

技术创新是一个国家经济增长的动力源泉，决定了一个国家竞争优势的形成。而在大力推进创新战略的同时，认清开放式创新的时代趋势并积极拥抱开放式创新环境是中国等发展中国家加快实现产业转型升级和经济发展方式转变的重要捷径。因此，近几年来，中国政府在大力支持企业创新、推进产业内外开放式创新模式形成的进程中做出了巨大的努力。自李克强总理在2015年达沃斯论坛上提出要用全球视野整合资源以大力推进开放式创新以来，国家层面、各级政府以及企业都在积极行动。2015年国务院出台《中国制造2025》，指出政府要建立制造业创新中心，促进产学研合作；2016年国务院在《国家创新驱动发展战略纲要》中强调全方位推进开放创新，支持企业面向全球布局创新网络。政府在企业创新活动中扮演着越来越重要的角色。政府可以制定产品的技术标准，规范技术交易市场，并通过直接补助、税收优惠等财政政策来支持开放式模式。以下是过去几年中国政府对制造企业开放式创新支持的情况。

#### 1.1.1.1 政策层面支持企业开放式创新

综合国家支持企业开放式创新发展的相关政策与资讯来看，2015年国家主要统筹推进"引进来"与"走出去"合作创新和开放型经济顶层设计，在更高层次上构建开放创新机制和开放型经济新体制。通过形成若干产业创新中心，推进开放创新局面形成。2016年国家主要支持企业面向全球布局创新网络，构建多主体协同互动与大众创新创业有机结合的开放高效创新网络，鼓励建立海外研发中心。2017年国家着手构建科技创新合作体系，优化科技合作平台网络，推动可持续的合作研发，建立技术转移机构，形成技术双向转移通道。2018年国家开始牵头组织大科学计划，面向全球吸引和集聚高端人才，打造高端科研试验和协同创新平台，攻克全球重大创新治理难题，以带动科技界和产业界的协作。此后，2019年和2020年进一步强调了开放创新的战略意义，全方位细化了推进开放式创新局面的改革措施，为企业间的可持续合作研发营造积极的宏观环境。表1-1为国家支持企业开放式创新发展的相关政策与资讯。

表1-1　　　　　　中央政府及相关部委支持开放式创新发展的情况

| 序号 | 日期 | 组织 | 文件 | 主要内容 |
|---|---|---|---|---|
| 1 | 2015年3月 | 国务院 | 《中共中央　国务院关于深化体制机制改革加快实施创新驱动发展战略的若干意见》 | 统筹推进合作创新，构建开放创新机制，推动形成深度融合的开放创新局面 |
| 2 | 2015年5月 | 国务院 | 《中共中央　国务院关于构建开放型经济新体制的若干意见》 | 提出统筹开放型经济顶层设计，构建开放型经济新体制 |
| 3 | 2015年5月 | 国务院 | 《中国制造2025》 | 建立产业创新联盟和知识产权联盟，形成制造业创新中心，建设制造业协同创新的公共服务平台，建设重大科学研究和实验设施与标准创新研究基地 |
| 4 | 2015年9月 | 国务院 | 《深化科技体制改革实施方案》 | 鼓励构建产业技术创新战略联盟，整合形成若干产业创新中心，推动形成深度融合的开放创新局面 |
| 5 | 2016年5月 | 国务院 | 《国家创新驱动发展战略纲要》 | 支持企业面向全球布局创新网络，鼓励建立海外研发中心，全方位推进开放创新 |

续表

| 序号 | 日期 | 组织 | 文件 | 主要内容 |
|---|---|---|---|---|
| 6 | 2016 年 7 月 | 国务院 | 《"十三五"国家科技创新规划》 | 提出构建多主体协同互动与大众创新创业有机结合的开放高效创新网络 |
| 7 | 2016 年 8 月 | 工信部 | 《关于完善制造业创新体系，推进制造业创新中心建设的指导意见》 | 建立产学研协同创新机制，打造国家制造业创新平台 |
| 8 | 2017 年 5 月 | 科技部 | 《"十三五"国际科技创新合作专项规划》 | 提出构建科技创新合作体系，优化科技合作平台网络，推动可持续的合作研发 |
| 9 | 2017 年 9 月 | 国务院 | 《国家技术转移体系建设方案》 | 完善创新合作机制，通过建立技术转移机构形成技术双向转移通道 |
| 10 | 2018 年 3 月 | 国务院 | 《积极牵头组织国际大科学计划和大科学工程方案》 | 坚持中方主导、多国多机构共同参与的基本原则，打造创新能力开放合作新平台 |
| 11 | 2019 年 1 月 | 国务院 | 《关于推广第二批支持创新相关改革举措的通知》 | 提出以授权为基础、市场化方式运营为核心的科研仪器设备开放共享机制 |
| 12 | 2019 年 5 月 | 国务院 | 《关于推进国家级经济技术开发区创新提升打造改革开放新高地的意见》 | 推进国家级经济技术开发区开放、科技、制度创新，提升对外合作水平 |
| 13 | 2019 年 8 月 | 科技部 | 《国家新一代人工智能开放创新平台建设工作指引》 | 指导和推动国家新一代人工智能开放创新平台有序发展 |
| 14 | 2020 年 7 月 | 国务院 | 《关于促进国家高新技术产业开发区高质量发展的若干意见》 | 提出要围绕产业链部署创新链，围绕创新链布局产业链，加强关键核心技术创新和成果转移转化 |
| 15 | 2020 年 11 月 | 国务院 | 《新能源汽车产业发展规划（2021～2035 年）》 | 鼓励新能源汽车企业与能源、交通、信息通信产业企业的跨界协同 |

资料来源：笔者整理。

　　各地政府为落实国家开放式创新政策，也采取了一系列措施鼓励和引导企业加快开放式创新步伐，从总体要求到重点任务再到具体组织实施支持企业开放式创新。表 1－2 列举了具有代表性的地方政府及相关部门支持开放式创新的情况。

表 1-2                   地方政府及相关部门支持开放式创新发展的情况

| 序号 | 日期 | 组织 | 文件 | 相关内容 |
|---|---|---|---|---|
| 1 | 2015 年 4 月 | 江苏省政府 | 《关于加快互联网平台经济发展的指导意见》 | 因地制宜，形成各具特色的平台经济运营与服务模式。加快实体经济与互联网平台嫁接 |
| 2 | 2015 年 11 月 | 上海市政府 | 《关于进一步促进科技成果转移转化的实施意见》 | 培育新型研发机构，投入政府补助，支持企业通过自主研发、受让、许可、产学研合作等方式实施科技成果转化 |
| 3 | 2016 年 2 月 | 湖北省科技厅 | 《关于深入推进科技创业的十条意见》 | 加快建设"众创空间""校园创业孵化器"等新型创业服务机构。鼓励建立公用的专业技术条件平台，为创业企业提供开放共享服务 |
| 4 | 2016 年 10 月 | 贵州省政府 | 《关于支持"1+7"开放创新平台加快发展的意见》 | 建设"1+7"开放创新平台，推进开放型创新经济新格局的发展 |
| 5 | 2017 年 8 月 | 中共湖南省委 | 《关于大力实施创新引领开放崛起战略的若干意见》 | 建立创新型经济新体系，形成开放型新经济格局 |
| 6 | 2017 年 8 月 | 中共湘潭市委 | 《关于大力推进创新引领开放崛起战略的实施意见》 | 大力推进开放行动，着力打造对外开放高地 |
| 7 | 2018 年 7 月 | 宁夏回族自治区政府 | 《关于加强东西部科技合作推进开放创新实施方案的通知》 | 联合共建开放式创新平台，加强东西部科技合作推进开放创新的实施 |
| 8 | 2018 年 12 月 | 沧州市政府 | 《沧州市加强创新能力开放合作实施方案》 | 加强科技创新领域开放合作，培育壮大国际科技合作创新主体 |
| 9 | 2019 年 3 月 | 云南省政府 | 《关于新时代扩大和深化对外开放的若干意见》 | 壮大开放合作新产业，推进要素资源集聚，加快产业合作；打造开放包容新平台，合作共建国际产能合作境外园区 |
| 10 | 2020 年 7 月 | 温州市政府 | 《关于全面加快科技创新推动工业经济高质量发展的若干政策意见》 | 强化创新驱动发展，引导企业加大研发投入，鼓励建设新兴研发机构，多渠道开展科技合作 |
| 11 | 2020 年 12 月 | 台州市科技局 | 《鼓励市科创实验平台向企业开放的办法》 | 鼓励企业与市科创实验平台在平等互利基础上，通过投入建设资金、研发经费、提供试验场所等形式合建科创实验平台 |

资料来源：笔者整理。

### 1.1.1.2 资金层面支持企业开放式创新

政府在资金层面的支持包括政府直接补助和税收优惠,数据来自国泰安
CSMAR 数据库中所有制造业上市公司营业外收入明细——政府补助指标和现
金流量表中收到的税费返还指标。

政府补助的范围和规模在 2016 年达到顶峰,随后直线下滑,逐渐保持稳
定。如图 1 - 1 所示,3059 家制造业上市公司中,2011 年共计获得政府补助
486.14 亿元,未获得政府补助的上市公司有 1486 家,获得政府补助的上市
公司有 1573 家,获得政府补助的占比为 51.42%;获得政府补助在 1 亿元以
上的上市公司共计有 85 家(占比为 2.78%)。2011 ~ 2016 年,政府补助的范
围和规模一直都在不断增强。2016 年获得政府补助的规模已经达到了
1069.09 亿元,未获得政府补助的上市公司仅有 411 家,获得政府补助的上
市公司达到了 2648 家,获得政府补助的上市公司占比高达 86.56%;获得政
府补助在 1 亿元以上的上市公司共计有 187 家(占比为 6.11%)。然后,从
2017 年开始政府补助的强度和范围都开始直线急剧下滑,至 2020 年共计获
得政府补助 119.54 亿元,未获得政府补助的上市公司有 1798 家,获得政府
补助的上市公司有 1261 家,获得政府补助的占比为 41.22%;获得政府补助
在 1 亿元以上的上市公司共计有 15 家(占比为 0.49%),下降趋势明显,说
明政府在调整支持方式,不再单纯依靠政府补助来引导企业进行创新活动。

图 1 - 1 2011 ~ 2020 年制造业政府补助情况

资料来源:笔者根据国泰安数据库资料整理。

税费返还是税收优惠的体现,政府在 2011~2020 年不断增加税费优惠的力度和范围,以促进制造企业的高质量发展。如图 1-2 所示,3059 家制造业上市公司中,2011 年共计获得税收优惠 779.36 亿元,未获得税收优惠的上市公司有 1657 家,获得税收优惠的上市公司有 1420 家,获得税收优惠的上市公司占比为 45.83%;获得税收优惠在 1 亿元以上的上市公司共计有 150 家(占比为 4.90%)。2016 年获得税收优惠的规模已经达到了 1321.91 亿元,未获得税收优惠的上市公司仅有 889 家,获得税收优惠的上市公司达到了 2170 家,获得税收优惠的上市公司占比高达 70.94%;获得税收优惠在 1 亿元以上的上市公司共计有 212 家(占比为 6.93%)。至 2020 年共计获得税收优惠 2456.66 亿元,未获得税收优惠的上市公司有 472 家,获得税收优惠的上市公司有 2587 家,获得税收优惠的上市公司占比为 84.57%;获得税收优惠在 1 亿元以上的上市公司共计有 408 家(占比为 13.34%),9 年间的平均增长速度为 13.61%,增长趋势明显,说明政府在增加税收优惠支持的力度和范围,不断通过税费政策来支持和引导制造业企业进行创新活动。

图 1-2　2011~2020 年制造业税收优惠情况

资料来源:笔者根据国泰安数据库资料整理。

整体来看，我国目前创新体系的布局速度很快，但发展还不够全面，各方面科技体制机制与经济社会发展还不能适应国际竞争的要求。世界知识产权组织发布的《2021年全球创新指数报告》显示，中国创新指数排名自2013年起连续9年稳步上升，排名第12位，超过日本、以色列、加拿大等发达经济体。但是，2020年我国R&D支出占GDP比重为2.4%，基础研究经费为1467亿元，占R&D的比重为6%，与发达国家基础研究投入占R&D比重（15%~20%）相比，差距仍然非常大。根据我国的实际情况，我国经济发展取得举世瞩目的成就，科技创新是经济发展的首要推动力，是提高社会生产力和综合国力的战略支撑，必须摆在国家的核心位置。因此，制造企业转型升级问题迫在眉睫，必须充分发挥政府支持在国家创新体系建设中的重要作用，通过向制造企业提供资金补贴和税收优惠，设立创新基金等方式诱导制造企业进行技术创新，加快产业创新和结构升级。

另外，环境问题一直备受关注，绿色发展成为中国现阶段经济发展的重要理念，尤其对制造企业提出了绿色创新的要求。改革开放以来，为快速实现工业化，经济发展方式呈现高投入、高能耗、高污染、高排放的粗放型特征，虽然实现了经济增长的目标，却也付出了环境代价，生态系统被严重破坏，水资源、土地资源和大气环境污染情况严峻。严峻的生态环境问题，不利于中国经济可持续发展目标的实现。为了改变现有的粗放型经济发展方式，国家开始重视环境方面的问题，试图实现环境与经济"双赢"。2015年以来，党中央、国务院对环境保护做出了一系列重大部署，党的十八届五中全会提出了"绿色发展"理念，《中国制造2025》明确提出要把创新摆在制造业发展全局的核心位置，把"绿色发展"作为主攻方向之一。截至"十二五"末期，累计发布了国家环保标准1941项。2016年，《国民经济和社会发展第十三个五年规划纲要》《"十三五"节能减排综合工作方案》和《"十三五"生态环境保护规划》对创新和运用环境经济政策提出了明确要求。根据规划，"十三五"期间，环境保护部将全力推动约900项环保标准的制定修订工作，并发布约800项环保标准来保障环境治理工作的顺利进行。绿色发展成为贯穿新时期中国经济发展和创新发展的基调，在此背景下，制造企业正面临着较大的环境规制压力。以下是近几年中国政府对制造企业创新的环境规制情况。

### 1.1.1.3 环境法律法规情况

为了响应可持续发展要求，我国不断完善了环境立法并取得了巨大的成就。1979 年 9 月 13 日，我国颁布《中华人民共和国环境保护法（试行）》，该法是我国正式执行的第一部环境保护法，意味着我国环境保护工作逐渐走上正轨。此后，《大气污染防治行动计划》、《水污染防治行动计划》、修订后的《中华人民共和国环境保护法》、《中华人民共和国环境噪声污染防治法》、《中华人民共和国放射性污染防治法》等一系列环境保护计划、法律法规相继颁布。相应的实施办法也随之推出，有《中华人民共和国水污染防治法实施细则》《建设项目环境保护管理条例》《排污费征收使用管理条例》《危险废物经营许可证管理办法》《医疗废物管理条例》《中华人民共和国自然保护区条例》《环境行政处罚办法》等。这些法律法规的颁布标志着我国环境治理体系的形成。

除此之外，各地方政府也跟进了环保立法工作。图 1-3 是根据历年《中国环境年鉴》整理的关于 2012～2018 年我国颁布的地方性环保法规和规章情况。可以看出，地方性环保法规数整体快速增长，而规章数也基本呈现稳步增长的趋势。2012 年，颁布地方性环保法规 23 个，2017 年增至 91 个，增幅近 2.96 倍；2017 年，颁布地方性规章数由 2012 年的 33 个增至 41 个，增幅约为 0.24 倍。表明我国政府环境保护立法强度越来越大，政府的环境规制意识越来越强。另外，截至 2017 年我国现行有效的地方性法规总数还有 480 个，现行有效的地方政府规章总数还有 318 个；而截至 2018 年我国现行有效的地方性法规总数剩下 197 个，现行有效的地方政府规章总数剩下 108 个，一定程度上表明地方环境保护法律法规体系日渐规范和成熟。整体来看，制造企业面临的政府环境规制逐渐增强，受到的强制性环境规制压力很大。

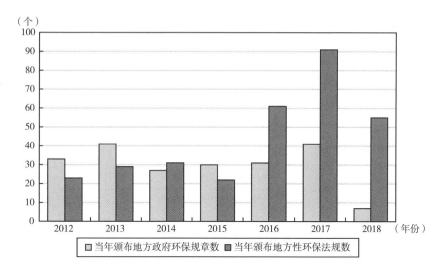

**图 1 - 3 2012 ~ 2018 年我国颁布的地方性环保法规和规章数**

资料来源：笔者根据《中国环境年鉴》资料整理。

#### 1.1.1.4 环境行政处罚情况

除了环境立法强度不断提高以外，我国在环境执法方面也越来越严格。表 1 - 3 是根据历年《中国环境状况公报》整理的关于 2014 ~ 2019 年我国行政处罚情况。可以看出，2014 ~ 2017 年我国行政处罚决定数呈现快速增长的趋势，而 2017 年后，行政处罚决定数开始减少。同时，罚款数额急剧增长，在 2018 年达到顶峰，2019 年又有所回落。具体来看，一方面，2014 年各级环保部门下达行政处罚决定总数达 8.3 万件，到 2017 年已增至 23.3 万件，增幅为 1.8 倍。其中，2017 年较 2016 年的增长速度最快，达到 2016 年下达行政处罚决定总数的 2 倍。另一方面，2014 年行政罚款数额达 31.7 亿元，到 2018 年已增至 152.8 亿元，增幅为 3.8 倍。与下达行政处罚决定总数情况一样，2017 年较 2016 年的增长速度最快，达到 2016 年罚款总额的 2 倍。但 2018 年和 2019 年下达行政处罚决定数以及 2019 年罚款数额较往年都有了一定幅度的下降。这些数据的变化趋势说明了我国环境执法力度加强，并取得了显著的效果。对企业来说，政府越来越重视环境污染治理问题，意味着企业受到的强制性压力也越来越大。

表 1 - 3                     2014 ~ 2019 年我国行政处罚情况

| 年份 | 下达行政处罚决定总数（万件） | 罚款数额（亿元） |
|------|------------------------------|------------------|
| 2014 | 8. 3 | 31. 7 |
| 2015 | 9. 7 | 42. 5 |
| 2016 | 12. 5 | 66. 3 |
| 2017 | 23. 3 | 115. 8 |
| 2018 | 18. 6 | 152. 8 |
| 2019 | 16. 3 | 118. 8 |

资料来源：笔者根据 2014 ~ 2019 年《中国环境状况公报》整理。

### 1.1.1.5 排污费征收情况

1982 年《征收排污费暂行办法》首次提出对超标排放企事业单位征收排污费。2003 年《排污费征收使用管理条例》推出并实施后，我国逐步形成了排污费征收制度。排污费征收制度遵循"谁排污谁付费"的治理机制，规定企事业单位按照排污收费标准向国家缴纳排污费。图 1 - 4 是根据历年《中国环境年鉴》整理的关于 2011 ~ 2017 年我国排污费征收情况。2011 年我国排污费征收总额为 1898958 万元，2017 年已增加至 2199140 万元，2011 ~ 2017 年全国排污费征收总额整体呈增长趋势，表明国家限制排污、治理环境的强大决心，也意味着企事业单位受到的外部环境规制压力越来越大。2018 年 1 月 1 日，《排污费征收使用管理条例》正式废止，同时《中华人民共和国环境保护税法》及《中华人民共和国环境保护税法实施条例》正式施行。由"费"改"税"，从行政收费到依法征税，由环保部门执行转到税务部门执行，环境污染治理机制变得更加严谨，更具刚性，更有利于节能减排目标的实现。由此可见，总体外部宏观环境下政府规制力度越来越强，微观主体面临着越来越大的强制性环境规制压力。

### 1.1.2 公众层面

公众是响应政府政策的重要主体。近年来，随着绿色发展理念的大力倡导，中国普通民众开始频繁关注环境问题。2011 年，浙江海宁晶科能源公司

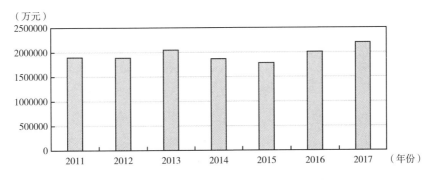

图 1 – 4 2011 ~ 2017 年我国排污费征收情况

资料来源：笔者根据《中国环境年鉴》资料整理。

环境污染严重，人民苦不堪言，最后出现了"集体堵路事件"；① 2013 年，中核龙湾工业园项目遭到当地居民的强烈抗议，要求企业减少污染，重视环境保护；② 2014 年，天津市民举报天津市津湾广场解放桥自东向西方向的人行道上废弃物太多，令海河秀美景色蒙羞，要求政府积极处理；③ 2017 年重庆绿联会起诉百度、美团、饿了么三家外卖平台环境污染，在新环保法公共治理机制上发挥了重大意义。④ 相关研究表明，因为环境污染问题所引发的群体性事件逐年增长 29%。除了政府倡导因素以外，国民收入水平提高后对高品质生活的追求，以及互联网技术普及提高了各类污染事件报道的透明度，都促使了公众和媒体环保意识的觉醒，在无形中给排污企业带来了巨大的压力，这种压力正发展成为一种不容忽视的"非正式性"环境规制，甚至不亚于政府力量。

百度指数值是百度网页搜索某个关键词的网民搜索频率的加权和，反映公众对某个社会现象的关注度。如果以环境方面的热词为关键词，则得到的

---

① 资料来源：古其铮. 浙江海宁污染事件续：晶科能源因环保违规被处理［N/OL］. 中国新闻网，https：//www. chinanews. com. cn/cj/2011/09 – 18/3335377. shtml.

② 资料来源：唐贵江，程景伟，李健群. 广东鹤山政府尊重民意 核燃料项目不予申请立项［N/OL］. 中国新闻网，https：//www. chinanews. com. cn/gn/2013/07 – 13/5038383. shtml.

③ 资料来源：孙海龙 记者 吕晓红. 天津：解放桥面景观灯变身垃圾回收箱影响市容［N/OL］. 长城网，http：//report. hebei. com. cn/system/2014/05/29/013440866. shtml.

④ 资料来源：姜越. "外卖三巨头"被告了？绿联会：他们破坏环境！ ［N/OL］. 人民网，http：//m. people. cn/n4/2017/0906/c1628 – 9818836. html.

结果能在一定程度上反映公众对环境的关注度。图 1 - 5 是以"环境污染"为关键词通过百度指数网站搜索得到的 2011 ~ 2020 年全国百度指数值。2011 ~ 2020 年全国关于"环境污染"的百度指数值整体呈现先增长后下降的趋势。其中，2011 年百度指数值为 826，还不足 850，到 2017 年已经增长至 1049，直接超过了 1000，这说明公众对于环境污染的关注度越来越高。2018 ~ 2020 年，关于"环境污染"的百度指数值呈现下降趋势，与 2017 年之后行政处罚决定数的下降趋势一致，侧面反映出全国环境污染的治理趋于规范化。总体来看，企业所受到的非正式环境规制压力越来越大。

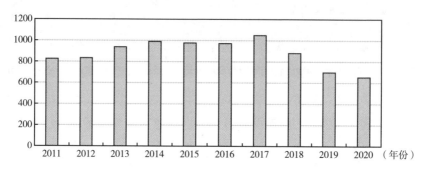

**图 1 - 5 2011 ~ 2020 年全国关于"环境污染"的百度指数值**

资料来源：笔者通过百度指数网站搜索整理。

非正式环境规制的出现，可以弥补政府失灵的缺陷，降低政府在环境问题上的管理成本，为建立"环境权益的市场化代理制度"提供了思考空间，即动员社会上受害的"另一部分人"来对抗污染环境的"一部分人"，让社会内部相互制衡，以节约管理成本。除此之外，非正式环境规制的出现，说明公众在产品消费中更加理性、追求环保，从而促使企业不得不进行技术升级，提升创新效率，以赢得消费者的青睐。

公众对环境污染加强关注的同时，也参与到了环境污染的监管中。制造行业由于普遍存在污染物违规排放现象，自然成为公众重点监督对象。公众一般通过两条途径来监督企业的环境污染行为：一是通过协商谈判、联合抵制或媒体、网络曝光等行为迫使企业更新原有技术，减少污染排放；二是向有关环保部门举报，借助法律政策迫使企业技术创新，实现环境保护的目标。

根据我国生态环境部公开发布的全国"12369 环保举报联网管理平台"

收到的公众举报件数（包括电话举报、微信举报和网上举报），表1-4整理了2011～2019年我国环境污染公众举报情况。从表1-4中可以看出，环境污染公众举报数总体上呈现快速增长的趋势。2011年我国环境污染公众举报总数达25610件，到2018年已达到710117件，相较于2011年增幅约为26.7倍。另外，下一年较上一年的同比变动率分别为 -8.3%、107.6%、22.9%、-35.4%、579.8%、135.3%、14.7%、-25.2%，总体来说，公众举报数量经历了快速上涨的变化。整体来看，公众参与环境监管的意识不断增强，企业面临的规范性环境规制压力越来越大。

表1-4 　　　　　　　　　2011～2019年环境污染公众举报情况

| 年份 | 公众举报数（件） | 同比变动率（%） |
|---|---|---|
| 2011 | 25610 | — |
| 2012 | 23486 | -8.3 |
| 2013 | 48749 | 107.6 |
| 2014 | 59917 | 22.9 |
| 2015 | 38689 | -35.4 |
| 2016 | 263009 | 579.8 |
| 2017 | 618856 | 135.3 |
| 2018 | 710117 | 14.7 |
| 2019 | 531176 | -25.2 |

资料来源：中华人民共和国生态环境部官网。

在这些"关注"下，企业面临着来自政府和社会公众的双重环境规制压力。而面对双重环境规制压力，企业真的会顺应政府和公众行为要求通过创新解决环境绩效与经济绩效的两难格局吗？这是一个值得探讨的问题。

### 1.1.3 企业层面

企业层面为推进开放式创新也做出了相应的努力。虽然中国企业的开放式创新起步相对较晚，但发展迅速，开放式创新正在逐步成为企业创新的主导方式。

### 1.1.3.1 制造企业实施开放式创新情况

制造业是立国之本、强国之基，从根本上决定着一个国家的综合实力和国际竞争力。当前，我国制造企业可持续发展的目标是高质量发展，要实现这一目标，离不开创新驱动。而在知识经济全面发展的今天，制造企业实现自主创新的路径正从封闭式创新向开放式创新转变。2013 年 1 月，海尔搭建开放创新平台 HOPE，全球的用户和资源可以在平台上零距离交互，通过整合全球智慧，实现创新的产生和创新的转化，最终实现各相关方的利益最大化。美的也在 2015 年与浙江大学联合构建了面向全球企业和个人的开放式创新平台，企业可以在平台上发布需求，共享技术方案；用户可以在平台发布新创意，参与产品众创。此外，还有一些制造企业与其他组织建立起战略合作关系。2018 年 8 月，东风汽车与华为在汽车"新四化"以及企业信息化领域深化战略合作，开展基于前沿技术的联合创新；2019 年 6 月，金正大集团同上海化工研究院签署战略合作协议，研究开发新型化肥工艺和产品，对生产过程进行标定，达到过程优化和节能减排目标；2020 年，博腾股份与以算法驱动创新的深圳景泰科技宣布开启在药物结晶技术和工艺研究开发等领域的多项深度合作。表 1 - 5 简单列举了具有代表性的制造业企业开放式创新实施案例。

表 1 - 5　　　　　　　　制造企业开放式创新实施案例

| 序号 | 日期 | 企业名称 | 开放创新作为 |
|---|---|---|---|
| 1 | 2013 年 1 月 | 海尔 | 搭建开放创新平台 HOPE，通过用户参与挖掘创新机会点和创新方向 |
| 2 | 2015 年 9 月 | 美的 | 与浙江大学联合打造面向全球企业和个人的美的开放式创新平台 |
| 3 | 2017 年 3 月 | 南京金龙 | 成立中央研究院，在电池、电机、电控的"三电"技术上寻求突破；建立海外研发机构，加强与内外部产学研资源的广泛合作 |
| 4 | 2017 年 6 月 | 伊利股份 | 推出了"未来牛奶"活动，形成消费者、创客、伊利三方共创共享的创新参与模式 |
| 5 | 2018 年 6 月 | 华为 | 同中国信息通信研究院、中国电信运营商等产研组织共同组建了网络 5.0 产业和技术创新联盟 |

续表

| 序号 | 日期 | 企业名称 | 开放创新作为 |
|---|---|---|---|
| 6 | 2018 年 8 月 | 东风汽车 | 与华为在汽车"新四化"以及企业信息化领域深化战略合作，开展基于前沿技术的联合创新 |
| 7 | 2018 年 9 月 | 东风汽车 | 发布技术中心众创平台，与上下游公司、高校和开发者合作，共同建立开放生态圈 |
| 8 | 2018 年 10 月 | 福田汽车 | 与华锋股份、北京理工大学电动车辆国家工程实验室签署战略合作协议，合力推进产学研一体化战略协作，打造新能源汽车协同创新平台 |
| 9 | 2019 年 5 月 | 航天机电 | 与四维图新建立战略合作关系，致力于国产汽车电子芯片技术与应用领域专业的合作，实现优势互补，共同发展 |
| 10 | 2019 年 6 月 | 金正大 | 与上海化工研究院签订战略合作协议，开发化肥新工艺和新产品，对生产过程进行标定，达到过程优化和节能减排目标 |
| 11 | 2020 年 3 月 | 博腾股份 | 与景泰科技宣布签订战略合作协议，开启在药物结晶技术和工艺研究开发等领域的深度合作 |
| 12 | 2020 年 6 月 | 合全药业 | 成为百济神州在合作研究开发生产领域的首选合作伙伴，为其新药研发管线项目提供从临床前到商业化的一体化 CMC 服务 |
| 13 | 2021 年 3 月 | 嘉寓股份 | 与国信瑞联、中管世纪达成战略合作，计划在未来 3～5 年铺设"智慧商亭"40 万个 |

资料来源：笔者根据企业官网报道、年报及公告等整理。

　　另外，全国企业创新调查结果显示，2016 年有 24.3% 的规模以上制造业企业开展了合作创新，其中上下游企业、高校和科研机构构成企业最核心的合作伙伴。图 1-6 是基于《2020 年创新调查年鉴》整理的关于我国 2019 年制造企业合作创新的情况。可以看出，在合作创新的制造业规模以上企业中，与高校和科研机构合作的企业分别占到 29.% 和 16.5%，与客户和供应商合作分别占 47.7% 和 40.8%，这四者分居前四位，是制造业企业最主要的创新合作伙伴。另外，与行业协会合作占 18.5%，与竞争对手合作占 15.1%，与市场咨询机构、政府合作的企业分别占 12% 和 7.7%，与风险投资机构进行合作创新的企业占比最低，仅为 0.5%。在具有重大价值的合作中，客户和供应商的比重分别达到 44.7% 和 35.3%，高校和科研机构分别占到 24.9% 和 13.7%。表明客户、供应商、高校和科研机构在合作中发挥了最重要的作用。而政府和风险投资在企业重大价值的合作中发挥的作用最弱。在一定程度上说明政府参与企业合作创新的程度很低。

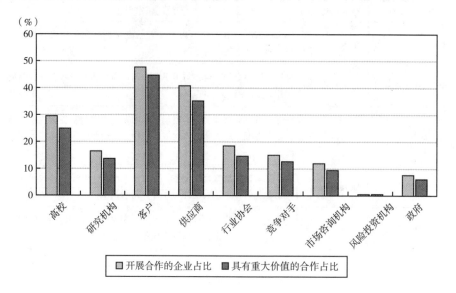

图 1-6　2019 年制造业规模以上企业合作创新情况

资料来源：笔者根据《全国企业创新调查年鉴 2020》资料整理。

一个由企业、科研院所、高校、产业基金和社会资本等各类创新资源组成的首个国家级制造业创新平台——国家动力电池创新中心于 2016 年 6 月在北京成立。这是一个具有制造业特色的开放式创新平台，是一个新型的创新载体，用于探索和建设制造业领域。在全球制造业变革中，制造企业应更加注重价值创造，通过社会合作改变封闭的研发模式，逐渐向共性技术转变，向制造业领域前沿技术转变。

### 1.1.3.2　制造企业创新投入情况

根据投入产出理论可知，企业创新绩效与研发经费投入存在密切的关系。通过对全国以及制造业规模以上企业研发经费投入情况的分析，可以更加直观地研究我国制造企业的研发投入水平。

图 1-7 是根据历年国家统计局发布的《全国科技经费投入统计公报》整理的关于 2011～2019 年全国研发经费投入的基本情况。整体来看，研发经费投入呈现稳定增长趋势。2011 年研发经费投入 8687.0 亿元，2019

年研发经费投入 22143.6 亿元，涨幅为 1.55 倍，但是每年的增量较小。计算可得下一年比上一年的增幅的分别为 23%、19%、15%、10%、9%、11%、12%、12%、13%，呈不稳定且偏下降的趋势。同时，我国研发经费投入占 GDP 的比重也基本呈现逐年增长的趋势，2011 年低于 1.9%，到 2019 年已经超过 2.2%。但是我们可以看到，2014 年比重出现小幅度下滑，且从 2014 年起，比重的增幅没有显著增长。这些数据一方面说明我国总体上研发创新意识不断加深，重视程度不断增强；另一方面说明近几年研发投入力度基本处于稳定维持状态，依然与发达国家研发投入存在较大距离。

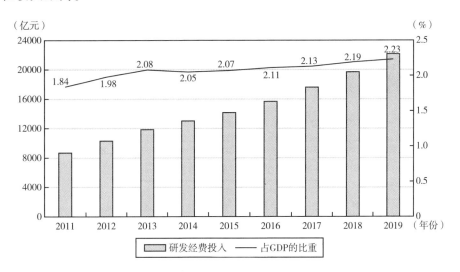

图 1 - 7　2011～2019 年全国研发经费投入情况

资料来源：笔者根据《全国科技经费投入统计公报》资料整理。

图 1 - 8 是根据历年国家统计局发布的《全国科技经费投入统计公报》整理的关于 2011～2019 年制造业规模以上企业研发经费投入的基本情况。整体来看，我国制造业规模以上企业研发经费投入也呈现出稳定增长趋势。2011 年研发经费投入 5695.3 亿元（约占全国的 66%），2019 年研发经费投入 13538.5 亿元（约占全国的 61%），涨幅为 1.04 倍，但是每年的增量较小。通过计算可得下一年比上一年的增幅的分别为 20%、16%、12%、9%、10%、10%、8%、8%，呈下降趋势。另外，我国制造业规模以上

企业研发经费投入占主营业务的比重基本逐年增长，2011 年低于 0.8%，到 2019 年超过了 1.4%。但是整体研发投入强度依然非常低，远远低于 5%。这些数据一方面说明我国制造业企业总体上研发创新意识不断加深，重视程度不断增强；另一方面也说明制造业企业的研发投入水平仍然偏低。

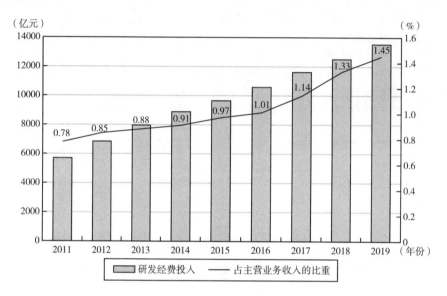

图 1 - 8　2011～2019 年制造业规模以上企业研发经费投入情况

资料来源：笔者根据《全国科技经费投入统计公报》资料整理。

### 1.1.3.3　制造企业创新产出情况

专利是创新成果的一种重要表现形式。专利申请数可以反映创新的活跃性，以及发明人谋求专利保护的积极性。专利申请数是发明专利申请量、实用新型专利申请量和外观设计专利申请量之和，其中发明专利科技含量最高，是衡量创新成果的最重要指标。

根据历年知识产权局发布的《专利统计年报》，得到我国 2008～2020 年的专利申请量和增长情况，如图 1 - 9 所示。可以看出，专利申请数量整体呈现上升态势，增长速度不稳定。2012 年增速最快，2014 年出现负增长，且 2014 年之后的增速总体低于 2014 年之前的增速。这是由于我国正在实施

"数量布局，质量取胜"的知识产权工作策略，并有意从追求数量向提高质量转变，因此专利申请数量增幅下降反而是一个积极的信号，暗示着专利申请结构优化、专利申请质量提高。

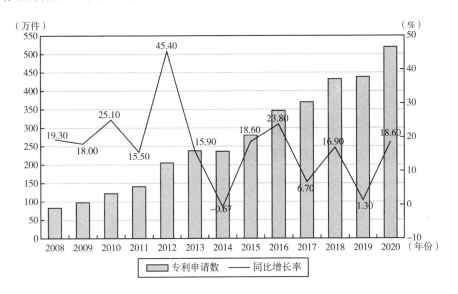

**图 1－9　我国 2008～2020 年专利申请数及增长情况**

资料来源：笔者根据《专利统计年报》资料整理。

图 1－10 展示了历年专利申请的具体分布情况，包括国内外总的专利申请数、国内外发明专利申请数、国内外实用新型专利申请数和国内外外观设计专利申请数，数据来自历年发布的《专利统计年报》。整体来看，2011～2020 年国内外专利申请数、发明专利申请数以及实用新型专利申请数都呈增长趋势，而外观设计专利申请数则保持相对平稳的状态。2011年，国内外专利申请数为 163.3 万件，2020 年上涨到 519.4 万件，涨幅为2.18 倍；2011 年，国内外发明专利申请数为 52.6 万件，2020 年上涨到149.7 万件，涨幅为 1.85 倍；2011～2020 年国内外实用新型专利申请数由58.5 万件上涨到 292.7 万件，涨幅为 4.00 倍。这些数据一方面表明我国的创新积极性在不断地提高，另一方面也说明我国的知识产权保护意识在不断增强。进一步地，每年国内外实用新型专利申请数均高于发明专利和外观设计专利，而发明专利更能反映创新成果的含金量，因此我国的高质

量创新发展仍有很大的增长空间。

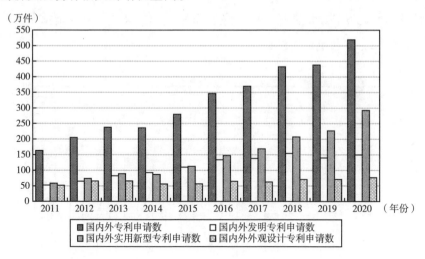

图 1-10  2011～2020 年国内外专利申请数情况

资料来源：笔者根据《专利统计年报》资料整理。

专利申请量可以反映创新的活跃程度，但是真正转化为生产力的是实际授权的专利量，即专利申请授权数。在追求专利数量的同时注重专利的质量提升，是知识产权管理追求的目标。

图 1-11 是根据历年国家知识产权局发布的《专利统计年报》整理的关于 2011～2020 年国内外专利申请授权数的基本情况，包括国内外总的专利申请授权数、国内外发明专利申请授权数、国内外实用新型专利申请授权数以及国内外外观设计专利申请授权数。整体来看，2011～2020 年我国国内外专利授权数、发明专利授权数以及实用新型专利授权数都呈现出增长趋势，而外观设计专利授权数保持平稳的状态。2011 年，国内外专利授权数为 96.1 万件，2020 年上涨到 363.9 万件，涨幅为 2.79 倍；2011 年，国内外发明专利授权数为 17.2 万件，2020 年上涨到 53.0 万件，涨幅为 2.08 倍；2011～2020 年国内外实用新型专利授权数由 40.8 万件上涨到 237.7 万件，涨幅为 4.83 倍。这些数据在一定程度上表明我国创新产出不断增加，但也反映出我国发明专利产出少、增速缓慢。

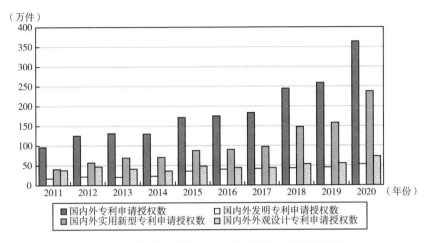

**图 1 - 11　2011 ~ 2020 年国内外专利申请授权数情况**

资料来源：笔者根据《专利统计年报》资料整理。

图 1 - 12 是根据国泰安 CSMAR 数据库统计整理得到的 2010 ~ 2019 年我国制造企业专利申请总数和发明专利申请数。整体来看，2010 ~ 2019 年我国制造企业专利申请总数、发明专利申请数都呈现增长趋势。2010 年，我国制造企业专利申请总数为 192661 件，2019 年上涨到 1016838 件，涨幅为 4.28 倍；2010 ~ 2019 年我国制造企业发明专利申请数由 708666 件上涨到 379827 件，涨幅为 4.37 倍。这些数据表明我国制造业企业的创新积极性不断上升，创新产出不断增加。

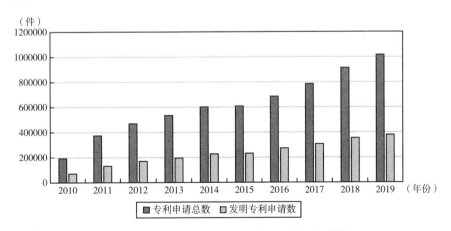

**图 1 - 12　2010 ~ 2019 年我国制造企业专利申请情况**

资料来源：笔者根据国泰安数据库资料整理。

衡量企业创新产出的另一个指标是企业新产品销售收入。新产品销售收入越高，说明企业的创新能力越强，企业绩效越高。图1-13是根据国泰安CSMAR数据库统计整理得到的2010～2019年我国制造企业新产品销售收入情况，包括总的新产品销售收入和销售收入年增长率。由图1-13可以看出，2010～2019年我国制造企业新产品销售收入基本呈现稳定增长趋势。2010年，新产品销售收入为72305亿元，到2019年上涨至209233亿元，涨幅为1.89倍。但是，从2012年开始，新产品销售收入增幅下降，且到2019年情况还未好转，说明制造企业的创新产出增长速度放缓，应该引起国家和企业足够的重视。

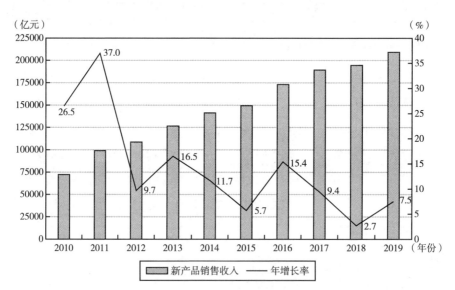

图1-13　2010～2019年我国制造企业新产品销售收入情况

资料来源：笔者根据国泰安数据库资料整理。

通过对政府层面、公众层面和企业层面的现实背景研究，发现我国在促进开放式经济发展的工作中取得了以下成就：（1）中央政府和地方政府相继出台创新政策，全力构建开放式创新体系，保障开放式经济的发展。（2）政府对企业创新的支持工作进展迅速，未得到政府补助和税收优惠的企业逐年减少，尤其是政府补助几乎全面覆盖现有的上市公司。（3）为响应可持续发展要求，自2015年起，我国不断完善和加强了环境立法执法工作，全面的环境治理体系初步形成。（4）随着政府层面环保工作的大力开展，公众的环保意识开始苏醒，公众参与环境监管的积极性不断提高。（5）开放式创新正在主导企业的创新模式，高校、客户和供应商成为企业最主要的创新合作伙伴。（6）从创新投入和创新产出角度看，企业的研发经费投入、专利申请与授权数量稳定增长。

同时也存在以下问题：（1）少数企业占据了绝大多数的政府补助。（2）政府整体上不是企业主要的创新合作伙伴，在企业开放式创新中的参与度偏低。（3）企业面临的正式环境规制和非正式环境规制压力越来越大，创新成本大大提高。（4）从创新投入和创新产出角度看，制造企业的研发经费投入、发明专利申请与授权数量和新产品销售收入每年增幅缓慢，呈下降趋势。整体来看，我国创新体系布局迅速，但发展不全面。

尽管创新是一种具有正外部性的经济行为，但在市场作用下，中国企业进行技术创新仍存在很多问题和阻碍。首先，我国有很多企业没有树立起创新意识。过去我国长期实行计划经济体制，企业把重心放在完成国家计划上，而较少考虑创新、盈利和发展。国家有特定的研究中心负责新产品、新技术的研发，而企业虽然是重要的创新主体，但其创新身份不被承认，导致企业没有技术创新的机会和动力。其次，我国有很多企业缺乏创新资金。我国大中型工业企业 R&D 支出与其销售收入之比，一直在 0.7% 以下波动，与发达国家的 2.5% ~4% 差距明显。近年来，企业 R&D 费用虽有所增加，但和国外相比，仍有很大差距。此外，我国有些企业家管理观念落后，管理水平不足，导致企业运作粗放低效。最后，大量的企业内部缺乏创新机制。我国现代企业制度发展起步较晚，企业的资产处置、投资决策受到严格的法律约束，许多企业不能单独负责技术引进和改造，必须依靠政府。当企业效益不好时，一些企业家倾向于采取非正式方式，如寻求政府帮助，期望获得政府给予的税收优惠等，而不是通过自主创新去解决问题。因此，如何唤起制造企业的自主创新意识，积极融入开放式创新大环境，并平衡生态保护与经济增长的关系，是本书试图回答的问题。

### 1.1.4 理论层面

随着环境污染成为世界上最大的挑战之一，越来越多的公司被迫采取创新举措，以实现经济效益和环境保护（Li et al.，2017）。企业实施诸如改进工艺流程、技术生产以及管理实践等创新举措，可以减轻生产和运营对生态环境的负面影响（Rennings，2000；Kemp & Volpi，2008）。已有大量关于创新应对外部环境规制压力的研究（Doran & Ryan，2016），但是关于一些公司为什么投资于更多的创新，以及在什么条件下进行此类创新的原因研究尚在探索之中，如何有效地激励企业创新仍然需要更多的关注（Berrone，2013；Dangelico，2016）。

以往的文献研究了促进创新的各种外部条件（如政府环境规制压力、消费者绿色需求、竞争压力等）以及内部因素（如技术竞争力、企业盈利能力、高管人员的环境意识等）（Cai & Zhou，2014；Cainelli et al.，2015；Przychodzen & Przychodzen，2018）。在这些决定因素中，政府环境规制压力被认为是创新的重要驱动因素（Cai & Li，2018；Porter & van der Linde，1995；Ramanathan et al.，2018）。然而，有学者发现这种制度压力不会显著影响创新（Eiadt et al.，2008；Frondel，2008）。这种不一致性导致了两种不同的研究流：传统的经济观点认为，政府环境规制压力对企业来说代价高昂，使得企业无法投资于创新（Frondel et al.，2008；Palmer et al.，1995）。相反，以波特为代表的修正主义观点认为，环境规制可以为企业创新提供潜在的激励，即波特假说（Cohen & Tubb，2018；Porter & van der Linde，1995）。另外，随着社会公众环保意识的提升以及舆论监督力量的增强，学者们开始研究公众方面的环境规制压力对于企业创新的影响，但也得出了不同的结论。一些学者认为，公众环境规制对企业创新具有显著的正向作用（Langpap & Shimshack，2010；Ruiqian & Ramakrishnan，2018）。还有一些学者得出，公众环境规制压力一开始会促进企业创新，但是随着压力的增大，达到一定程度时可能使企业环境负担过重，会阻碍企业创新（苏昕等，2019）。造成不一致结论的原因可能是，这种关系取决于一些边界条件，例如企业资源、能力、意愿和行业特征等（Qi et al.，2010）。资源理论认为资源是支撑企业技术创新的基础。但是在技术趋于复杂化、专业化的环境下，单一企业难以完全依靠自身力量拥有复杂创新所需的全部技术知识和资源（Teece，1986；陈劲等，2012），即使是技术优势企业也需要借助外部技术、知识等资源完成其复杂的创新活动（Rigby，2012）。而开放式创新理论认为，企业可以通过对外开放同时从企业内部和企业外部获取技术和资源（Chesbrough，2003），因此创新开放度成为影响企业创新重要的影响因素（韵江等，2012；王丽平等，2017；郭尉，2016）。可见，在环境规制越来越严格，即环境规制压力日趋增强的背景下，企业的创新开放度成为影响企业创新的又一关键情境变量，能够引起环境规制压力对企业创新绩效关系强度的不同。

同时，在学术界，正式环境规制、非正式环境规制与企业创新效率之间的关系仍然具有不确定性（王杰，2014）。其中，张座铭（2014）、贾瑞跃（2013）等是"波特假说"的支持者，他们认为正式环境规制具有负外部性，但这种负外部性会形成一种动力，从长远角度来看，它会倒逼企业进行技术升级，实现环境和经济的双赢效果，进而实现企业最终创新效率的改善；新古典经济学派的支持者则认为正式环境规制会增加企业治理环境的成本，削弱企业的利润，使企业在研发方面的投入被迫挤出，不利于企业创新效率的提升（Chintrakarn，2008）。除此之外，还有很多学者认为，环境规制与企业创新效率之间的关系具有不确定性（徐鸿翔，2015；宋文飞，2014）。关于非正式环境规制对于企业创新效率的影响研究，研究者基于不同理论也得出不同的结论。例如菲利普等（Phillip et al.，2002）基于制度理论通过实证研究发现，社会公众压力和政府征收排污费可以有效地控制污染，而社会公众压力会负向影响企业污染物的排放，说明这种非正式的环境规制不但不能倒逼企业进行技术升级去实现企业创新效率的提升，反而使企业更加不重视环境治理。同时，政府也会积极鼓励企业进行创新，纳尔逊和温特（Nelson & Winter，1982）运用演化模型分析了创新行为，认为创新具有路径依赖的特性，企业创新行为会受以前行为的影响。因此，政府应伸出"有形的手"去支持企业的创新行为，帮助企业提高创新效率。但是在理论上，政府支持与企业创新效率之间的关系仍未达成共识。凯恩斯经济学理论和熊彼特技术创新理论的支持者认为，政府支持可以促进企业技术创新（Guellec et al.，2003）；信息不对称理论、代理理论以及挤出效应理论的支持者认为，政府支持对于企业技术创新效率的提升有不利影响（Bloom et al.，2002；余泳泽，2011）。

鉴于正式环境规制与非正式环境规制的存在都不可避免地会给企业带来治理成本，使企业利润减少，研发投入被挤出。而经济新常态下的创新驱动又需要企业在严格的环境规制下寻找能够减少环境成本、提升创新效率的办法。这时如果可以得到政府支持，那么环境规制限制企业创新效率的问题就可以得到较好解决。正式环境规制、非正式环境规制与政府支持在实践中可以是同时存在的，但是鲜有文献将正式环境规制、非正式环境规制与政府支持结合在一起分析它们对企业创新效率的综合效应，因此研究政府支持对于正式环境规制、非正式环境规制创新效应的影响具有重要的理论意义和实践价值。对于目前我国的经济发展状况来说，企业研发的成本问题和企业长期发展的技术支持问题都是企业寻求开放式创新模式的动力，政府应采取一定的政策措施来促进企业开放式创新的进一步发展。目前许多跨国公司在寻求产学研合作以及努力建立战略联盟的过程中取得了显著进展，国内很多企业尤其是民营企业为加强创新成果保持在市场中的竞争优势，积极与大学、研究机构建立合作，但是也有许多企业在主观上认为开放式创新模式不适合中国企业的发展。正是有这种情况的存在才值得我们去研究。虽然各地政府普遍采用一些政策，包括直接补贴和税收优惠，来鼓励企业加大研发投入，但各地政府对不同产业研发活动的优惠措施都有不同之处，补贴金额力度更是相差甚远。因此，政府创新支持在政策手段、政策力度对企业创新以及开放式创新过程的影响都是值得探究的。

## 1.2　理论意义与现实意义

### 1.2.1　理论意义

（1）基于过程视角从制度层面探讨了政府创新支持对制造企业创新行为

的影响。第一，从制度层面考察政府创新支持对企业创新绩效的影响机制，丰富了制度理论研究，更好把握政府创新支持方式与力度。由于技术创新存在外部性、外溢性、风险性和不确定性，企业在研发创新的过程中会遇到很多挑战和威胁，而公共经济学理论给政府创新支持企业的创新活动提供了理论依据，比如政府可以通过一系列政策措施来弥补技术创新的特性所带来的市场失灵问题。在知识产权制度不完善的情形下，发展新技术是一种偶然性行为。创新是可以被外界复制模仿的，并且不需要任何报酬。技术创新活动以知识形式表现出来，例如论文、程序、专利、概念模型、工艺等非物质产品形式，而具有公共物品性质的知识产品的获取成本很低。由于其他主体可以共享它的收益，使得技术价值无法完全属于创新者，久而久之，创新者的积极性将被抹灭。之所以说创新的不确定性高是因为技术创新的成功概率根据技术项目的不同而存在差异，不确定性会随着创新程度的增高而增加。另外，技术创新需要大量金钱、人力、时间等资源的投入。综合以上因素，政府部门需要充分利用创新支持手段来解决企业技术创新研发带来的外部性，避免技术创新价值的大量损失，并降低研究成果的不确定性，改变过去技术创新速度慢、时断时续的状态。在当今经济全球化的环境下，知识和技术能够在全球范围内迅速流动，而政府的直接补贴和间接补贴方式将是激励企业进行研发活动的重要手段。站在内生经济增长理论角度，政府是企业技术创新活动网络中的重要主体，政府所营造的制度环境、建立的体制机制、提供的直接支持和间接支持，一方面弥补了竞争市场中可能存在的市场失灵，满足了企业创新中所缺的资源，提高了企业创新积极性；另一方面也带来了政府失灵，这意味着政府的直接补助可能会对企业产生替代效应。第二，基于过程视角考察开放式创新对政府创新支持与企业创新绩效关系的影响机制，丰富了开放式创新理论研究。切撒布鲁夫（Chesbrough，2003）指出，企业创新过程不仅要向内部开放，更要向外部开放，因为企业内部的全体员工、外部的领先客户和消费者、供应商、竞争者、科研机构专家等都是相关利益者。这意味着随着信息技术的发展，组织间的交流合作日益增多，企业已然不仅是一个独立的系统，企业之间也不仅仅是竞争，还有合作，仅靠组织内部的学习已经不能够满足企业长期发展的需要。由于企业自身存在知识缺口，同时组织外部可能有企业内部欠缺的知识与资源，为了适应外部复杂的环境，企业需要学习和利用组织外部的优势。吉尔伯特等（Gilbert et al.，1996）很早就提出组织内外部存在知识落差。开放式创新模糊了组织边界，使得企业内外部的知识可以相互流动，内部知识通过技术转移或授权方式流入外部，同时外界也可以将企业内部不易获得的知识转移进来。这种避免知识落差的方式帮助企业完成技术创新战略目标。第三，本书基于影响企业创新绩效的环境因素和过程因素的角度出发，试图考察政府创新支持、开放式创新对企业创新绩效的影响机制，拓展企业技术创新路径的研究。在过去的研究中，关于企业创新绩效影响因素研究的视角比较单一，多从企业技术创新的内部途径出发探索企业自身的创新资源与能力如何影响创新绩效。本书将基于技术创新活动的外部途径，考察政府创新支持、创新主体合作对企业创新绩效的影响，拓展企业技术创新路径，完善政府创新支持企业技术创新的研究。

（2）基于内外部环境规制维度探讨了政府创新支持对制造企业创新效率的影响。第一，当前关于环境规制与企业创新效率之间的关系以及政府支持与企业创新效率之间的关系都存在相反的理论支持，并且也有很多学者探讨正式环境规制与企业创新之间的关系以及政府支持与企业创新效率之间的关系，然而结论仍然存在很大争议。例如莫尔（Mohr，2002）、贾瑞跃（2013）等是"波特假说"的支持者，秦特拉卡恩（Chintrakarn，2008）则是新古典经济学派的支持者；盖莱克等（Guellec et al.，2003）、张同斌（2012）等是凯恩斯经济学理论和熊彼特技术创新理论的支持者；布鲁姆等（Bloom et al.，2002）、余泳泽（2011）等则支持信息不对称理论、代理理论以及挤出效应理论。因此本书通过 2011~2016 年制造业上市公司数据对于环境规制、政府支持与企业创新效率之间的关系进行探讨和验证，对相关的理论进行补充。第二，对于环境规制的研究，很多学者都只是探讨正式环境规制与企业创新效率之间的关系，很少探讨非正式环境规制与企业创新效率之间的关系。施莫沙克和沃德（Shimshack & Ward，2005）用社会信誉去衡量非正式环境规制，研究了其对污染控制和企业监管过程的影响；毛江华（2011）基于合法性理论，探索了外部公众压力在企业环境信息披露过程中发挥的作用，以及影响环境规制效果的因素。虽然目前缺乏关于非正式环境规制的研究，但是非正式环境规制已成为一种非常重要的力量。本书基于合法性理论、制度理论对非正式环境规制与企业创新行为的关系进行了理论分析。通过互联网上公众对环境问题的关注度以及公开媒体关于环境污染新闻的报道量这两个维度衡量非正式环境规制，并且用制造业上市公司数据进行了实证检验，这将使得非正式环境规制对企业创新行为影响的相关理论更加丰富。第三，已有的研究大多集中在环境规制、政府支持中的其中一个对企业创新行为的影响，且探讨层面都是省际、行业或者产业等宏观或中观层面，很少有研究者将环境规制和政府支持两种方式结合在一起探究它们对于企业创新行为的影响。本书基于企业微观层面，首先运用博弈思想分别对环境规制、政府支持与企业创新效率之间的机理进行探究；其次对三者之间的关系进行实证研究，并且将样本分为高技术型和低技术型，探讨不同行业下是否存在不同的结论。

（3）从制度理论角度探讨强制性环境规制与规范性环境规制如何影响制造企业的创新行为，并结合企业创新开放度进行异质性讨论。第一，以往的研究大多数都是从单一角度研究政府环境规制对企业创新投入的影响，基于"波特假说"从宏观和中观（省际、地区、行业等）两个层面去探讨环境规制与企业创新投入之间的关系，只有少数考虑了公众环境规制的影响作用。本书基于制度理论从强制性压力（政府）和规范性压力（公众）两个方面研究其对企业创新投入的影响，对于丰富环境规制的研究以及制度理论具有重要的意义。第二，以往的研究大部分局限于环境规制对于企业创新投入的单一研究，由于研究结论的不同，学者才开始考虑边界条件是否对其有影响。虽然也有学者从内部额外资源的角度研究组织冗余（Berrone et al. ，2013；Chen et al. ，2018）对制度压力与企业创新的调节作用，但是很少考虑外部获取资源的影响。本书从企业资源和能力的视角出发，研究创新开放度能否影响企业对外部环境规制压力的创新响应行为，为环境规制对企业创新影响的差异化提供了一种新的解释可能，扩展了环境规制与企业创新边界条件的研究，丰富了开放式创新理论。

### 1.2.2 现实意义

（1）开放式创新所带来的新理念为政府制定政策提供了帮助，为我国企业走出困境提供了契机。在当前瞬息万变、错综复杂的市场竞争环境下，企业创新完全依赖外部可能导致创新与企业发展相脱节，注定不会长久。而完全依赖内部创新的封闭式思想也受到了挑战，创新要素的空间联系在更大的广度和深度的全球范围内发展，这要求构建强大的创新平台，帮助企业在全球范围内有效获取资源。在开放式创新范式下，企业作为技术创新的主体，其技术创新绩效的提升，有利于带动整体技术创新绩效的全面提升。政府创新支持企业技术突破，以及高等院校、科研机构与企业开展有效合作，都有利于我国技术创新的发展。我国制造企业在开放式合作中，要以不断提升自主创新能力为目标，摆脱完全依赖外部资源创新的局面，将开放创新过程中逐步积累起来的知识和经验转化成自主创新能力，从而实现企业的转型升级和跨越式发展。通过丰富开放式创新的研究，改变封闭式创新模式，加强政府创新支持政策的建设以适应开放式创新过程中组织基础环境的变化。开放式创新模式理念以及政府创新支持政策的建设，为制造企业实现由"中国制造"向"中国智造"的转型升级提供一定的理论支持和经验借鉴。在开放式创新模式下要保持面向合作创新中高度网络化市场环境的其他组织的动态稳定性，包括高度网络化的市场环境，以及保证合作创新所必需的资源。目前，关于开放式创新的衡量指标大多数以调查问卷的形式为主，无法具体观察到技术和知识交流的数量及质量对企业与外部主体合作的重要性，并且无法反映与外部环境的关系。技术创新在企业内部和外部的产生与应用，需要各种创新要素的互动与整合才能实现创新价值。而政府创新支持企业技术创新的不同方式导致的影响效应和影响机制也不尽相同，有利于本书更好地提出建设性建议。本书将分析企业在技术创新过程中寻求政府的支持和与高校、科研机构等主体之间进行合作对其技术创新绩效产生的影响；探索我国企业在技术创新过程中更加有效地利用外部途径、实现创新资源的优化配置、促进其技术创新绩效的提升的现实路径；考察我国政府在支持企业技术创新过程中的政策选择，尤其是直接资助和税收优惠等措施对企业技术创新的不同影响机制和影响效应，为提升我国政府创新支持企业技术创新的政策选择的优化，完善我国政府创新支持企业技术创新政策提供一定的现实启示。

（2）环境规制和政府创新支持都会影响制造企业创新战略的实施，为制造企业实施开放式创新以满足内外部利益相关者的不同需求提供一定的实践指导。如今，创新已经成为各个国家非常重视的问题，为了实现环境和经济的双赢，各个国家做出了不同的努力。环境规制和政府支持都是实现企业创新的方式。无论是正式环境规制还是非正式环境规制，都不可避免地影响企业利润的实现以及企业的经营发展，这将或多或少给企业带来一些有形和无形的压力。为了缓解这些压力，企业不可避免地增加环境污染的治理成本，不得不进行生产流程的改造，实现技术升级。除此之外，政府对于企业的创新也提供了一些资金等方面的支持。环境方面的技术创新具有双重外部性特征，所以单一政策很难有效地唤起企业的自主创新意识。如果政府只是单纯地加大环境规制强度，环境污染情况可能会有所改善，那么环境规制强度达到多少是合适的呢？除了静态效率之外，评价环境规制政策工具是否有效的最主要标准是该政策在多大程度上能激发企业进行技术创新。实际上，很难把握这个标准。同样，如果政府为了刺激企业的创新意识，不断增强政府补贴的力度，这样不仅可能加大政府财政负担，稍有不慎还很有可能会造成社会资源错误配置，导致市场效率低下。通过以上分析我们知道，政府支持很有可能会影响环境规制对企业创新的作用，使得企业更快回到均衡点，实现环境和经济的双赢效果。如果政府在企业进行创新后给予企业适度的补贴，在一定程度上可以弥补企业创新成本，降低环境规制给企业带来的风险，使企业更快地回到最优产量。但政府采取何种支持方式，以及实行多强的支持力度来促进正式环境规制和非正式环境规制压力与创新效率之间的关系仍然是个值得探讨的问题。

（3）分析企业开放式创新程度的异质性对于不同层面（政府和社会公众）的环境规制与制造企业创新行为的影响，对于制造企业如何整合内外部资源应对外部环境规制并促进企业创新转型升级有一定的借鉴意义。近年来，环境污染严重威胁到群众日常生活，引起了公众的关注，随后环境保护的呼声在政府和公众之间愈发高涨。一方面，面对日益恶化的环境污染，政府逐渐意识到环境的有效保护离不开法律制度的保障，企业和社会的可持续发展也离不开法律制度的约束。各国政府开始相继出台相关的法律法规，利用强制性的方式约束企业的污染物排放。而随着公众环保意识的增强，出于对环境质量的追求，公众也逐渐参与到对企业的环保监督当中。公众监督理论上会对企业名誉维护以及产品销售造成一定压力，促使企业更加谨慎地处理环境问题，因此公众关注和监督对企业行为发挥着越来越重要的作用。但是在现实中，来自政府和公众的环境规制压力是否会对企业的创新行为产生一定的影响以及产生怎样的影响，这是个值得探讨的问题。因此，本书从企业面临的这两方面的环境规制压力入手，研究其对企业创新的影响，从而为政府和公众提出更好的更有建设性的建议。就政府而言，作为政策的制定者，应该制定合适的环境规制政策引导企业采取积极的态度和通过技术创新的方式从源头治理环境污染，给企业带来长久的经济收益。就公众而言，作为外部监督者，应当不断地提高自身的环保意识，加大对企业的环保舆论监督。另一方面，为了满足政府环保法律法规的强制性要求以及社会公众的规范要求以期获得合法性（Scott，2005），企业会积极采取主动创新的方式顺从政府和公众对环境的要求以实现经济绩效和环境绩效的"双赢"（Delmas，2002）。但对企业来说，创新面临着一系列的不确定性，前期研发资金投入高、中期研发失败率高、后期市场接受度未知都将阻碍企业采取积极创新的方式从源头解决环境污染问题。而企业自身的资源和能力又有限，完全依赖内部创新的封闭式思想不可行。所以面对环境规制压力，企业采取何种方式获得有利资源并通过创新实践处理经济效益与环境保护责任之间的关系是个值得探讨的问题。企业的资源和能力不足，这可能需要企业对外搭建强大的创新合作平台，在更大的范围内有效获取企业所需的创新资源，形成开放式创新网络，才可能加大企业创新投入强度，采取创新实践更好地处理企业经济与环境责任之间的关系。所以，本书对开放式创新在环境规制与企业创新投入之间调节作用的研究结果能够给企业是否以及如何通过开放式创新在缓解环境

污染问题的同时提高企业的创新产出带来一定的参考价值，从而实现企业
和社会的可持续发展。

## 1.3　研究思路与研究方法

### 1.3.1　研究思路

本书结合多种定性和定量研究方法，按照"现实背景分析—理论模型构
建—模型实证研究—政策建议提出"的基本思路建立总体框架。

（1）现实背景分析。分析我国制造企业创新研发活动概况，评价制造企
业创新开放度和趋势，探索制造企业由"制造"向"智造"升级所面临的环
境规制及创新难题，并在此基础上分析制造企业进行科技创新活动所面临的
制度环境现状与问题。

（2）理论模型构建。以技术创新理论和制度环境理论为基础，基于外部
环境因素和过程因素的影响，包括政府创新支持的环境因素和开放式创新的
过程因素，评价制造企业开放式创新广度、深度和政府创新支持度。利用 B
指数法计算制造企业的税收优惠强度，利用 DEA-Malmquist 指数法计算制造
企业的综合创新效率，引入环境规制构建政府创新支持、开放式创新模式与
制造企业创新绩效之间影响关系的理论模型。

（3）模型实证研究。根据理论模型探寻政府创新支持、环境规制对制造
企业开放式创新模式选择及其创新绩效的动态影响关系与作用路径，动态衡
量政府创新支持与环境规制等制度环境因素对制造企业创新投入、创新产出
及综合创新效率的影响。

（4）政策建议提出。在理论模型构建和模型实证研究的基础上，分析政
府在环境规制下如何采取差异化创新支持政策、完善激励方式和公共服务平
台的建设，从宏观层面和微观层面提出可操作性的建议以促进制造企业的可
持续创新与发展。

### 1.3.2 研究方法

（1）定性分析方法。依据中国制造企业创新活动与政府创新支持的历史数据，运用归纳和演绎方法揭示制造企业创新活动与政府创新支持之间的基本关系；运用比较方法对各类制造企业创新活动与政府创新支持之间的作用机理进行比较分析，对制造企业创新的理想与现实环境进行比较分析；运用要素分析方法对我国现行的创新支持政策和措施进行分析，在此基础上结合定量分析结果提出促进制造企业创新与发展的创新支持政策的优化建议。

（2）定量分析方法。基于外部环境因素和过程因素的影响，包括政府创新支持的环境因素和开放式创新的过程因素，评价制造企业开放式创新广度、深度和政府创新支持度；通过均衡分析、动态博弈模型等方法研究环境规制、政府支持对企业创新效率的影响机理；利用 B 指数法计算制造企业的税收优惠强度；利用 DEA-Malmquist 指数法计算制造企业的综合创新效率；使用时间序列数据、截面数据和面板数据构建理论模型，对政府创新支持、环境规制、开放式创新模式及创新绩效等变量之间的影响关系及作用路径进行相关、回归与因果分析，为政府创新支持政策体制的完善确定方向、目标和基本内容。

在此研究思路和研究方法下，本书的研究框架和主要研究内容如下。

第 1 章，绪论。本章主要运用比较法、要素分析法阐述全书写作的时代背景和理论背景，总结本书的研究内容和研究方法，尝试性提出本书的研究价值和创新点。

第 2 章，文献综述。本章首先梳理核心概念的理论界定；其次针对本书涉及的主要模型和相关变量间的关系，梳理国内外研究进展。

第 3 章，资本市场预期、政府创新支持与制造企业创新投入。本章从制度和市场两个角度关注政府和市场双重作用下对企业创新绩效的前因创新投入的影响，考察影响企业创新投入的外在因素，以探究外部制度和市场因素是否可以激发企业自主创新投入。

　　第4章，政府创新支持、开放式创新与制造企业创新投入。本章在第3章的基础上，引入开放式创新和市场竞争度，进一步分析政府和市场的双重作用与企业研发投入的关系。

　　第5章，双重环境规制、开放式创新与制造企业创新投入。本章在第4章的基础上，进一步从制度理论出发考察环境规制作为在开放式创新大环境下影响企业创新投入的直接外部因素。

　　第6章，双重环境规制、政府创新支持与制造企业创新效率。本章使用博弈论方法和数据包络方法考虑环境规制下企业创新成本提高后对创新效率的影响，以及政府创新支持的调节作用。

　　第7章，政府创新支持、开放式创新与制造企业创新绩效。本章是对本书研究主题的直接研究。首先，梳理变量间关系的理论作用机制；其次，实证研究政府创新与创新绩效的关系，以及开放式创新在其中发挥的中介作用。

　　第8章，政府创新支持、开放式创新与制造企业创新质量。本章在第7章研究的基础上，进一步从理论出发探讨开放式创新、政府创新支持与企业创新绩效的动态作用关系，并从企业整体创新质量、自主创新质量、联合创新质量细化对企业创新绩效的观测。最后，纳入对所有制和地域异质性的考量。

　　第9章，对策建议。本章综合第3章至第8章的研究成果，并结合第1章政策研究发现的问题分别提出针对政府的对策建议和针对企业的管理启示。

### 1.3.3　研究框架

　　本书的研究内容是基于现实背景、理论探索和实证分析基础上的综合性研究，研究将以中国制造企业创新活动中的现实问题为出发点，以实现中国制造企业可持续创新与发展为目的，在对政府创新支持、环境规制、开放式创新模式及创新绩效等关键概念和内涵的界定基础上展开现实背景、理论探索与实证分析，理论研究模型如图1-14所示。

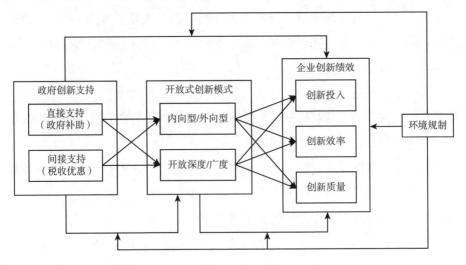

图 1 - 14  理论研究模型

# 1.4  研究价值与创新之处

## 1.4.1  研究价值

（1）面对复杂多变的经济形势，我国政府主张实施创新驱动发展战略以推动开放式创新，各地政府积极努力出台创新政策支持企业实施开放式创新。因此，从制度环境视角研究政府创新支持对制造企业开放式创新模式选择及创新绩效的影响问题，有利于实施创新驱动发展战略，有利于落实《中国制造 2025》规划，实现"中国制造"向"中国智造"转变。

（2）研究我国政府直接与间接支持制造企业创新的政策措施及其与制造企业开放式创新模式选择的动态影响关系，可以从宏观层面揭示我国政府创新支持对制造企业创新行为的影响机理，为我国制造企业制定适宜的创新支持政策，推动制造企业实施开放式创新，以及促进制造企业加快转型升级提供一定的决策依据和理论支持。

（3）探索政府创新支持对制造企业开放式创新模式选择及其绩效的作用机制，可以从微观层面评价具体的政府创新支持政策的不同作用机理与效果，为我国制造企业根据各自不同属性选择合适的开放式创新模式，以及获取组织外部的异质性资源提高企业创新绩效提供一定的理论建议和行动指南。

### 1.4.2 创新之处

（1）研究视角创新。国内外相关研究主要从创新模式、组织学习和网络关系等视角探索开放式创新模式与创新绩效之间的关系，各有特色、相互补充，但是对于制度环境因素的影响研究没有给予足够的关注与重视，导致制度环境视角下开放式创新模式与创新绩效之间的研究尚未形成一个系统的理论。本书将技术创新理论与制度环境理论相结合起来，分析环境规制、政府创新支持、开放式创新模式与制造企业创新绩效之间的动态影响关系及作用路径，从而拓展该领域的研究视角。

（2）研究路径创新。国内外相关研究主要将制度环境因素作为调节变量，强调制度环境因素的出现对于创新模式、组织学习与网络关系等变量在解释创新绩效中的影响。本书拟选择与同类研究不同的路径，先研究和评价制造企业创新开放度和政府创新支持度，然后以政府创新支持为解释变量，环境规制为解释变量和调节变量，开放式创新模式为中介变量，制造企业创新绩效为被解释变量，最后根据实证分析提出促进制造企业创新绩效、提高政府创新支持政策的优化建议。

（3）研究方法创新。国内外相关研究主要是利用问卷调查的方式获取相关数据来探索开放式创新模式与创新绩效之间的关系。本书拟采用国家统计局的年鉴数据和制造业上市公司的公开数据，运用数据挖掘模型评价制造企业创新开放度和政府创新支持度；利用 DEA-Malmquist 指数法计算制造企业的综合创新效率；使用时间序列数据、截面数据和面板数据构建理论模型，对政府创新支持、环境规制、开放式创新模式及创新绩效等变量之间的动态关系及作用路径进行相关、回归与因果分析。

# 第 2 章　文献综述

## 2.1　相关概念界定

### 2.1.1　环境规制

新制度理论认为，由于组织是存在于社会与政治环境中的个体，因此组织行为深受其社会规则、观念和惯例的影响，并且用社会价值观念以及规则制度对组织在制度结构和组织表现出趋同的现象做出解释。斯莱弗曼（Sliverman，1971）将制度引入组织社会学，并认为外部社会与政治环境除了是组织资源供应和产品输出系统，还可以用来解释组织存在意义的来源。韦耶和罗文（Weyer & Rowan，1977）在《制度化的组织：作为神话和仪式的正式结构》一文中宣告了组织社会学中新制度主义的诞生，并且他们认为效率机制不是组织结构和行为选择的原因，而是受组织外部环境制度等的影响。迪马吉奥和鲍威尔（Dimaggio & Powell，1983）认为，个体和组织实践不可避免地会受到其运行制度环境的限制，制度环境不仅规定和强化了企业的经营理念，而且迫使企业遵守外部规则、规范和价值观。所以，在相同环境下的个体和组织行为选择才会呈现出趋同特征。另外，他们将制度压力定义为"制度环境向个体及组织所施加的压力，这些压力迫使个体和组织遵守外部规则与规范"，同时将制度压力分为规范性压力、模仿性压力和强制性压力，在这三种压力的作用下组织政策行为选择倾向于与其他组织的行为保持一致。强制性压力是指来自政府部门制定实施的法律、法规、政策和制度等的强制约束力。规范性压力是指社会价值观与道德规范等对个体和组织所带来的期待和约束。模仿性压力指模仿同一行业中各种普遍存在的或已经存在的感知经验和行为模式。陈嘉文等（2015）认为，制度理论的合法性为组织行为选择提供了理论基础，组织合法性被认为是组织获得生存与发展的价值符号。基于上述分析，本书认为，面对政府和公众的环境规制的企业创新响应行为，也可以理解为制度环境下企业的战略表现。环境规制不仅是政府制定的政策，也是社会公众的诉求，如果企业行为偏离了社会标准或预期，那么该企业则被认为是不合法的。因此企业要想提升其合法性地位，长久地生存下去，应该满足政府制定的政策要求以及公众诉求，通过积极创新的行为方式实现环境保护的同时又不损失企业利润的目标。因此，新制度主义理论为分析企业环境规制压力与创新之间的关系提供了自然而恰当的视角（Phan & Baird，2015；Zeng et al.，2017）。

"环境规制"（environmental regulation）的概念源于"规制"（regulation）一词，规制又称"管制"或者"监管"。规制分为经济性规制与社会性规制，是指按照一定的规则限制特定社会人和特定经济主体活动的行为。由于生态环境不断被破坏，环境规制逐渐引起了社会各界的关注。环境规制是规制的重要组成部分，它旨在保护环境、控制环境污染、提高资源利用率，从而提高人们的生活质量水平。目前学术界对环境规制的内涵没有明确、统一、权威的界定。环境规制的概念随着环境治理结构的改变而不断改进深化。在整个环境治理系统中，企业生产行为难以避免对环境的污染，而环境的外部性会引致"市场失灵"，政府部门必须进行环境治理，并主要以行政命令进行环境规制。这是环境治理的第一阶段，此阶段是一元治理阶段，是以政府直接命令和管控等行政手段为主的单一治理阶段。所以，起初人们对环境规制的理解是政府通过禁令、禁止转让交易的许可证制对环境进行直接管制。20世纪七八十年代，由于政府意识到行政手段不够灵活，因此还采用了灵活的经济手段，此阶段是环境治理的第二阶段，即二元治理阶段，政府行政和经济手段同时发挥作用。随着市场机制作用的发挥，环境规制的含义被修正为：政府兼顾行政措施和经济手段，对个人或组织环境污染行为施加直接或间接干预以实现环境保护的目标。经济手段采用的规制工具包括环境补贴、环境税费以及押金退款等。20 世纪 90 年代以来，环境规制的内涵得到进一步发展和完善，自愿型手段充实了环境规制的政策工具选择，如生态标签、环境认证以及环境协议等。此外还存在环保思想观念和环保意识态度等隐形的带有约束性的环境规制。此时进入环境治理的第三阶段，此阶段是多元治理阶段，政府、企业和社会公众共同参与。中国现在正处于第三阶段的早期，治理结构是政府、企业和社会公众三者相互独立、相对统一。在整个环境治理体系中，企业会导致环境污染，由于环境的特征是公共属性和外部性，会导致"市场失灵"，政府作为公共利益受托人，也不得不加入环境整治，以行政命令或经济治理的手段进行环境规制。由于信息不对称、监管不到位，所谓的"政府失灵"的出现，又会促使以非营利性、公益性等为主要特征的环境社会组织也加入环境治理体系中。环境污染影响人们的生活质量，公众也越来越多地自愿加入环境治理中，多主体环境治理的体系逐渐形成。于是，环境规制的定义演变为：为保护环境以有形制度或无形意识为规制手段的一种社会性规制。借鉴赵玉民、朱方明、贺立龙（2009）的说法，环境规制是以有形制度或无形意识等约束方式，通过对其对象（个体或组织）进行约束，从而达到环境保护目的的一种约束性力量。这种约束性力量会对个体或组织产生一定的压力。关于环境规制随着环境治理结构变化而改变的情况，具体见表 2 - 1。

表 2 - 1　　　　　　　　　　　　环境规制的含义演变及比较

| 时间 | 环境治理结构 | 规制类型及工具 |
|---|---|---|
| 起初 | 一元治理结构<br>（政府行政手段） | 命令控制型<br>（禁令、禁止转让交易的许可证制等） |
| 20 世纪七八十年代 | 二元治理结构<br>（政府行政手段和经济手段） | 命令控制型、市场激励型<br>（环境补贴、环境税费以及押金退款等） |
| 20 世纪 90 年代以来 | 多元治理阶段<br>（政府、企业、公众共同参与） | 命令控制型、市场激励型、自愿型<br>（生态标签、环境认证以及环境协议等） |
| | | 命令控制型、市场激励型、自愿型、隐形工具<br>（环保思想、环保态度、环保观念及环保认知） |

资料来源：笔者整理。

　　根据以往学者的研究，环境规制一般分为三种类型，分别是命令控制型环境规制、市场激励型环境规制以及自愿型环境规制。命令控制型环境规制被公认为是政府部门通过法律法规、政策等方式制定环境规制标准，要求企业以行政命令的形式予以遵守，并对违反环境规制标准的企业行为予以处罚。市场激励型环境规制是指政府部门利用市场约束机制的方式引导企业的排污行为并激励排污者降低排污水平（熊航等，2020）。而自愿型环境规制是指建立在企业自愿参与保护环境和污染控制的自我约束机制（马富萍等，2012）。由于环境污染严重影响人们的生活质量，社会公众也越来越多地自愿加入环境治理中。于是一些学者在前人的基础上，例如张江雪等（2015）将环境规制划分为命令控制型、市场激励型以及公众参与型三种环境规制。还有学者根据规制方式是否明确，将环境规制分为正式环境规制和非正式环境规制（周海华，2016）。正式环境规制是指政府部门为改善环境质量而制定法律法规、政策等，以期通过公权力来实现环境保护的目标，包括废气废水的排放标准、排污费的征收标准以及生产技术标准等。与正式环境规制相比，社会公众对破坏环境行为的投诉和指责、抗议（拒绝购买企业产品）等行为，都属于非正式环境规制（Langpap & Shimshack，2010；杨盛东等，2021），是政府体制外对企业经营活动无法忽视的监督力量。关于环境规制的分类，本书对不同学者的观点进行了简要梳理（见表 2 - 2）。

表 2 - 2　　　　　　　　　　不同学者对环境规制的划分类型

| 研究学者 | 划分类型 |
|---|---|
| 张弛（2005） | 进出口国环境规制、多边环境规制 |
| 赵玉民等（2009）<br>马富萍等（2012） | 命令控制型、市场激励型、自愿型 |
| 张江雪等（2015） | 命令控制型、市场激励型、公众参与型 |
| 王书斌等（2015）<br>王云等（2017） | 环境行政监管、环境污染监管、环境经济规制 |
| 周海华（2016） | 正式环境规制、非正式环境规制 |
| Jiang et al.（2018） | 行业环境规制、区域环境规制 |

资料来源：笔者整理。

环境规制作为一种制度，也会对企业造成压力，并且在这种制度压力的作用下会对企业的行为产生一定的影响。制度压力主要分为三种，即强制性压力、规范性压力以及模仿性压力（Dimagio & Powell，1983）。尽管这三种制度压力经常同时发挥作用，但是它们表现出不同程度的效果，并且它们与企业的关联性是特定于环境的（Chen et al.，2018）。研究表明，强制代理人（如政府机构等）和规范代理人（如公众等）是真正影响企业环境行为的相关主体（Buysse & Verbeke，2003；Kassinis & Vafeas，2006），斯科特（Scott，2005）认为强制性压力和规范性压力值得研究者特别关注。本书主要关注两对环境规制，分别是强制性环境规制压力和规范性环境规制压力，以及正式环境规制和非正式环境规制，具体如下所述。

（1）强制性环境规制压力。强制性压力一般是指政府颁布的各种成文法律、法规和政策对组织产生的约束力（Sarkis，Gonzalez-Torre & Adenso-Diaz，2010）。故而，强制性环境规制压力指的是政府为了保护环境而颁布的一系列法律法规对个人或组织所形成的约束力。企业必须遵守严格的环境保护法律法规，才能获得政府授予的合法性，否则将会为任何违规行为付出高昂的代价。强制性环境规制压力包含命令控制型环境规制压力以及市场激励型环境规制压力。对于命令控制型环境规制压力，通常是政府制定一系列排放限制和减排技术标准，旨在减少污染物向自然环境的排放而对企业造成的压力（Blackman & Vincent，2010）。实际排放量超过排放标准的企业将被罚款或要求改进生产流程，甚至被迫关闭（Yang et al.，2012；Xie et al.，2017）。而市场激励型环境规制是政府为控制污染物排放而采用的另一种广泛使用的方法。我国目前实施的排污收费制度、补贴、可交易许可证以及押金—退款政策形成的约束力都属于市场激励型环境规制压力（马富萍等，2012）。市场激励型环境规制又可以分为投资型和费用型：投资型环境规制表现为政府工业污染治理投资；费用型环境规制表现为政府排污费征收（原毅军，2016；田红彬，2020）。

（2）规范性环境规制压力。除了政府这方面的强制性压力外，公众环保团体对企业的活动也提供了企业面临的另一种形式的压力，本书将这些活动称为规范性压力（Berrone et al.，2013；Chen et al.，2018）。与强制性环境规制压力相比，规范性环境规制压力并非来自政府的强制实施，而是源于公众的环保意识，推动政策领域越来越多地采用自愿协议（Seok et al.，2021）。它通常与公民、社区、环境非政府组织或市场（如消费者和投资者）采取的所有类型的行动相对应（Zhang et al.，2008；Feres & Reynaud，2012）。最开始，人们通过信访、举报、投诉等方式直接向地方或上级政府表示对环境质量的不满，随着信息技术的发展，人们开始利用报纸、杂志、电视、网络等媒介参与环境污染治理。规范性环境规制压力可能是对企业环境实践的有益补充，尤其是当强制性环境规制压力作用薄弱或缺失时，其影响的重要性越来越明显。根据新制度理论，规范性压力会导致企业遵守社会价值观和规范，以便被认为更合法（Sarkis，2006；Negash，2020）。规范性压力已成为企业环境保护的另一大推动力，并对企业的创新产生一定的影响。从强制性和规范性环境规制压力的含义可以看出，相同之处在于二者的目的都是为了保护环境，区别主要在于规制压力的施加主体不同。强制性环境规制压力来源于政府部门，而规范性环境规制压力施加主体则是公民、社会团体等非政府组织。

（3）正式环境规制。对于正式环境规制的含义，学术界在不同的阶段有着不同的认知。最初，人们认为，环境规制是政府通过禁令等方式干预人们对于环境资源的利用，企业和市场只能严格遵守其制定以及执行相应的环境标准。之后，环境规制的范围扩大了，一方面政府对环境资源利用进行直接干预，另一方面主要通过经济手段和利用市场机制的方式间接干预。20 世纪 90 年代以来，环境规制的含义再次被修正，除了直接和间接干预外，自愿型环境规制也被加入环境规制内。它主要是由企业自身或行业协会等提出来，主要是为了保护环境，不是强制性的。对环境规制的理解不存在统一的结论。笔者认为，环境规制是以保护环境为目的、以个体或组织为对象、以有形制度或无形意识为形式的约束性。就环境规制而言，学者根据不同的标准划分为不同的范畴。张嫚（2005）根据经济主体对排污行为不同的约束方式，将环境规制分为正式环境规制与非正式环境规制。其中，正式环境规制主要基于政府的强制性压力，其实施主体通常是政府和其他行政机关，而非正式环境规制主要源于社会压力。这种社会压力主要包括认知压力和规范压力。其实施主体通常是社会公众或者媒体等。根据适用范围的差异，张弛（2005）将环境规制分为进、出口国环境规制和多边环境规制。赵玉民（2009）在界定环境规制的含义的基础上，将其分为命令控制型环境规制、市场激励型环境规制和自愿型环境规制。其中，命令控制型环境规制是指立法或行政部门制定的法律、法规，其目的是直接影响排污者做出有利于社会环境的选择。命令控制型环境规制的主要特点是被规制的企业必须遵循政府规制，几乎没有选择权，不然将面临严厉的处罚。不过，需要政府加大监管力度，相应的其执行成本也随之增加。市场激励型环境规制是指政府利用市场机制和市场信号引导企业排污，鼓励排污者降低排污水平。在市场激励型环境规制政策下企业可以结合自身的特点选择最优化的资源配置方式，使企业环境规制的实施更加灵活。自愿型环境规制则不具有强制性，它是由行业协会、企业等提出的保护环境的协议或计划。自愿型环境规制对企业和政府来说都是有利的。对于企业而言，一方面，自愿型环境规制在社会公众面前可提高其公司知名度和产品公信度，而且增强企业荣誉感，使企业在市场中获得竞争优势；另一方面，企业主动地保护环境，积极制定适合企业本身的环保措施并逐步落实，不仅能够减轻政府和其他行政机关对企业的压力，也可以得到更多政府对于企业的支持。对政府而言，自愿型环境规制可以在一定程度上解决政府与企业之间在环境问题上的信息不对称。企业可以向政府反映其关于环境治理的难题，政府可以根据企业提供的信息完善环境规章制度，实现两者的良性互补，缓解两者间的冲突和矛盾。此外，政府与企业的互动可以为政府节约监督和执行成本，降低企业违反政府环境规制的可能性，同时也降低企业寻租、企图发展政企关系的可能性。此时，政府就可以选择适合的企业支持，政府也可以将节约下来的成本用于其他方面实现资源优化配置。

（4）非正式环境规制。最开始，非正式环境规制主要是指人们通过信访、投诉等方式直接向地方或上级政府表达其对改善环境质量的诉求。为鼓励人们参与污染治理活动，政府通常会公开企业污染信息影响相关利益集团的行为和企业声誉形象，从而影响企业的污染排放行为。随着社会的发展，非正式环境规制是指为控制企业污染，由民众、非政府组织等采取的各种行动。典型的行为包括社区和非政府组织对企业施压，抵制企业产品或媒体报道环境污染案件等。随着信息技术的普及，报纸、杂志、广播、电视、网络等媒介开始影响公众参与环境污染治理的方式。从正式和非正式环境规制的定义可以看出，二者的目的都是保护环境。不同的是其实施规制的主体不同，正式环境规制的主体是政府，而非正式规制的主体是公民、社会团体以及非政府组织。实施正式环境规制主要靠政府部门的能力，但往往因为人力物力有限、政府内部腐败和地方保护主义存在，正式环境规制的效果不理想。非正式环境规制依靠普通民众的力量，有效避免了正式环境规制的限制，在保护环境上效果显著。

### 2.1.2　开放式创新

早期，由于创新成果被视为企业维持竞争优势的关键资源，企业往往采用封闭式创新的方式进行研发创新以获得产品在市场上的垄断地位。在这种创新模式下，企业的主要创新来源是内部的研发部门，并不会与外部企业进行信息及技术的交流和转移。但是，随着知识经济时代的到来，创新形势发生了翻天覆地的变化，只依赖内部创新资源的企业已经很难满足市场需求的快速发展以及保持竞争优势。在这种情况下，"开放式创新"的概念应时而生，并逐步发展为企业创新的主导模式（韩文艳、熊永兰，2021；鲁若愚、周阳、丁奕文等，2021）。开放式创新概念指的是企业的研发活动不仅仅局限于企业内部，还可以从外部资源带来经济效益，它是一种开放的过程，能够从公司内外部同时获得有价值的知识和进行商业化。部分企业利用与外部合作、联盟、授权专利等手段将内部知识和技术外部市场化，准许企业的外部合作对象将这些知识和技术转化为他们的创新资源，通过许可权、短期合作伙伴关系等协议，试图让其他公司使用该技术，并使自身获利。率先利用开放式创新的宝洁公司已经从该模式当中获取了显著绩效结果。现在，开放式创新的理念已经被广泛接纳，利用外部资源已经是企业良好运作的重要方式。对于那些典型的成功企业，它们在执行创新战略时，往往能够合理利用企业内外部创新资源，持续不断地增强企业自身的创新能力和竞争优势。

切撒布鲁夫（Chesbrough，2003）在其出版的《开放式创新：科技创新盈利新方向》一书中首次提出了"开放式创新"（open innovation）的概念，认为有价值的创意可以从企业内外部同时获得。同样，其商业化路径不仅可以从公司内部进行，也可以从企业外部进行。开放式创新概念一经提出，便引起了学术界的高度关注，越来越多的学者加入这一研究领域。切撒布鲁夫（Chesbrough，2007）认为，企业在进行技术创新时，企业内部和外部的思想应该合理地结合起来，使用内部和外部的市场渠道进行商业化推行。基于不同的研究角度，很多学者又重新定义了开放式创新，比如菲勒等（Filler et al.，2004）基于合作设计者的角度出发，指出用户既是产品和服务的消费者又是使用者，他们的信息可以产生、修正或规范创新产品和服务，所以开放式创新是搜寻和整合信息的过程。从流程角度来看，创新是一个获取资源和知识商业化的过程，开放则强调组织内外部之间没有松散的边界，包括开放企业边界、商业模式与经营心态。哈斯特巴克（Hastbacka，2004）为强调内外部资源和内外部市场的核心作用，认为开放式创新是企业综合利用内外部创新思想和技术，通过投资、项目和生产等过程，向市场转移技术、配置资产，再将信息通过市场反馈给研发部门的过程。切撒布鲁夫和克劳瑟（Chesbrough & Crowther，2006）认为，与封闭式创新相比，开放式创新能够通过与客户、供应商、竞争对手等外部主体的广泛交流和互动，获取更多的外部资源并且能够降低创新风险。利希滕塔勒（Lichtenthaler，2011）指出，开放式创新指企业整个创新的过程，将企业内部和外部的资源合理地结合起来进行知识开发、利用与保留。在此基础上，切撒布鲁夫和布伦斯威克（Chesbrough & Brunswicker，2013）、徐佳等（2017）站在不同的角度定义了开放式创新，极大地推动了开放式创新的研究发展。以上可看出学术界对开放式创新概念并未有一致的界定。本书综合上述研究，对开放式创新的概念阐述如下：开放式创新包括开放与创新两个部分，是指在企业进行研发创新活动时愿意与创新网络中的其他主体全方位合作的创新模式，强调企业与创新网络中的其他主体没有松散的边界，能使企业内外部的知识可以相互流动。内部知识通过技术转移或授权方式流入外部，同时外界也可以将企业内部不易获得的知识转移进来，帮助企业完成技术创新战略目标，避免知识落差大的创新方式。表2-3梳理了不同学者对开放式创新概念的界定。

表 2 – 3 不同学者对开放式创新概念的界定

| 研究学者 | 概念界定 |
|---|---|
| Chesbrough (2003) | 开放式创新是指企业有目的地利用知识流入及流出以加速企业内部创新、扩大外部市场范围,进而利用内部以及外部商业化渠道的创新模式 |
| Piller et al. (2003) | 开放式创新是企业系统地收集和整合消费者和使用者信息来产生创新服务的过程 |
| Hastbacka (2004) | 开放式创新是企业综合利用内外部创新思想和技术,通过投资、项目和生产等过程,向市场转移技术、配置资产,再将信息通过市场反馈给研发部门的过程 |
| West & Gallagher (2006) | 开放式创新是指企业系统地在企业内部和外部的广泛资源中鼓励和寻找创新资源,并有意识地整合企业自身能力和资源与外部获得的资源,利用多种渠道开拓市场机会的一种创新模式 |
| Lichtenthaler (2011) | 开放式创新是指企业通过创新过程系统地进行内外部知识开发、知识保持和知识利用的活动 |
| 王雎和曾涛 (2011) | 开放式创新是以创新资源的流动和交换为基础,渗透到组织间层面的一种价值创新,主要包括初始价值识别、过程中的价值创造和最终价值获取三个环节 |
| Chesbrough & Brunswicker (2013) | 开放式创新是指企业通过适合组织商业模式的营利或非营利机制有目的地管理跨越组织边界的知识流动的一种分布式创新过程 |
| 徐佳和魏玖长 (2017) | 开放式创新的本质是打开资源流动的界限,有意识地将企业内外部资源整合起来,同时,探索和开发相应的创新成果市场转化机制,分享创造的新价值 |

资料来源:笔者整理。

另外,切撒布鲁夫和克劳瑟(Chesbrough & Crowther,2006)基于知识流动方向的不同,认为开放式创新主要存在内向型开放式创新和外向型开放式创新两种模式。其中,内向型开放式创新是指企业有意识地将外部有价值的思想、知识、信息或技术整合输入到企业内部中来进行创新以及商业化过程。与内向型开放式创新相反,外向型开放式创新则是指企业将内部有价值的思想、知识、信息或技术通过合适的外部组织或商业模式输出到组织外部以达到技术商业化的目的。在切撒布鲁夫(Chesbrough,2003)等研究的基础上,恩克尔和加斯曼(Enkel & Gassman,2008)拓展了开放式创新模式的维度,认为开放式创新还存在第三种模式,即耦合型开放式创新,指企业将内向型和外向型组合起来,与互补性的合作者通过联盟、合作以及合资企业等方式进而实现价值创造。因此,一方面,开放式创新理论认为,企业边界是松散、可渗透的，企业的创新资源既可以来自企业内部研发，也可以来自企业外部组织（如客户、供应商、竞争者、高校、研发机构等）；另一方面，在开放式创新的模式下，企业更加重视的是如何将内外部创新要素整合起来以低成本和在短时间内实现创新的价值以期获得最大效益。因此，开放式创新的分类可以从模式、程度的角度去分类。从模式分类角度上看，恩克尔和加斯曼（Enkel & Gassman，2008）将开放式创新模式分为三种，通过整合外部创新资源来扩充企业自身资源的自外而内模式，通过转移或授权企业内部技术来获取利润的自内而外模式，通过企业内外部的互补或联盟形式把由外向内和由内向外耦合起来的耦合模式。管恩秀（2008）又将开放式创新模式分为两类：一类是指通过获取外部技术创新资源，与企业内部科研体系相结合的技术资源倒入模式，可以加快创新速度，提高创新质量；另一类是指企业将内部闲置的创新资源通过各种方式输出到新市场，进而开辟新业务领域的技术资源输出模式。后来大多数研究站在企业角度，将开放式创新分为两类：一类是指企业利用外部资源，将外部知识、信息、技术或者想法整合到企业中来进行创新的过程，这种将资源获取的开放定义为内向型开放式创新；另一类是指企业作为其他创新网络主体的知识库，将内部知识、信息、技术或者有价值的思维输出到外部，由其他主体来识别过程，这种将资源对外开放定义为外向型开放式创新。拓哈兰德和盖恩（Dahlander & Gann，2010）的分类也颇有新意，他们将开放式创新模式分为四种具体的知识互动行为：第一种是通过市场渠道向外部购买或整合创新所需知识的行为；第二种是为了获得一定的商业价值而出售或授权企业内部发明与技术知识的行为；第三种是适当地免费对外公开内部专利或研发知识的释放和披露行为；第四种是通过接近或获取使用外部创新源的非经济交易行为。从开放式创新程度的角度分类，闫春等（2014）将开放式创新过程中的外部创新源划分成五种类型：市场资源、公共研究资源、商业研究资源、内部资源、其他外部资源。探索式创新开放度是指主要影响企业探索式创新的市场、公共研究和商业研究的资源；开发式创新开放度是指主要影响企业开发式创新的市场、商业研究以及内外部资源。每一种创新开放度又可以细分成广度和深度。何郁冰和陈劲（2010）分别用与企业合作的其他主体数量表示创新开放的广度，用其合作的频数表示创新开放的深度，用其合作的时长表示创新开放的久度。但后来的学者很少考虑时间维度。韵江等（2012）、马文甲等（2016）、郭尉（2016）基于企业开放创新过程将其分为广度和深度，一般来说开放式创新广度指企业合作的创新网络主体的种类数量，即外部创新源的数量；深度指企业与外部创新网络主体合作时关系的深浅程度。

最后，为了准确衡量企业实施开放式创新的程度，需要界定清楚创新开放度，创新开放度一词来源于开放式创新模式。劳尔森和索特（Laursen & Salter，2006）最早提出创新开放度的概念并将其定义为"企业用于创新活动中源自外部知识资源的数量"，同时将创新开放度分为开放广度和深度，并将开放广度定义为"企业与外部知识源合作的数目"，将开放深度定义为"合作双方的交流密切程度"。皮萨诺和维甘提（Pisano & Verganti，2008）将企业选择合适的外部创新伙伴参与企业内部创新的程度代表创新开放度，若企业允许共同参与合作创新的外部伙伴越多，则表示企业创新开放度越高。与之前的学者不同，利希滕塔勒（Lichtenthaler，2008）从企业战略管理的角度给创新开放度下了定义，他认为创新开放度包括企业收购外部技术的广度和企业利用其收购的外部技术的深度。而拉扎罗蒂和拉斐拉（Lazzarotti & Raffaella，2009）认为，创新开放度指的是企业与外部合作创新主体之间关系的密切程度，包括企业与之合作的外部创新主体的数目以及企业所处的开放式创新模式的阶段。国内学者唐方成等（2007）通过研究发现，企业间知识共享的程度、知识转移的速度及频率能够体现企业创新开放度的大小。游达明和孙浩（2008）认为，创新开放度应该用综合性的指标来衡量，具体指企业在外部创新网络中的嵌入程度和企业对外部创新资源的依赖程度。与利希滕塔勒（Lichtenthaler，2008）的看法相同，李平等（2014）也认为，创新开放度是指采用开放式创新模式的企业获取外部技术资源的程度。本书参照劳尔森和索特（Laursen & Salter，2006）的研究，按照对外开放大小及程度，将开放式创新划分为创新开放广度和创新开放深度两个维度。创新开放广度是指企业开放式创新过程中与之合作的外部资源的数量；创新开放深度是企业开放式创新过程中与外部合作创新主体进行创新合作的紧密程度（郭尉，2016）。

### 2.1.3 政府创新支持

"支持"是指某个人对某事物所持有的态度，这种态度可以是喜恶、积极或者消极。政府则需要对其政策持有政治支持，以使该政策获得延续或者发展。在我国各地方政府都有相同的目标，就是促进各个地方的经济发展，但是实现这种目标的方式各有不同，这直接导致了各个地方政府对当地监管执法活动的支持程度不同，协调应对各类冲突、利益矛盾的方式也有所不同。我国正处于发展阶段，市场经济体制发挥主要作用，企业作为市场中的经济利益体，总是在特定的制度环境中生存和发展，很大程度上依然要凭借非市场机制来获取相关资源，比如税收优惠、财政补贴、银行信贷、政府采购优先、特许经营权、投资优惠、营利返还等，政府创新支持是企业所面临制度环境的一项重要内容。

国内外学者在政府创新支持的概念上的观点大同小异。国外学者卢克（Luk，2008）认为，政府创新支持是一种直接或间接介入企业决策过程的政府手段，主要通过资金、土地、税收等政策给予企业支持。罗等（Lo et al.，2012）指出，中国各个地方政府的制度政策体系都有差异，政府创新支持程度标准也不完全一致。此外，康等（Kang et al.，2012）基于经济学角度分析，认为由于溢出效应导致市场创新的失败削弱了企业的收益及其前期相关研发活动的成果，而且这种失败依靠市场力量是无法解决的，还需要制度体制中政府干预的力量。那是因为政府可以通过为企业提供补贴、税收、贷款等直接的资金支持促进企业创新及相关研发活动的进行，高额的社会回报率能弥补创新失败。倪傲鹏和提摩斯（Nyaupane & Timothy，2010）则指出，地方政府会通过正式部门、其他社会组织、立法、各类项目及资金支援等途径实现对旅游业的控制，并且基于环境、政治及经济等方面的原因对旅游行业进行干预。而国内学者刘俊（2012）概括性地指出，政府创新支持是用一种非市场机制来克服市场失灵，通过多种手段的干预来弥补市场机制的缺陷，例如采取法律手段、财政和税制的手段、公共物品服务手段，构建完整的经济体系、纠正市场信息不对称等方式。吴倩倩（2013）从地方政府角度出发，表示为达到地方社会经济发展的战略目标，当地政府通过制定财政、贷款、税收等相关政策和法规而为企业服务的行为就是政府创新支持。曾敏刚等（2014）从关系角度出发，认为企业与政府维持良好关系能获取关键资源，是企业重要的社会资本，政府创新支持为政府以研发补助形式对企业（不包括科研机构及高校）的资金支持。综上，政府创新支持是政府采取一系列有利于企业发展的资金、政策等制度手段，是指各级地方政府为实现本地经济发展目标为企业提供各种支持，例如通过制定相关福利政策，为企业引进和留住人才、提供相关生产要素、提供税收及贷款等方面的便利或优惠的行为。

在转型经济背景下，企业面临的外部制度直接影响着企业创新绩效。企业外部制度环境中，某些特定的具有公共物品属性的制度特征可以被企业所利用，从而将外部制度约束与企业处理利益相关者的资源和能力相整合，构建有价值的、高模仿度的制度资源，是企业可持续竞争优势的来源之一。政府可以从资金、物质和信息三个方面对企业提供支持。从资金流来看，政府可以进行财政拨款、税收优惠和贷款支持三种形式，财政拨款具有无偿性，作为企业营业外收入、一次性资金流入，对企业财务稳健效果立竿见影，用于鼓励科技项目的研发。税收优惠能够在优惠期内一定程度上减轻或者消除企业的纳税负担，减少资金流出，而贷款支持在贷款期内也为企业拓宽了融资渠道，降低了资金支付风险，资金先流入后流出。从物质流来看，政府可以通过无偿提供一些办公场所、土地等资产使用权来降低企业投资成本，通过政府采购帮助中小民营企业尽快实现商品的销售。从信息流来看，政府通常会通过媒体或网络向社会公众发布消息，也会为企业专门搭建如产品供销信息服务平台、科技信息交流平台等各种促进信息、知识流动的平台，企业通过对公开平台上的信息进行分析处理，捕捉有用的信息，从而做出正确的生产经营决策。

技术升级之所以获得更高利润，是因为其可以建立效率更高的新的生产流程和工艺。技术创新是发展的源泉和动力，从本质上看，技术创新是企业自身的一种行为，政府不应该直接干预。但对很多企业而言，技术创新存在很多的障碍，例如资金、人才、资源、信息缺乏。只通过市场的调节和企业自己的努力，很难取得良好的创新成果。对此，各国为了企业能够更好地创新，出台了一系列支持政策。美国为了支持企业技术创新，制订了一系列研究计划，包括企业技术创新研究、技术转移研究以及企业发展目标研究等计划。这些针对企业技术创新的支持取得了良好的效果，使企业的管理运行效率提高，缓解了创新障碍给企业带来的巨大压力，这使得美国一直处于世界创新国家前列。英国政府在促进企业创新时，鼓励校企合作，例如共同申请国家和区域的创新项目，在确定各部门对于创新投入的有关原则和利益分配机制的基础上，带动企业和社会增加对创新的投入，实施研发税收减免政策，为了检验企业创新效果，专门聘请第三方专家对其评估。除此之外，英国政府深知创新对于一个国家发展的重要性，他们会使用财政资金投资产业创新。英国政府在制定科技创新政策时，也会虚心听取一些企业和科研机构的意见。正因为英国有如此健全的政府支持体系，英国才得以一次次在工业革命上创造奇迹。日本政府为降低企业创新风险，会把握日本不同时期的经济特点以及全球科学发展的走势，为企业创新指出方向。日本政府通过减税和免税的方式，鼓励企业引进先进的技术和设备，限制其他国家直接投资和产品进口，使其他发达国家不得不出售技术。日本政府为企业的尖端技术提供大量资金支持，使企业研究没有后顾之忧。同时，日本鼓励产学研的分工、合作、配合，壮大企业技术开发的资源力量。日本政府还大力进行网络建设，加快企业实现信息资源共享，促进产业间交流和吸收能力的提升。根据一项调查，世界创新企业 100 强中，日本企业所占比例最高。这与日本政府的支持政策有很大关系。

从政府创新支持科技创新的手段看，主要包括财政补贴政策、税收减免政策、政府采购政策、组织协调政策等。以日本为例，财政补贴政策是政府计划和企业、大学、研究机构等实施的技术研发项目直接进行补贴的形式，政府补助企业进行技术应用研究与开发研究经费的一半。税收优惠政策主要以税收减免等方式，降低其产业研发活动的投资风险。贷款优惠政策是相对于普通商业银行贷款政策而言，提供的利率会低于普通银行，变相地提供资金支持，能够减轻企业研发创新时的贷款压力。

我国政府对不同产业的支持形式是多样的，范围也是广泛的，"十二五"

规划中提到制造业发展重点是优化结构，改善产品质量，增强产业配套能力，淘汰落后产能。相关研究证明，受到政府政策扶持的行业在股权和债务融资规模及构成上更具优势（Chen et al.，2017）。政府各个部门，例如税务部门、财政部门、科技部门和行政部门等需要制定优惠政策，针对性地进行补贴，设立公共研发中心，简化落实审批手续等详细方案（宋凌云等，2013）。盛光华（2015）将创新补贴划分为创新投入补贴和创新产品补贴两种补贴方式。前者是针对企业创新行为，后者则是针对结果。针对行为的补贴是为了提升企业的创新积极性，加大创新投入；针对结果的补贴是为了奖励产品创新成功的方式。

多数学者将政府创新支持划分为直接补贴和间接补贴两种。其中，通过对企业创新活动给予现金补贴或贷款贴息是一种直接方式；税收优惠是政府将企业本应上缴的资金无偿让渡给企业使用，主要包括优惠税率、税收抵免和税前扣除三种方式，是一种间接方式。目前研究较多的是政府直接补助与税收优惠两种政府创新支持方式，两种政府创新支持方式既有相似性又有差异性。相似到可以互相成为替代品，但仔细探索还是有很大差异性，差异性在于每个企业以及其他创新网络主体在考虑政府创新支持的不同方式时会产生不同的反应，自然会对主体之间研发活动产生不同的影响程度。税收优惠政策与纳税义务存在捆绑关系，而政府直接补助属于独立事件，不存在捆绑关系，从而更能激发获得政府补助的企业在技术创新方面的积极性。

### 2.1.4　企业创新效率

技术创新是指企业家把握住市场中潜在的盈利机会，重新配置企业生产要素，从而建立花费更低、效率更高和效能更强的生产经营系统，获得新原料来源，创造出新产品、新工艺、新流程或开辟新市场最终获得超额利润的过程。创新效率衡量的是企业创新投入的转化率。技术创新效率理论认为，技术创新效率就是在给定的创新投入下，被测量的单位创新投入与最小投入的距离或创新产出与最大产出的距离，距离越大，则效率越低。在资源有限的条件下，如何提高创新效率变得更加重要。结合我国的实际情况，本书认为，创新效率是指在同等要素投入的情况下，被评价企业产出与生产前沿决定的最大产出的比值，或者在同等产出的情况下，被评价企业所使用的投入与生产前沿决定的最小投入的比值。

创新效率的提升可以来自外部推动力，也可以来自内部推动力。内部推动力是指行业内部的生产者通过不断做出正确的决策以及自己的努力不断研发，而外部推动力指推动企业创新效率的是行业之外的力量，这种力量可能是环境，也可能是竞争压力等。一般而言，工业创新效率提升通常是内生的，而农业创新效率提升通常是外生的。在市场经济中，主要通过持续的技术创新、技术扩散、技术转移与引进这三种方式提升创新效率。对于技术超前的国家，创新效率的提升通常是通过自主研发和创新；对于后发国家来说，创新效率的提升通常是跟随并赶超引领技术创新的国家。根据现在的情况，技术不发达国家技术赶超应该分为三个阶段，第一阶段，以贸易和技术引进为主，通过政策优惠吸引外商进行投资，促进产业结构升级。第二阶段，技术引进与技术开发并重，提高吸收能力，促进创新效率的提升。国家实施适度的贸易保护，重新配置资源，选择较好的产业政策，冲击先发国家的技术垄断，进一步升级产业结构。第三阶段，把重心放在自主研发上，国家通过产业政策加强与先进国家跨国公司的合作与交流，获得先发优势和规模经济。权衡长期利益与短期利益，有效地配置资源，实现跨越式超越。

## 2.2 环境规制、创新开放度与企业创新投入

### 2.2.1 环境规制对企业创新投入的影响

强制性环境规制压力指的是政府为了保护环境而颁布的一系列法律法规对个人或组织所形成的约束力。强制性环境规制作为外部制度因素，不可避免地会对企业行为产生一定的影响。关于强制性环境规制与R&D投入之间关系的理论研究可以追溯到20世纪70年代，且20世纪90年代以前主要支持新古典经济学的"抑制论"，他们主要认为环境规制会增加企业的治理负担，在一

定程度上会挤占企业的研发投入，不利于增强企业竞争优势（Gray，1987）。直到 1995 年波特提出了与新古典经济学相反的"促进论"才为强制性环境规制与研发投入之间的关系研究打开一个全新的视角。波特（Porter，1995）认为，适当的环境规制能够在提高企业环保意识的基础上激励企业加大研发投入进行创新活动，这不仅能够抵销环境规制成本，甚至能在市场上更具竞争优势，这就是著名的"波特假说"。关于环境规制与创新投入之间的实证研究在 20 世纪 90 年代才开始涌现，主要有两种实证结果：促进作用和非线性关系。第一，大部分学者证实强制性环境规制能够促进企业的创新投入，进一步验证了"波特假说"。国外学者杰菲和帕尔默（Jaffe & Palmer，1997）选取美国制造业 1973～1991 年的数据作为研究样本，结果显示环境规制与 R&D 投入之间显著正相关，且规制成本每增加 1%，研发投入就增加大约 0.15%。还有学者使用博弈模型研究发现，如果考虑社会福利，环境规制政策有利于提高企业的研发产出（Ambec & Barla，2002）。杨等（Yang et al.，2012）以 1997～2003 年中国台湾工业面板数据为研究对象，发现政府严格的环境规制有助于增加企业的研发投入。还有一部分学者证实，政府严格的环境规制能够增加企业绿色研发投入（Hamamoto，2006；Richard et al.，2012；Costa-Campi et al.，2014）。国内学者郭研等（2014）以我国 1998～2012 年的省际面板数据为样本，以工业污染治理投资额和工业废气排放密度测量环境规制强度，研究环境规制与工业研发投入之间的关系，实证结果表明加强环境规制会促进工业企业的研发投入。尤济红等（2016）通过数理模型推导出正式环境规制可以促进 R&D 偏向绿色技术研发，并利用 1998～2012 年中国 30 个省级层面工业部门的数据验证了这一关系。谢荣辉（2017）选取 2000～2012 年中国省级面板数据，运用两阶段模型检验环境规制对绿色生产率的影响，结果显示环境规制能够显著激励企业 R&D 总投入。这一观点在颉茂华等（2014）、余伟等（2017）、王思维（2018）的研究中也得到了体现。还有学者将环境规制划分为命令控制型、市场激励型、自愿型三种类型，研究发现只有命令控制型环境规制和市场激励型环境规制对企业研发投入具有显著的正向作用（全佳敏，2017；李广培等，2018）。第二，少部分学者证实，强制性环境规制与创新投入之间还存在着非线性关系。蒋伏心等

（2013）选取江苏省制造业 2004～2011 年的面板数据作为研究对象，研究显示环境规制与 R&D 投入之间具有显著的"U"型关系。马艳艳等（2014）研究发现，中国火电上市公司环境规制强度与研发投入呈显著的"U"型关系。除了直接研究强制性环境规制与创新投入之间的关系外，我国部分学者还将不同行业、不同地区纳入了研究。柳剑平等（2013）研究发现，重污染行业的环境规制显著促进了企业研发投入的增加，清洁生产行业的环境规制与企业的研发投入显著负相关。蒋为（2015）通过对中国制造企业的研究，发现政府环境规制对企业 R&D 投入具有显著的正向影响，并且重污染行业的企业面对环境规制的压力更能够激励企业 R&D 投入的增加。童伟伟等（2012）通过对东部、中西部地区的研究表明，东部地区的环境规制与 R&D 投入之间具有显著的正向影响，但是中西部地区的环境规制对 R&D 投入之间的正向作用不显著。沈能等（2012）利用我国 1992～2009 年的面板数据研究发现，环境规制对技术创新的促进作用存在地区差异，东部地区环境规制强度与研发投入呈"U"型关系。苏汾（2017）以深沪 A 股工业行业上市公司 2010～2015 年的相关数据为样本，研究发现东部地区严格的环境规制有助于增加企业的研发投入，但是在中西部地区这样的促进作用却不显著，他认为是因为东部与中西部存在金融发展和人力资本水平的差异。还有少部分学者得到了相反的结论，陈（Chen, 2018）和杨等（Yang et al., 2021）均认为强制性环境规制倾向于重点对污染物排放进行末端治理，导致创新激励效应有限。而就区域异质性而言，由于中西部环境监管强度的增长率更大，因此强制性环境规制对中西部绿色创新变化的贡献更高。

规范性环境规制的研究起步较晚，关于规范性环境规制与创新投入之间关系的理论方面的研究较少。与强制性环境规制相比，规范性环境规制不具有强制性，在经济发展初期，其对于企业研发创新的激励作用并不明显；但随着经济的不断发展以及社会公众环保意识逐渐增强，规范性环境规制促进企业研发创新的效应逐步显现（Cole et al., 2013），环境信息披露也使得企业出于维护名誉的目的被迫投资环保研发（贾瑞跃等，2013）。因此，规范性环境规制对企业的污染排放行为产生一定的压力，成为企业创新发展不可忽视的重要社会力量。规范性环境规制有时比强制性环境规制更具有价值，当强制性环境规制作用薄弱或缺乏时，规范性环境规制提供了另一个渠道促使企业进行创新。学者们大多是基于制度理论以及利益相关者理论，研究规范性环境规制压力对于企业创新的影响。国外学者王（Wang，2015）以中国企业为调查对象的研究表明，社区压力是企业污染控制的强大动力，社区压力的增强有助于企业污染排放量的减少。兰帕普和施莫沙克（Langpap & Shimshack，2010）通过对美国公众与相关环境污染举报案件的调查发现，公众监督和公众执法会对企业绿色创新方面以及环境治理具有显著影响。瑞茜和罗摩克里希南（Ruiqian & Ramakrishnan，2018）研究发现，非正式环境规制对企业环境绩效具有显著的正向影响，但是滞后期为两年。萧红等（Xiao Hong et al.，2018）基于制度理论分析了环境规范性压力与企业绿色创新之间的关系，并以2008~2014年中国前100家上市公司为样本，采用广义估计方程（GEE）方法，研究发现环境规范性压力对企业绿色创新都有显著的正向影响。国内学者王岭（2010）认为，忽视公众参与环保的力量仅仅分析强制性环境规制对环境污染的影响是有局限的，并通过实证研究发现公众参与指标——环境信访对工业三废的作用程度及其方向与工业污染物类型有关。张江雪等（2015）通过对中国30个省份2007~2011年的数据进行实证分析，发现公众参与型非正式环境规制与工业绿色增长之间关系不显著，甚至在绿化度低的地方（主要以中、西部为主）出现了负向显著影响。彭文斌等（2017）选取2005~2014年各省域面板数据为研究样本，通过实证分析也得出这种非正式环境规制与环保研发绿色创新效率之间存在单门槛值，两者之间呈倒"U"型关系。周海华等（2016）选择96家生物科技企业作为研究对象，通过问卷调查的方式实证研究了非正式环境规制对企业绿色创新的影响机制，并且结果发现非正式环境规制对企业绿色创新具有显著的影响作用。徐圆（2014）将民众对环境污染的关注度以及媒体报道量作为非正式环境规制的衡量方式，通过研究发现非正式环境规制能够促进工业企业环境污染治理。这些研究都说明了源于公众参与的规范性环境规制压力对企业的创新具有一定的影响作用。

### 2.2.2　创新开放度对企业创新投入的影响

基于资源基础观理论，外部合作创新模式可以打破资源约束（许骞，2020）为企业带来外部互补性资源，促进内部资源开发利用（闫春等，2020；陈静等，2021），进而推动创新资源整合。这会带来新的创新范式，引起企业 R&D 投入水平的提高，而企业 R&D 活动的增加，也会进一步促进对外开放（Iglesias-Sanchez et al.，2020）。凯斯勒和查克拉巴蒂（Kessler & Chakrabarti，1996）认为，在开放式创新模式下，企业可以利用外部有价值的创意和资源降低企业研发所需要的资金，同时缩短研发周期，提高研发投资效率。任爱莲（2010）认为，企业实施开放式创新后，利用外部创新主体的创新资源能够在一定程度上降低企业内部研发风险，减少研发支出，进而提高企业的研发投资效率。张永安等（2018）以 2011～2016 年 252 家新一代信息技术产业上市公司为研究对象，通过研究发现，无论是当期还是滞后期，外部资源获取都能够刺激企业内部创新投入，是企业提升内部创新投入的关键因素。国外学者戈尔根和伦内博格（Goergen & Renneboog，2001）研究发现，受到融资约束的企业出现研发投资不足的现象会更频繁，且研发投资效率也会随之降低。萨西德哈兰等（Sasidharan et al.，2015）研究指出，企业融资约束的存在会限制研发投资支出。换言之，企业的融资约束越少，研发投资会越多。国内学者张杰等（2012）、曹献飞等（2014）、徐玉莲（2015）认为，融资约束与企业研发活动之间存在反向关系，即企业融资约束程度越高，研发投入越低。樊倩倩（2018）选取软件企业作为研究对象，通过实证研究发现，开放式创新能够缓解企业的融资约束，进而促进企业研发投资效率的提升。创新的开放度越大，研发投资效率的提升作用就会越强。因为开放式创新可以利用外部资源减少研发成本，降低研发风险，缓解融资约束，提高研发投资效率，在一定程度上可以促进企业加大创新投入。但也有学者提出了相反的观点：多主体共同参与创新可能导致机会主义行为的出现、关键技术的泄密，以及合作成果的共同产权机制并不会为中小企业带来实际的市场价值（David et al.，2018），这些都不利于企业在合作研发中持续地增加研发投入。

### 2.2.3　环境规制与创新开放度对企业创新投入的影响

基于资源的观点认为，企业是由一组资源组成的，其竞争优势来自企业拥有的资源（Wernerfelt，1984）。资源包括企业控制下的各种资产、能力、信息、知识等，将帮助企业制定和实施战略（Barney，1991）。因此资源对于企业通过创新解决企业环境污染问题至关重要。企业的行为取决于其资源基础，其对制度压力的反应取决于其资源充足性（Li & Tang，2010）。并且已有一些学者通过实证证实面对外部环境规制压力充足资源对于企业创新的重要性。贝龙等（Berrone et al.，2013）认为，组织冗余作为企业可调动和利用的额外资源，可以缓冲资金短缺和增加企业创新潜力，并以美国污染行业的 326 家上市公司的环境相关专利进行分析表明，制度压力可以促进企业创新，组织冗余对规范压力与绿色创新的关系起到了积极的调节作用，但对强制压力与绿色创新的关系没有显著影响。陈等（Chen et al.，2018）以 2008 ~ 2014 年中国前 100 家上市公司为样本，研究了组织冗余对制度压力与绿色创新的关系的调节作用，但是与贝龙等（Berrone et al.，2013）的研究结论不同，发现组织冗余能够加强强制压力对企业绿色创新的影响，但对规范压力与绿色创新的关系没有显著影响。

在政府、公众环境规制压力的作用下，企业需要通过创新的方式对产品、工艺、流程进行更新改造来防治企业污染，使得企业面临新的创新挑战。与一般创新比较，环境规制要求下的创新更加复杂，通常需要更多的资源并带来更高的风险（Liao，2016）。随着经济社会日益开放，企业很难仅依靠内部资源开展复杂的创新活动，需要从外部获取资源来缓解外部环境规制压力。企业不仅需要在内部积累新知识，还需要从外部环境中获得新技术知识，以开发新产品和服务（Takeuchi et al.，1995）。企业获得的外部知识资源越多，企业知识资源的多样性就越大（Muscio et al.，2017）。外部知识的补充是企业提高创新水平的基础。由于内部知识的有限性，当感受到强大的制度压力时，企业需要将有限的知识投入到能够管理这种制度压力的活动中，从而倾向于从外部环境中获取知识，以保证创新生产的顺利进行（Liao，2017）。

企业如何获取外部资源呢？开放式创新理论认为，企业边界是松散的、可渗透的，企业的创新资源来源既可以是企业内部，也可以是企业外部（如客户、供应商、竞争者、高校、研发机构等），企业可以通过对外开放的形式获得外部异质性创新资源（Chesbrough，2003）。并且很多学者肯定和证明了开放式创新对企业发展的重要性。陈劲和吴波（2012）认为，企业开放度有利于外部关键资源获取。比尔和赞德（Beers & Zand，2014）研究发现，合作创新主体的多样性能够增强合作创新主体之间的信任，解决企业外部知识搜寻的障碍，进而提高企业创新绩效。格雷科等（Greco et al.，2016）认为，企业在外部创新网络中的广度及深度对企业创新绩效具有显著的促进作用。郭尉（2016）研究发现，创新开放广度以及创新开放深度可以为企业带来多元化的知识、技术、资本等资源，这些新资源一方面能够降低企业研发成本、加快企业创新速度，另一方面能够帮助企业实现技术突破，更好地满足市场需求，提高企业创新绩效。开放式创新战略能够解决企业面临环境规制如何创新的问题，从而实现企业的可持续发展，并运用 2001～2010 年 35 个中国工业部门的数据实证证明了开放式创新战略有助于企业通过外部技术获取来有效地响应环境规制并保持生产力（Hu et al.，2015）。

鉴于在开放式创新模式下，企业创新开放度使企业获得更多和更稳定可靠的外部资源，与内部资源进行有效的整合有利于给企业带来巨大的创新收益。因此，本书认为，创新开放度的大小会影响环境规制压力与企业创新投入之间的关系。本书将创新开放度纳入研究框架，试图探索创新开放度在环境规制与企业创新研发投入之间的作用，解决企业如何通过创新来应对环境规制并提高经济效益的问题。

## 2.3　政府创新支持、开放式创新与企业创新绩效

### 2.3.1　开放式创新对创新绩效的影响

自从开放式创新概念被提出后，学者们对开放式创新展开了多方位的研

究。开放式创新与简单的利用外部创新资源不同，它强调企业要根据自身的能力与资源有意识性地将外部创新资源整合到企业中去，系统地在企业内外部寻找创新资源，并通过多种途径拓展市场渠道，从而提升企业竞争力，进而获得绩效增长（West & Gallagher，2006）。以上学者的观点无疑透露出开放式创新对企业创新绩效的重要性。

学者主要将开放式创新外部创新源分为供应商、顾客、竞争企业、科研院所四种。企业外部不同的创新资源为企业带来不同的优势，例如供应商的信息可以帮助解决技术问题，利用供应商的材料和零部件的优势改善创新产品的开发模式；企业的研发产品主要服务于顾客，而顾客作为市场需求的主体通过自身感受将获取的市场需求信息反馈到企业，可以帮助企业设计出更好的新产品并有效推广；研究表明对竞争对手开放有利于制定竞争战略，主要在于两者可以互相了解对方的技术水平；科研院所主要职能在于科研，一定程度上来说是为社会技术服务，对企业来说不仅没有竞争压力，还可以从中获得最新知识和信息，更没有知识产权分享冲突。国内学者任爱莲（2010）通过对 109 家中小电子科技企业的调研数据表明，对供应商和顾客开放与对竞争者开放有相反的效果，前者能改善创新绩效，后者却降低创新绩效，而对科研院所开放是不影响的。事实上，国外学者在此之前从供应商、顾客、竞争对手、科研机构等研究视角展开过探讨，研究结果也是不尽相同，主要内容见表 2－4。

表 2－4　　　　　　　　国外开放式创新与创新绩效的关系研究

| 研究视角 | 作者 | 影响关系 |
| --- | --- | --- |
| 顾客 | Miotti（2003） | 顾客信息能够较好地改善企业创新绩效 |
| | Loof（2003） | 顾客信息与创新绩效之间负相关 |
| | Nieto et al.（2007） | 顾客信息对突破创新关系不显著，对改良产品显著正相关 |
| 供应商 | Faems（2003） | 供应商有丰富的经验，其信息可以较好地改善企业创新绩效 |
| | Freel（2003）；Belderbos（2004） | 供应商的创新信息与企业创新绩效的关系并不显著 |
| 竞争对手 | Loof（2003） | 竞争者的信息有利于企业创新 |
| | Inkpen（2006） | 竞争者的信息与新产品销售额之间有显著的正相关关系 |
| | Miotti（2003） | 与竞争者合作对创新绩效有不显著的负相关关系 |

续表

| 研究视角 | 作者 | 影响关系 |
|---|---|---|
| 科研机构 | Nieto（2007） | 科研机构的信息与突破性创新有显著的正向影响 |
| | Miotti（2003） | 科研机构的信息与创新绩效之间负相关 |
| 资源互补 | Das & Teng（2000）；Hagedoorn（2006） | 开放创新能提高创新绩效，促进企业内外部资源双向流动 |

资料来源：笔者整理。

根据企业开放度的不同，开放式创新方式的多样性会带来不同的创新绩效，有学者将创新绩效划分为根本性创新和渐进性创新，发现技术导入方式导致企业根本性创新，而技术搜寻则会引起渐进性创新（Schenker-Wicki，2011；Parida et al.，2012）。外向型开放式创新对企业绩效并没有显著影响，可能的原因是企业自身足够强大，基础知识外泄并不会影响企业的运作和长远发展（Hung & Chou，2013）。企业外部的创新网络主体种类数对于不同的企业绩效产生不同的影响作用，其对创新绩效有积极作用而对财务绩效产生负向作用，在短期内由于成本费用的加剧导致财务绩效的负向作用会超过创新绩效，但从长期来看，创新带来的社会资本会带动企业提高竞争力，从而提升创新绩效（Faems et al.，2010）。企业可以通过积累外向开放度和内向开放度来获得创新能力，从而提高创新绩效（Wu et al.，2013）。劳森和索特（Laursen & Salter，2006）从开放式创新导向出发，认为开放式创新广度导向和开放式创新深度导向与创新绩效具有倒"U"型关系。

也有学者将开放式创新对创新绩效的研究集中在模式层面上，开放式创新模式主要研究集中于内向型与外向型开放式创新两种模式上。从内向型开放式创新模式上来看，内向型开放式创新有助于根本性创新（Inauen & Wicki，2011），企业在概念形成阶段，采取内向型开放式创新可以激发企业的创新潜力，并从中获取可观的回报（Enkel et al.，2009）。并且多数研究证明，内向型开放式创新有利于企业获得优越的创新绩效，可能会对创新绩效有着正向作用（Ebersberger et al.，2012），也会对企业获取超额收益有着积极的正向促进作用（Sisodiya et al.，2013）。国内学者张振刚等（2015）研究发现，内向型开放式创新能促进创新绩效提升，潜在吸收能力在两者关系之间起显著的负向调节作用。

外向型开放式创新一定的风险性导致其相对于内向型开放式创新的研究较少，且多数认为外向型开放式创新对企业绩效并没有显著影响。外向型开放式创新与企业绩效没有显著关系是因为企业自身够强大，基础知识外泄并不会影响企业运作（Hung & Chou，2013）。当然也有学者持有相反的观点，例如利希滕塔勒（Lichtenthaler，2009）研究认为，外向型开放式创新对企业绩效有着正向影响。从理论上分析，可能的原因是通过将自有的知识信息商业化可以提升企业声誉，同时优化了组织间的网络，带来绩效的增长。利希滕塔勒和恩斯特（Lichtenthaler & Ernst，2007）研究表明，企业通过技术转移或授权等经济交易活动不仅能提高企业绩效，还可以为企业获得商业竞争优势。可能是企业通过向外输出知识和技术能更明确内部创新成果的市场价值，能更有效地利用其成果，挖掘更多创意空间，吸引更多的创新人才，从而提高员工的积极性，增加一定的无形资产，也可将企业内部部分冗余创新成果商业化，出售给外部组织，从而获得利润，降低创新成果存放资本。在授权许可、技术出售给外部过程中，企业可获取一定的专利技术转让费用，为企业创造一定的利润。国内学者陈志明（2016）研究证明，开放式创新能突破企业自身技术或产品轨迹，决策集中度能调节开放式创新与突破性创新绩效之间的关系，所以要想在产品或者行业内有突破，就需要避免不确定因素的风险并强化决策中心性，避免不必要的知识溢出。

### 2.3.2　政府创新支持对创新绩效的影响

多数学者的研究均认为，政府补助和税收优惠对于企业创新绩效具有正面的影响。学者研究表明，政府的支持会根据不同的企业规模、性质和企业发展的不同阶段产生不同的效果。资源基础观认为，中小企业自身资源有限，在进行研发创新时存在很高的风险性。龙静等（2012）却发现，政府创新支持创新行为能提升中小企业的产品创新绩效。黄雨婷等（2015）也支持龙静的观点，认为政府创新支持作为创新过程的外在激励能对创新绩效产生显著正向影响。故政府创新支持的直接和间接方式在一定程度上能够激励较小规模企业的研发创新。政府补贴对企业的影响与规模有关，规模较小的政府补贴正向影响企业的研发投入，规模较大的政府补贴就会对企业的研发活动生成替代效应（Görg & Strobl，2007）。因此，程华等（2008）提出，政府补助主要应该偏向大中型企业，从而迅速提高政府补助的激励效应。施建军等（2021）认为，只有当补助规模超过一定阈值后，政府补助才能提高企业创新能力，体现为创新质量、创新效率及创新可持续性的整体提升。在企业性质差异问题上，安同良等（2006）提出，国有和集体所有制企业普遍存在创新不活跃的问题，即使政府给予研发创新资助和补贴，它们的研发强度也还是很低。龙静等（2012）认为，由于民营企业与国有企业在资源、资金和与政府的联系上有较大差异，导致国有企业未能提升自身效率，而民营企业的创新能力有所提升。王一卉（2013）也有类似观点，认为当存在环境和条件差异时，政府补贴会导致国有企业创新绩效下降。在企业不同的发展阶段上，李培楠等（2014）研究表明，政府创新支持在开发阶段与创新绩效呈现负向相关关系，而在成果转化阶段与创新绩效呈现正"U"型关系。

大多数学者认为，政府的直接补贴可以促进企业增加额外的研发支出，对其研发支出有着很大的影响（傅利平、高歌，2021）。然而政府偏离自身原有的角色，加入企业的技术创新活动决策，会导致政府与企业之间信息不对称和委托代理问题（Steven et al.，2009；安同良等，2009）。政府直接补贴属于事前干预，由于事后无法评估进行补贴的研究项目效果，可能会导致选择偏离，从而挤出企业的研发支出（Klette et al.，2000）。政府创新支持效果不显著的原因在于政府对获得政府创新支持的企业创新活动缺乏有效监督的办法，无法确保政府创新支持有效落实到企业创新活动之中（王俊，2010）。政府直接补贴挤出了企业创新投入，政府部门投入技术创新活动的资金对行业的创新绩效产生负向影响（黄雨婷等，2015）。

也有学者认为，政府补贴对企业创新绩效产生积极作用的原因是建立在一定的条件之下的。例如邵传林（2015）采用工业企业为研究对象，发现政府财政补贴对创新绩效有积极影响，并通过比较地区的制度环境发现，制度环境好的地区这种积极影响更强。曹建海等（2014）研究表明，不同的政府创新支持方式对企业技术创新产出有不同的作用，通过比较临时性和长期性

的研发补贴模式，发现前者对技术创新产出的积极影响更大。周海涛等
（2015）考察了政府直接和间接资助方式，研究表明政府补助对企业创新绩
效是有影响的，并且影响大于其他方式的资助。但王坤（2016）认为，政府
选择补助的对象偏向经营成绩更好的非国有企业，呈现出扶强特征，其补助
对盈利能力、吸纳就业能力等方面的经营特征有更明显的边际影响。对企业
来说，寻租行为有助于其在同等条件下争取更多的政府补助。事实上，制度
理论普遍从创新资源获取的角度认可了政府创新支持对创新绩效的促进作用，
而委托代理理论更多地从创新资源利用的角度关注了政府创新支持对创新绩
效的阻碍作用（魏巍、彭纪生、华斌，2020）。

国外关于税收优惠政策对企业研发创新活动影响的实证结果表明，税收
优惠对企业研发活动的影响效果与不同的国家和不同的时期有关。例如有学
者认为，税收优惠对研发投入激励效果不明显，对企业的创新绩效影响不显
著，甚至存在负面作用（Czarnitzki et al.，2011；Bronzini & Piselli，et al.，
2016；张同斌等，2012）。郑春美等（2015）选取了 331 家创业板高新上市
企业 3 年的数据作为样本来研究税收优惠两种政策对企业创新绩效的影响，
发现税收优惠政策对企业的创新绩效非但没有积极的促进作用，反而抑制了
企业创新绩效的提升。袁建国等（2016）以所有行业上市公司的大数据为研
究对象，将企业技术创新分为研发投入和创新产出两类进行分析，表示税收
优惠对两者有不同的激励作用，并且只对研发投入有正向激励作用。王遂昆
等（2014）以六年间深市中小企业的大数据为样本，利用多元回归模型研究
发现，政府税收优惠政策在促进中小企业研发创新方面起到了积极作用。冯
海红等（2015）主要利用制造行业大中型工业企业为研究对象，认为政府税
收优惠政策存在一个最优区间能鼓励企业加大研发投资力度，并且企业规模
的大小、企业性质中国有成分比例的高低和知识技术密度的强弱都起着重要
影响。田晓丽（2016）研究税收优惠政策对企业技术创新的影响，发现提高
企业自身的创新能力是技术创新的关键，提高税收减免比例是有效激励企业
进行技术创新的方法。黄雨婷等（2015）考虑到企业性质中以民营企业居
多、中小企业为主，综合政府创新支持的两种方式对创新绩效的影响，表示
政府应该采取税费上的优惠才能有效促进该类企业转型升级，成为行业和企

业创新的主体，带动整个社会技术创新氛围。

### 2.3.3  政府创新支持对开放式创新的影响

创新环境是政府制定和实施创新制度和政策的载体（陈凯华和官建成，2010）。企业在面对发展困境时，受自身特点限制需要政府的专业指导和扶持来应对技术创新研发活动中可能遇到的困难和风险，例如政府部门干预高新技术产业的经济市场化程度，关注民营企业多于国有企业，营造开放式创新发展的制度环境。早期的开放式创新以获取外部资源的从外到内的方式为主，随着政府逐步深入理解这一创新模式对其的重要作用，开始鼓励企业以从内到外的方式来更好地利用政府资源（Sang et al.，2012）。国内对开放式创新在政府领域的影响研究比较少，目前所有的研究方向都认为政府的支持有益于企业的开放式创新。崔海云和施建军（2013）提出，不同的开放式创新模式由于财政政策、知识产权政策和金融政策等政策的作用而有所不同。徐建中和孙颖（2020）基于演化博弈理论，进一步发现在市场机制作用下，政府的补贴对产学研机构开展新能源汽车创新合作的激励效果明显。曹霞等（2020）也发现，政府调控可以促进创新主体维护合作行为。

不同的开放方式对开放式创新有不同的影响。过去由于单个企业创新活动的权利边界比较清晰，创新成果的拥有者往往是唯一的，而开放式创新模糊了边界，其研发活动的参与主体较多，容易引起成果索取权的争议，进而提高维权的成本。从政策制定者的角度来看，由于企业和高校之间分布不均匀的创新资源不能被有效整合起来导致资源的闲置或不能被充分利用，且可能造成在一项技术开发上重复投资，从而导致技术创新不能可持续发展。这就需要整合创新的技术资源，打造创新资源的共享服务平台，更好地为创新资源的供给方与需求方服务，从短期来看，政府部门需要为加强企业与高校之间、中小微企业之间、大企业与中小微企业之间的合作而做出正确的引导和政策扶持，以便全部企业可以较为有效地利用外部创新资源。

### 2.3.4 政府创新支持与开放式创新对创新绩效的影响

网络理论强调企业与外部组织之间的创新合作关系，企业是嵌入其所处的关系网络中而不是孤立存在的经济个体。企业通过组建网络，与网络成员进行沟通交流，使网络中各个主体的创新资源互相传递而得到共享知识和信息，可以促进企业创新活动的产生与创新绩效的提升。资源依赖观认为，企业创新越依赖某种资源，比如外部知识，越需要建立并维持与这些资源持有者之间良好的创新网络关系。在网络化创新环境中，保持创新网络主体之间关系的强度与质量，发挥提升竞争优势的效力，政府是这个创新网络的主体成员之一，肩负着培育创新网络的重要责任。目前的经济形势提倡开放式创新但并不意味着只依靠外部资源增强企业研发实力，主要负责开发新技术的仍是企业内部研发部门，同时还需要它们有新技术的流入与技术转化能力。研究人员职能的增加，对他们的综合素质要求也有所提高，所以说开放式创新模式只是改变了企业内部研发部门的角色。另外，需要组织架构具有内部研发、吸收与转化技术、技术扩散等能力，在提高能力的同时吸引外部主体进行合作，形成创新的生态环境。政府提供的长期性制度创新过程会逐渐形成企业创新生态环境，并为其提供一个发展的制度框架。制造业创新的过程中充斥着不同经济主体的交易行为。市场是不断发展的，市场的发育程度和市场失灵的方式在不断变化发展，因此政府干预市场失灵的力度与方式也应不断加以调整。市场和政府作为两种相互竞争的制度，其互相替代取决于二者运作效率及运作成本的比较，这是一个动态的发展过程，在很多领域更是如此。

刘凌（2016）认为，政府的一个重要功能就是为企业提供有价值的信息，开放式创新为该功能提供了新的选择，社会公众通过开放式创新获取知情权和利用信息。开放式创新的不同模式能为社会生产力注入新鲜元素促进整个社会创新活动的发展，所以政府需要拓宽信息传播渠道和范围，而不仅仅局限于与政府保持良好关系的国有领域。崔海云和施建军（2013）以农业企业为研究对象，认为企业采用内向开放式创新模式时能获得积极的经济绩效，政府的税收优惠、财政补贴等方面政策有利于企业与外部创新网络主体合作，从外部主体获取技术信息和知识。而过多的财税和信贷支持不利于企业的外向开放式技术创新，需要严格的知识产权政策来激励企业，同时企业自身要注重外向开放式创新能力的加强，从而提升企业绩效，带来竞争优势。根据企业不同的创新模式，政府要就其详细的绩效目标来设计出对应的合理政策。

## 2.4 环境规制、政府创新支持与企业创新效率

### 2.4.1 环境规制对企业创新效率的影响

一直以来，环境规制与企业创新效率之间的关系都存在较大的争议。对于环境规制与企业创新效率之间的关系，理论上主要存在三种观点。第一种观点是新古典经济学所提出的"抑制论"。新古典经济学理论认为，环境保护对于企业来说是一种额外的成本，这种成本将会削弱企业的竞争力。环境规制，例如技术标准、环境税费等都会使企业分配一些资金和劳动力去减少污染排放，这样会减少企业分摊到研发上的投资，最终不利于企业利润和创新效率的提高。第二种观点是促进论。第三种观点是不确定论。

首先，从新古典经济学角度来看，在理性决策的假设下，环境规制将不可避免地增加企业制造成本，从而降低企业创新效率，环境治理也可能挤出生产投资，降低企业创新效率（Dufour，1998；Kneller & Manderson，2012）。克罗珀和奥茨（Cropper & Oates，1992）基于静态视角分析了成本和收益的关系，认为环境规制将削弱企业竞争力。梅特斯库等（Mateescu et al.，2010）认为，一旦实施环境规制措施，企业就要承担造成环境损失的赔偿责任，并且还要在人力资源、设备和资金方面进行额外投资，以使其制造过程完全或至少部分地适应环境法规政策的要求，这样会使企业创新投入减少、创新绩效下降。这说明环境规制的实施成本是外部成本内部化的表现，生产成本增大使得企业市场竞争力衰弱，市场份额缩减。国内外学者从国内、国

外、国际三个层面研究了环境规制与贸易之间的关系。李昭华（2009）通过实证研究发现，严格的环境规制将不利于对外贸易的发展。新古典经济学理论主要是从静态角度分析了环境规制与企业创新行为之间的关系。

其次，有大量的学者认为，有效的环境规制将鼓励企业积极进行创新。波特在 1991 年首次提出环境规制可以提高企业和国家竞争力的观点，并进一步解释了环境规制通过促进创新来提高竞争力的过程，这被称为"波特假说"。最初，学者为了对"波特假说"进行理论研究，将"波特假说"区分为弱"波特假说"、强"波特假说"和狭义"波特假说"。弱"波特假说"指环境规制能够刺激企业进行绿色创新，但不能确定此种创新是否可以提高企业竞争力。强"波特假说"是指在多数情况下，环境规制能够提高企业的竞争能力。狭义"波特假说"认为，灵活的规制政策对于刺激企业创新更加有效，比传统的规制形式更有价值。之后国内外学者围绕波特假说也进行了大量的实证研究。从微观企业层面来看，适当的环境规制可以倒逼企业进行生产流程的改进，提高企业生产率和市场竞争力。环境规制可以降低企业的创新成本，增强企业竞争力，从而使企业建立"先发优势"，以及环境规制将使污染税和制造业补贴同时上升（Eliste & Fredriksson，1999）。由于税收和补贴政策的变化，最终会导致出口增多，进口减少，国际竞争力更强。同时，沈能（2012）和李娜（2016）等发现，环境规制政策的出现会使企业寻求降低企业成本的方法，并促进企业技术进行扩散，长期来看，会促进产业的结构升级。除了环境规制对于企业绩效的直接效应研究外，学者也探讨了环境规制促进企业绩效的条件，王鹏（2012）研究发现，在不同区域，环境规制对我国三次产业的影响明显不同，环境规制正向影响东部、中部地区的第二、第三产业和西部地区的第二产业，而对其他产业无显著影响。近些年，也有学者开始探讨不同的环境规制方式对企业创新绩效的影响。申晨（2017）研究发现，在各规制工具中，市场激励型规制比命令控制型规制更灵活长效，命令控制型规制手段与区域工业绿色全要素生产率之间的关系为"U"型。经济激励方式下"利用市场"的环境政策能够促进生产率提高，而"建立市场"的环境政策并未表现出显著的效应。张中元（2012）以中国30 个省份 2000 ~ 2009 年的相关面板数据为样本，通过工业废水排放达标率和工业二氧化硫去除率衡量环境规制，研究发现环境规制可以促进各地区工业技术进步。陈德敏（2012）从环境规制法律、监督、方法和环境规制支撑等四个维度衡量了环境规制，利用 Tobit 模型计算了环境规制对全国和区域全要素能源效率指数的影响，研究发现，将环境规制各指标分为四类，处在不同象限的指标对全要素能源效率的影响有显著差异。廖进球等（2013）根据中国的国情开展研究，利用我国省际数据与行业数据，从环境规制区域和行业差异方面进行了实证分析，证实环境规制可以促进技术创新。杨振兵和张诚（2015）认为，环境规制政策会让市场机制发挥作用，通过建立反映环境稀缺程度的价格制度，用严格的环保政策倒逼企业缩减生产要素投入，淘汰不符合环境准入标准的落后产能，加大技术改造力度促进更多绿色产出，从而缓解制造业的过剩产能问题，促进产能利用率提升。凯勒（Keller，2002）利用美国各地区面板数据，通过治理污染的花费构建了一个调整指标衡量地区的环境规制强度，研究发现环境规制有利于加强外商直接投资。通过以上综述，发现采用污染物对环境规制进行衡量时会存在两个问题：一是污染物的选取没有固定的标准，而将不同类型污染物合并也是一大难题，但若通过构建综合指标去衡量环境规制，也无法准确把握各变量的权重大小。二是污染治理投入包括各方面投入，但是其与实际的生产投入很难区分，所以用来衡量环境规制时会存在一定的偏差。通过以上梳理发现，大多数学者研究环境规制时都是基于国家或省际、行业等层面，而对于微观企业层面的研究较少。个别基于微观层面研究时，多采用问卷调查来测量企业排污费征收费用、政府环保检查的时间以及受到环保部门的罚款。

最后，也有部分学者认为环境规制与企业创新行为之间的关系具有很大的不确定性。德拉戈米尔（Dragomir，2008）认为，实行环境监管会给企业带来环境成本，从而提高制造成本，然而环境治理成本在制造成本总数中只有较小的比例，因此对竞争力的影响不大。布劳赫勒和格雷厄姆（Brouhleetal & Graham，2013）研究发现，美国最大的自愿环保项目"气候智慧方案"确实引起了企业环境专利的变化，但是仅仅存在于低 R&D 强度企业。刘金林和冉茂盛（2015）利用中国 30 个省份的面板数据，实证分析表明，环境规制对不同行业生产创新效率有不同影响，部分行业呈现出的关系是显著的"U"型或倒"U"型。阿曼多（Armando，2013）通过实证研究发现，环境规制与企业生产率之间不是简单的线性关系，对于小企业而言，环境规制与企业绩效之间的关系是负向的，对于大企业而言，其关系恰好相反。达纳尔等（Darnal et al.，2007）、李勃昕和韩先锋（2013）等证实了环境规制与企业创新绩效之间呈现倒"U"型关系。虽然学者对环境规制与企业创新绩效之间的关系进行了大量探索，但无论是理论界还是实证界都没达成统一结论。

正式环境规制主要通过中央制定相关环境战略决策，下发相关文件，由政府直接命令与控制的形式表现出来。但传统的环境规制措施并不总是有效的，甚至可能起到相反的作用，这与社会公众环境保护、绿色出行的需求不符，可能引发社会公众与企业之间的矛盾。公众也会通过自己的方式去反抗，例如堵在污染工厂的门口影响工厂正常生产，群体游行等，而这种抗争的方式就可能对企业决策和投资等产生重大影响。当污染对公众的身体健康和生活影响增加时，人们就会考虑自身利益，会间接提高供给污染工厂的资源价格。生产企业预计处罚会增加时，就会试图去寻找减少资源需求的方式，从而产生绿色创新的效果。除了正式环境规制外，也有少数学者基于制度理论、合法性理论等，研究非正式环境规制对于企业创新的影响。施莫沙克和沃德（Shimshack & Ward，2005）在研究美国造纸工业的违规排污行为时，把社会信誉作为一项非正式环境规制变量，发现了其在污染控制和企业监管过程中的有利作用。兰帕普和施莫沙克（Langpap & Shimshack，2010）通过调查关于社会公众对环境污染的投诉案件，发现公众监督对于美国水污染治理存在有益作用。徐圆（2014）研究了源于社会压力的非正式环境规制对于工业污染的影响，发现非正式环境规制的效果没有正式环境规制的效果好，但是它也有利于工业行业污染的治理。环保信息披露水平的不断提高会增加外部公众压力（Deegan & Rankin，1996；Walden & Schwartz，2011）。为了获得外部的合法性，外部公众压力会迫使企业不断披露环境信息（毛江华，2011）。也有学者研究发现，环境规制的政策手段与执行方式会影响环境规制调控的效果。原毅军和谢荣辉（2014）研究表明，环境规制对产业升级的影响具有门槛特征和行业异质性的特点，认为可把环境规制作为新动力，推动结构调整。基于互联网技术广泛普及的事实，李欣（2017）利用百度搜索引擎获取了 2000～2012 年各省份关于大气污染词条的网页数量，并将网络舆论作为非正式环境规制程度的度量指标，发现非正式环境规制有助于缓解雾霾污染。

### 2.4.2 政府创新支持对企业创新效率的影响

凯恩斯在 1936 年出版了《就业、利息和货币通论》，其提倡国家对经济进行干预，反对市场机制，强调政府应当伸出"有形的手"去适当干预市场，以弥补市场失灵，促进资源的有效配置。技术创新理论和资源基础理论则认为，政府支持可以通过直接的资源补充机制影响企业的创新行为。创新具有高风险，有些企业资金和实力不足，没有能力去承担相应的创新风险。政府通过采取相应的研发补贴、税收优惠等激励手段去降低创新的不确定性和成本，进而促进企业的研发投入与创新。有学者以西班牙中小企业为研究样本发现，欧盟基金项目对产品创新、过程创新、管理创新、组织创新均有显著的积极影响（Romero-Martínez，2010）。安同良和周绍东（2009）研究发现，R&D 补贴对企业创新具有激励作用。克莱尔（Kleer，2010）、郭晓丹等（2011）从信号理论的角度出发研究发现，政府支持会向外部释放利好信号，帮助企业贴上被政府认可的标签，这样不仅获得了政府支持，还更有机会获得其他渠道的支持，进而帮助企业获取所需创新资源提升创新绩效。曾萍和刘洋（2016）基于资源技术理论和制度基础理论，以广东省 173 家企业为样本，研究发现，相对于制度发展水平低的地方，处于制度发展水平高的地方的企业能更有效地利用政府支持，促进探索式创新。

信息不对称与代理理论认为，政府与企业之间的信息不对称和委托代理问题，使政府很难选择出最优的支持对象，更难有效监督，以至于资源无法达到最优配置。除此之外，政府补贴也会挤出企业的研发投入，这种效应主要体现在两个方面：首先，政府投资的增加会在一定程度上替代企业内部研发支出，从而会抑制企业创新（Mansfield，1985）。其次，政府补贴会使企业规模增加，从而增加研发人员和研发资本的需求，这样研发成本也会相应增加，不利于企业创新。史安娜（2013）等采用演化博弈模型分析，发现政府研发补贴与企业创新之间不平衡，政府研发补贴效率不明显。范允奇和李晓钟（2014）以 2000～2011 年中国高技术产业的省际面板数据为样本，发现政府研发投入与技术创新效率之间的关系不显著，政府研发投入对技术创新效率的空间外溢效应表现为发达地区对不发达地区的负向空间外溢。

还有一些学者认为政府支持与企业创新之间没有明显的关系。林克和斯科特（Link & Scott, 2009）研究发现，政府对于企业的创新计划给予支持，但是企业研发出新产品的概率很低，因此政府支持几乎未起到作用。张鹏和朱常俊（2007）研究发现，小型企业 R&D 的税收激励措施对企业的 R&D 投资支出总额没有明显影响。孔淑红（2010）利用省际面板数据进行了检验，发现政府补贴对于企业创新没有明显影响。

### 2.4.3 环境规制、政府创新支持对企业创新效率的影响

在经济转型时期的中国，正式环境规制、非正式环境规制与政府支持都会显著影响企业创新行为。基于制度理论，目前我国的市场机制还不够完善，政府承担了部分资源管理的职能，在此背景下，政府提供创新支持可以有效降低正式、非正式环境规制给企业技术升级带来的成本和不确定性。当政府提供资金补贴或者一些税收优惠时，企业会获得某种利好信号，从而增强企业创新动力。同时，为了获得更多相关支持，企业会遵守各种规章制度，配合政府工作，改善生产工艺和流程以实现环境与经济效益的双赢效果。

因此，正式、非正式环境规制与政府支持是不同的规制方式，正式环境规制以技术竞争压力的方式驱动企业进行技术升级，非正式环境规制以公众压力促使企业进行绿色生产，而政府支持则以扶持激励的方式实现其驱动效应。环境规制对企业创新行为产生制约，而经济新常态下，又要求企业降低环境成本。此时若增加政府创新支持，则能够较好地解决环境规制对企业创新的制约问题。李国志（2014）指出，在政府的强令下企业只有被动地消极应对，无法激发企业绿色创新热情。江炎骏等（2015）以中国 2007～2012 年省级面板数据为样本，采用线性模型研究 31 个省份的政府干预对环境规制与技术创新关系的调节作用，其中用市场化指数衡量政府干预，认为政府干预

程度显著地负向影响环境规制创新效应。袁丽静和郑晓凡（2017）基于优势互补视角，构建了正式环境规制、政府支持对企业技术创新的综合影响模型。研究发现，加入政府支持，并没有影响环境规制与企业技术创新的"U"型关系，适当的政府补贴反而可以降低环境规制对技术创新的负面影响，促进企业提前开展技术创新。但是，从微观企业角度将正式、非正式规制与政府支持结合在一起研究其创新效应的文献还比较缺乏，这导致政府很难制定出更有针对性的环境规制政策。

## 2.5 文献述评

自切撒布鲁夫（Chesbrough，2003）首次提出开放式创新的概念以来，开放式创新已经逐渐取代封闭式创新成为企业进行创新活动的主导模式，对欧美销售收入大于 250 万美元/年的企业进行创新调查显示，78% 的调查对象都在实施开放式创新。因此，企业必须要用开放的视野整合可利用的资源以推进开放式创新（Ettlinger，2017）。对于开放式创新的原因、过程和结果已成为学术界关注的重要问题（高良谋和马文甲，2014），综观学术界对于开放式创新的研究视角，主要体现在以下三个方面。

（1）基于创新模式视角探讨开放式创新与创新绩效的关系。大多数学者站在企业角度，将开放式创新模式分为内向型和外向型两种（米捷，2015）。前者是指企业利用外部的知识资源，将外部有价值的创意、知识、技术整合到企业中来进行创新和商业化过程；后者是企业成为其他组织的知识库，将内部有价值的思维、知识、技术输出到组织外部，由其他组织来进行商业化过程。内向型开放式创新能够及时获知、理解与把握客户与市场的需求及其变动，帮助企业创新路径选择以及资源合理配置，有利于企业获得优越的创新绩效（Sisodiya，2013；Kim，2016）。外向型开放式创新对企业创新绩效的作用机制并不一致，有学者认为，外向型开放式创新对创新绩效的影响短期内不显著，企业应致力于长远的发展（Kani，2012）。有学者研究表明，由于企业自身够强大，基础知识外泄并不会影响企业运作（Hung & Chou，

2013）。也有学者认为，外向型开放式创新在研发任务较少时会产生较好的创新绩效（Hu et al.，2015）。

（2）基于组织学习视角探讨开放式创新与创新绩效的关系。在开放式创新模式下，国内外学者主要探讨了组织学习对创新绩效的直接与间接影响。组织学习是企业对知识获取、消化、转化和知识利用的一个动态的、不断反馈学习的过程。对于直接影响，大多数学者认为，组织学习对企业创新绩效的影响有显著正向关系（Antonio & William，2015；Cheng，2016）。对于间接影响，开放式创新为组织学习提供了一个可以处理外部知识的机会与平台，拥有较低知识位势的企业会通过集体学习中心、行业协会等中介平台获取更多的外部知识（Carroll et al.，2017）。有学者认为，组织学习在开放式创新与企业创新绩效关系间起部分中介作用（张振刚，2015；李柏洲，2016）。开放式创新对企业可持续性发展的影响至关重要，企业可以通过开放式创新和组织学习的有效互动来促进可持续性创新和发展（Lopes，2017）。

（3）基于网络关系视角探讨开放式创新与创新绩效的关系。"互联网 +"时代，企业不再是独立的经济体，而是网络中的成员之一。在开放式创新模式下，国内外学者主要探讨了网络关系对企业创新绩效的直接与间接影响。网络关系是企业为了提高网络竞争能力而建立、维持和运用的商业关系。对于直接影响，大多数学者认为，网络关系的广度和深度都会直接正向影响企业创新绩效，但作用曲线不同（Greco et al.，2016）。对于间接影响，有学者认为，网络关系能力在帮助企业分辨和评估不同外部关系的重要性、蕴含的机会、其他网络成员资源和能力的利用程度，以及实现协同创新效果等方面都具有提高开放式创新能力的作用（Mazzola，2015），也有实证研究表明，企业网络关系在开放式创新中与组织搜索策略或学习能力产生交互作用进而影响企业的创新绩效（谭云清，2015）。

可见，现有研究已经认识到了开放式创新具有情境依赖性，知识、网络、行业、市场以及政府等属性都会影响开放式创新的模式选择及其创新绩效。但是，现有研究主要从创新模式、组织学习和网络关系视角探讨开放式创新与创新绩效的关系，很少从制度环境视角更深入地探讨不同类型与不同程度的政府创新支持对开放式创新模式选择及其创新绩效的动态影响机制和作用路径，也很少从制度环境视角揭示政府创新支持政策的特殊性以及这些政策对制造企业实施开放式创新战略的重要作用。同时，现有研究侧重以问卷调查数据实证分析开放式创新对企业创新绩效的影响，忽略了"双创"以及"中国制造 2025"战略背景下政府创新支持政策的特殊性对我国制造业创新绩效提高的影响，也没有建立综合理论分析框架体系对"政府创新支持—开放式创新模式—企业创新绩效"三者之间的复杂动态影响关系进行系统、全面、深入的研究。

# 第3章 资本市场预期、政府创新支持与制造企业创新投入

　　自 2013 年工业 4.0 正式提出后，智能制造已经成为国家竞争焦点。因此，如何通过创新提高我国制造企业的创新水平，对于实现"中国智造"至关重要。现有文献研究表明，创新是企业提高竞争优势的重要途径，影响企业创新的因素众多，例如期望绩效、政府行为、公司治理等内外部因素。同时，随着资本市场的蓬勃发展，证券预测与评级机构作为链接投资者和上市公司的专业化市场中介，其舆论导向和监督功能日益显现，外部治理效应凸显，能够显著影响上市公司管理者的创新决策。一方面，机构通过收集、分析和发布上市公司的盈余预测和股票评级，引导投资者的投资行为；另一方面，上市公司的管理者会非常关注机构的预测和评级，调整管理决策行为以达到或者超越外部监督机构的预期。已有学者注意到机构的盈利预测与关注会直接或者间接影响上市公司的创新活动。这些研究成果为进一步探讨外部机构的市场预期与企业创新之间的内在关联奠定了基础。

　　因此，基于绩效反馈理论和信号传递理论拟从外部资本市场和政府政策层面探讨以下问题：在全国大力推动"大众创业，万众创新"的战略背景下，面对外部机构市场预期绩效与投资评级的压力，企业管理者在进行资源配置过程中，是注重短期目标实现，还是更加注重长期发展前景？反映外部资本市场环境的机构关注和反映政府制度环境的政府补助，它们又会对市场预期与企业创新之间的关系产生怎样的作用机制？为了回答以上问题，拟以 2010～2017 年中国沪深 A 股制造业上市公司为研究样本，从理论与实证角度分析市场预期差距与市场预期评级对企业创新投入的影响，并从外部资本市

场环境的机构关注和政府制度环境的政府补助双重外部视角，进一步探讨它们与市场预期的交互作用对企业创新投入的影响。

## 3.1　研 究 假 设

### 3.1.1　市场预期差距与企业创新投入

市场预期绩效通常是外部机构对于上市公司未来发展前景的内在价值预期。资本市场会对企业的主营业务增长产生积极且乐观的预期，促使企业不断增加创新投入和产出（Castaño et al. , 2016）。如果机构对上市公司未来前景预期稍高于企业实际经营绩效，企业管理者面对的绩效压力不大，则企业创新投入的力度也不大（Chen & Miller, 2007；Chakravarty & Grewal, 2016）。然而，如果机构对上市公司未来前景预期远高于企业实际经营绩效，那么为了符合市场预期企业管理者会更倾向于采取变革性战略，从而能够激励企业管理者加大研发投入（Grafßn et al. , 2013；Sung et al. , 2019）。

因此，有学者基于绩效反馈理论，实证分析预期绩效与实际绩效之间的差距对企业创新的影响，发现当企业实际绩效与资本市场经营预期的落差较小时，企业创新投入的力度不大，甚至可能会减少创新投入；反之，当企业管理者发现机构的市场预期绩效越大于企业实际经营绩效，为了未来长期可持续发展，企业从事创新活动的概率越高（Audia & Greve, 2006；Zahra & Hayton, 2008；连燕玲等，2014；王菁等，2014）。企业管理者会通过比较组织实际经营绩效与预期绩效之间的差距来判断企业经营的成败，进而影响组织变革、技术创新等行为决策。

基于上述分析，用市场预期差距来反映机构市场预期绩效与企业实际经营绩效之间的差距，如果机构对上市公司未来发展前景的市场预期绩效越大于企业实际经营绩效，那么企业管理者面临的长期绩效压力越大，企业增加创新投入的概率越大。据此提出如下假设。

假设 3 - 1a：市场预期差距对企业创新投入具有显著的正向促进作用。

### 3.1.2　市场预期评级与企业创新投入

市场预期评级是机构对上市公司股票短期投资价值进行定性和定量的综合评级。机构会发布市场预期评级为投资者提供决策参考。不同的投资者对市场预期评级反应不同，有的投资者直接按照评级的字面意义进行投资操作，有的则会谨慎对待或者持相反操作（Malmendier & Shanthikumar，2007）。市场预期评级与上市公司管理层的决策密切相关（赵良玉等，2013）。这是由于机构收集了大量的企业经营信息，且来源渠道广泛，会使其发布的信息具有一定的规模效应和监督效应。

因此，有学者认为机构的市场预期评级能真实地反映企业内部经营情况。若机构对企业管理者的经营能力和创新决策掌握得较为准确和及时，有利于将企业内部正确信息传递给投资者，从而降低外部投资者与企业管理者之间的信息不对称性，激发企业进行创新（Ederer & Manso，2013）。然而，如果机构对于上市公司的市场预期评级一直给予较高评级，可能会让投资者做出这样的判断——"机构分析师与企业管理者之间形成了合谋"（赵良玉等，2013），这时投资者就会与市场预期评级背道而驰，进行逆向操作，导致企业管理者不得不减少风险性投资来提高当期绩效吸引投资者（余威和宁博，2018；Fasaei et al.，2018）。但也有学者研究发现，在我国单边性质的资本市场环境下，分析师更倾向于对股票进行向上的评级，而多数投资者对此乐观评级做出了正向的市场反应（王玉涛、王菊仙、赵迎旭，2021）。

基于上述分析，不同于市场预期差距用市场预期绩效与实际经营绩效之差来衡量，市场预期评级则是用机构评级数值化后的算术平均值来衡量企业当期投资价值，如果机构对上市公司当期投资的市场预期评级给予较高评级，投资者进行逆向投资操作的可能性越大，导致企业管理者不得不通过减少创新投入，来提高当期绩效以吸引投资者。据此提出如下假设。

假设 3 – 1b：市场预期评级对企业创新投入具有显著的负向影响关系。

### 3.1.3 机构关注的调节作用

机构作为影响企业管理者创新决策和行动的外部利益相关者之一，其可以通过舆情发布、分析和监督等手段影响投资者的股票投资行为，促使企业管理者做出创新战略的调整。机构将所获取的信息传递给投资者，同时也会对企业运营和资本市场运转起到一定的舆情监督和应对作用（Matthias & Margarethe，2018），即机构关注存在信息效应（赵胜民、张博超，2021）。通常，越多机构关注，就会有越多舆情信息从不同角度公布，投资者就能了解到更多有价值的信息，有助于投资者根据价值投资的原则合理投资，也有助于企业管理者选择创新实现长期发展（Gentry & Shen，2013）。这主要是因为机构拥有优于投资者的信息收集途径，他们能综合利用与分析上市公司的基本信息、市场信息、业绩信息、投资信息、前景信息以及临时性重大事件信息等内容，及时向投资者发布有关该企业市场预期绩效和投资综合评级的相关数据和事件信息。不管是私人信息，还是公众信息，都会随着关注的机构数量增加而日益公开化与透明化。同时，越多的机构关注将会降低企业管理者与投资者和董事会之间的信息不对称，企业管理者为了避免被董事会和投资者发现其减少研发投资的短视行为，将可能在下一期增加创新投入（Huang et al.，2017）。机构对上市公司的关注可以在一定程度上揭示企业创新活动的价值，降低融资成本，促进企业创新（余明桂等，2017）。尤其，利益相关者对企业创新层面信息的关注更能促进企业增加创新投入（潘红波、杨海霞，2021）。也有学者认为，分析师的关注会存在压力效应，通过压力机制抑制企业的研发投入，政府创新激励政策的出台将在一定程度上缓解这种压力，从而产生正向作用（端利涛等，2021）。因此，机构关注数量的增加会在一定程度上激励管理者增加研发投入，加大力度进行专利技术研发和商业化应用，从而使投资者提高对公司股票的市场估值（Zhang & Toffanin，2018；Guo et al.，2019）。也有学者发现不同类型投资者对于机构所发布的各种舆情重视程度也不一样，境外投资者更重视有关企业长期发展前景的信息报道，视创新投资为未来成长信号，从而促进企业管理者加大创新投入；

而境内投资者更加重视有关企业短期绩效增长的信息报道，并不关心企业是否开展创新活动（余威和宁博，2018）。

基于信号传递理论及上述分析，认为机构关注会在一定程度上改变外部资本市场的信息环境，并与市场预期产生交互作用从而影响企业创新行为。据此提出如下假设。

假设3-2a：机构关注调节市场预期差距与企业创新投入之间的关系。当机构关注程度越高，市场预期差距对企业创新投入的促进作用越大。

假设3-2b：机构关注调节投资预期评级与企业创新投入之间的关系。当机构关注程度越高，市场预期评级对企业创新投入的负向影响越大。

### 3.1.4　政府补助的调节作用

与机构同为外部利益相关者的政府，其可以采取研发补助、税收优惠与政策激励等手段去降低创新的不确定性和成本，进而刺激企业加大研发投入（江静，2011；Thomson & Jensen，2013）。如果企业获得了政府研发补助，会显著影响企业研发投入的积极性（Einiö，2014），其技术研发投入程度和创新成果商业化速度都会显著提高，产生显著的放大效应（Guo et al.，2016）。政府补助具有异质性，例如对民营企业创新促进作用更大（杨洋等，2015），对制度发展水平更完善区域的企业创新促进作用更明显（曾萍和刘洋，2016）。也有证据表明，政府补助会在一定程度上替代企业内部研发支出，产生挤出效应从而会抑制企业创新（Murphy et al.，1993，Bernini & Pellegrini，2011）。

而且，政府对企业创新活动进行补助直接体现了国家的战略规划和方向引导，具有明显的信号传递效应（Lerner，1999）。信号传递理论认为，机构披露市场预期与政府补助等相关事件信息报道能够降低信息不对称性（Takalo & Tanayama，2010），有助于减少监督成本和降低道德风险（Darin et al.，2006）。政府补助信号对投资者，特别是对风险投资者来说尤为重要（吴超鹏等，2012）。这是因为企业获得政府补助会向投资者释放利好信号，帮助企业贴上被政府认可的标签，使其有更多机会获得其他渠道支持，并获得更多创新资源（Kleer, 2010）。因此，政府应该补助具有高就业、高创造潜力的新兴产业企业，以确保其创新投资需要，并鼓励机构和私人投资者积极效仿（Ranga & Etzkowitz, 2012）。政府补助的显著认证效应，使其成为企业获取更多外部资本进入的合法策略（Wei & Zuo, 2018；Li, 2019），这会改变机构对上市公司的舆情判断和市场预期。

基于上述分析，认为外部资本市场机构会将企业获得政府补助视为向外部投资者和利益相关者传递的一个宏观政策信号，促使机构对企业市场预期和舆情分析做出相应调整，进而影响投资者投资决策及企业管理者创新投入决策。据此提出如下假设。

假设 3 - 3a：政府补助调节市场预期差距与企业创新投入之间的关系。当政府补助程度越高，市场预期差距对企业创新投入的促进作用越大。

假设 3 - 3b：政府补助调节市场预期评级与企业创新投入之间的关系。当政府补助程度越高，市场预期评级与企业创新投入的负向影响越大。

## 3.2 研 究 设 计

### 3.2.1 研究样本

（1）研究样本的行业选择。以在中国沪深 A 股上市的所有制造业上市公司为研究样本。为了确保样本选取符合研究情境，根据以下筛选标准进行：按照中国证监会 2012 年修订的《上市公司行业分类指引》将制造业 C13 ~ C43 等 31 个大类作为基本样本；剔除证券名称前面带有 ST、*ST、S 字样的企业样本；剔除数据存在严重缺失的企业样本。

（2）样本数据的区间选择。由于 2009 年以前机构发布的盈利预测信息及参与预测的机构数量等相关市场预期和机构关注数据缺失严重，因此，为了测算市场预期增长率和市场预期差距，以 2009 年作为市场预期数据收集的起点，真正进入模型的数据区间为 2010 ~ 2017 年。

（3）样本数据的交叉核实。为保证研究样本数据的真实、可靠，数据主要来源于国泰安 CSMAR 数据库和中国研究数据服务平台 CNRDS。其中，风险程度、资产流动性、资金自给率、企业规模、企业年龄取自 CSMAR 数据库；创新投入、创新水平、市场预期、机构关注、政府补助取自中国研究数据服务平台 CNRDS。然后利用多数据库和信息网站数据进行交叉核实以确保样本数据的准确性：用 CSMAR 和 CNRDS 数据库分年度对相应变量数据进行核实比对；用上市公司年报及巨潮资讯网等专业信息源，对主要变量数据进行核实。

通过以上对研究样本的行业选择、样本数据的区间选择和样本数据的交叉核实，并剔除离群值和极端值，最终筛选整理出我国沪深 A 股制造业上市公司 2010～2017 年的非平衡面板数据，包含 3697 个有效观测样本。研究样本的行业和年度分布见表 3 - 1。

表 3 - 1　　　　　　　　　　研究样本的行业和年度分布　　　　　　　单位：个

| 行业 | 2010 年 | 2011 年 | 2012 年 | 2013 年 | 2014 年 | 2015 年 | 2016 年 | 2017 年 | 总计 |
|---|---|---|---|---|---|---|---|---|---|
| C13 | 9 | 12 | 16 | 0 | 1 | 18 | 22 | 15 | 93 |
| C14 | 2 | 7 | 7 | 0 | 1 | 18 | 26 | 12 | 73 |
| C15 | 6 | 8 | 12 | 0 | 0 | 14 | 15 | 13 | 68 |
| C17 | 3 | 4 | 5 | 0 | 0 | 10 | 16 | 13 | 51 |
| C18 | 1 | 5 | 7 | 0 | 0 | 16 | 17 | 13 | 59 |
| C19 | 0 | 0 | 1 | 0 | 0 | 3 | 6 | 0 | 10 |
| C20 | 1 | 1 | 0 | 0 | 0 | 3 | 4 | 4 | 13 |
| C21 | 0 | 1 | 1 | 0 | 0 | 5 | 6 | 10 | 23 |
| C22 | 4 | 6 | 6 | 0 | 0 | 9 | 11 | 9 | 45 |
| C23 | 2 | 1 | 1 | 0 | 0 | 4 | 5 | 3 | 16 |
| C24 | 1 | 1 | 3 | 0 | 0 | 6 | 5 | 5 | 21 |
| C25 | 1 | 2 | 2 | 0 | 0 | 2 | 4 | 3 | 14 |
| C26 | 26 | 32 | 39 | 0 | 9 | 71 | 82 | 64 | 323 |
| C27 | 41 | 54 | 54 | 3 | 12 | 91 | 106 | 60 | 421 |
| C28 | 4 | 9 | 9 | 0 | 0 | 3 | 7 | 7 | 39 |

| 行业 | 2010 年 | 2011 年 | 2012 年 | 2013 年 | 2014 年 | 2015 年 | 2016 年 | 2017 年 | 总计 |
|---|---|---|---|---|---|---|---|---|---|
| C29 | 7 | 11 | 11 | 0 | 2 | 20 | 24 | 18 | 93 |
| C30 | 9 | 18 | 25 | 0 | 3 | 23 | 34 | 24 | 136 |
| C31 | 8 | 11 | 17 | 0 | 0 | 20 | 22 | 8 | 86 |
| C32 | 14 | 20 | 30 | 0 | 1 | 28 | 33 | 27 | 153 |
| C33 | 10 | 10 | 11 | 0 | 0 | 21 | 23 | 14 | 89 |
| C34 | 21 | 29 | 29 | 0 | 6 | 41 | 53 | 30 | 209 |
| C35 | 28 | 38 | 45 | 1 | 15 | 70 | 76 | 63 | 336 |
| C36 | 18 | 25 | 29 | 0 | 2 | 38 | 47 | 48 | 207 |
| C37 | 12 | 10 | 11 | 0 | 0 | 20 | 23 | 16 | 92 |
| C38 | 33 | 41 | 50 | 0 | 9 | 91 | 110 | 66 | 400 |
| C39 | 38 | 42 | 54 | 0 | 19 | 119 | 148 | 103 | 523 |
| C40 | 0 | 4 | 2 | 0 | 6 | 15 | 17 | 19 | 63 |
| C41 | 1 | 3 | 3 | 0 | 0 | 7 | 8 | 7 | 29 |
| C42 | 0 | 1 | 2 | 0 | 0 | 2 | 3 | 4 | 12 |
| 总计 | 300 | 406 | 482 | 4 | 86 | 788 | 953 | 678 | 3697 |

### 3.2.2 模型设定

借鉴已有的研究成果（王菁等，2014；Einiö，2014；Aristizabal et al.，2017），考虑到资本市场预期、机构关注、政府补助和其他相关因素可能对制造企业创新的影响，以及个体与时点的非观测效应差异，建立非平衡面板数据的个体时点双固定效应模型如下：

$$INN_{i,t} = \beta_1 MAF_{i,t} + \beta_2 MAF_{i,t}^2 + \beta_3 MOD_{i,t} + \beta_4 MOD_{i,t} \times MAF_{i,t} + \beta_5 MOD_{i,t}$$

$$\times MAF_{i,t}^2 + \sum_{j=1}^{8} \varphi_j X_{i,t}^j + \alpha_i + \lambda_t + \varepsilon_{i,t} \qquad (3-1)$$

其中，$INN$ 是因变量，表示企业创新，是由研发费用占比 $RRD$、研发人员占比 $RRH$ 和全员劳动生产率 $TFP$ 三个变量组成的向量，分别从创新投入和创新水平两个方面来测量企业创新情况。$MAF$ 是自变量，表示资本市场预期，是由市场预期差距 $MFQ$、市场预期评级 $MFE$ 两个变量组成的向量。$MOD$ 是调节变量，表示资本市场环境和政府制度环境，是由机构关注程度 $MVN$ 和政府补助程度 $GOV$ 两个变量组成的向量。控制变量 $X$ 则是由企业属性、财务属性、资源属性等包含的八个变量组成的向量。$\alpha_i$ 为个体固定效应，$\lambda_t$ 为时点固定效应，$i$ 表示上市公司，$t$ 表示年份。

### 3.2.3　变量定义

（1）因变量。已有文献研究显示，衡量企业创新的具体指标主要包括研发费用、研发人员、产品销售及专利数量四大类指标（Cornaggia et al.，2015；余明桂等，2017），其中研发费用与研发人员这两类指标主要衡量企业创新投入，产品销售及专利数量这两类指标主要衡量企业创新水平。因此，借鉴已有研究成果，采用研发费用占比 $RRD$、研发人员占比 $RRH$ 和全员劳动生产率 $TFP$ 分别从创新投入和创新产出方面来测量企业创新情况，其中 $RRH$ 和 $TFP$ 主要用于研究结果的稳定性检验。

（2）自变量。资本市场的机构预期通常是由外部证券预测与评价中介机构通过收集市场、政策、经济、产业和企业等宏观或微观信息以及实地考察等相关信息后，综合利用分析工具对上市公司的内在价值做出一定的盈利预测与综合评级。已有文献研究显示，市场预期的具体指标主要包括每股收益、主营业务收入和净利润等预期指标的中值、预期指标与企业实际指标之间的差距以及综合评级等三大类指标（王菁等，2014；Chakravarty & Grewal，2016；Zhang & Toffanin，2018）。因此，借鉴已有研究成果，同时考虑到机构的预测与评估通常在短期内比较有效的特点，以预测综合值周期为 180 天，综合考虑 $t-1$ 年末的预测值和 $t$ 年中的预测值，选择市场预期差距 $MFQ$ 和市场预期评级 $MFE$ 两个指标进行测量，具体计算公式如下：

$$MFQ_{i,t} = \frac{MBI_{i,t-1} \times (MFR^e_{i,t-1} + MFR^m_{i,t})/2 - (MBI_{i,t} - MBI_{i,t-1})}{(MBI_{i,t} - MBI_{i,t-1})}$$

$$(3-2)$$

$$MFE_{i,t} = (MFE_{i,t-1}^e + MFE_{i,t}^m)/2 \qquad (3-3)$$

其中，$MFR_{i,t-1}^e$ 为机构在 $t-1$ 年末以 180 天为周期预测上市公司 $i$ 的主营业务收入增长率，$MFR_{i,t}^m$ 为机构在 $t$ 年中以 180 天为周期预测上市公司 $i$ 的主营业务收入增长率，$MBI$ 为上市公司实际的主营业务收入；$MFE_{i,t-1}^e$ 为机构在 $t-1$ 年末以 180 天为周期给予上市公司 $i$ 的综合评级分值，$MFE_{i,t}^m$ 为机构在 $t$ 年中以 180 天为周期给予上市公司 $i$ 的综合评级分值。

（3）调节变量。调节变量主要考虑政府制度环境和资本市场环境对于企业创新的影响。其中，制度环境选择政府补助程度 $GOV$，使用营业外收入明细中的政府补助额度占主营业务收入的比重来衡量（Guo et al.，2016）；资本市场环境选择机构关注程度 $MVN$，使用关注上市公司的券商机构数量来衡量（Zhang & Toffanin，2018），具体计算公式如下：

$$MVN_{i,t} = (MVN_{i,t-1}^e + MVN_{i,t}^m)/2 \qquad (3-4)$$

其中，$MVN_{i,t-1}^e$ 为机构在 $t-1$ 年末以 180 天为周期预测上市公司 $i$ 每股收益的机构数量，$MVN_{i,t}^m$ 为机构在 $t$ 年中以 180 天为周期预测上市公司 $i$ 每股收益的机构数量。

（4）控制变量。参照同类主题文献，选择包含企业属性、财务属性和资源属性三大类的八个细分指标作为控制变量。其中，企业规模 $ENS$，取 $t$ 年末总资产的自然对数；企业年龄 $ENY$，取观测年末日期减去企业成立日期；风险程度 $ENF$，取财务分析中的 $Z$ 值衡量，$Z$ 值越低越有可能发生破产，就越不可能进行创新投资；资产流动性 $ASL$，取财务分析中的流动比率衡量，资产流动性越好，企业越愿意投资创新以改变已有技术；资金自给率 $CII$，取财务分析中的现金满足投资比率衡量，企业资金自给率越高，企业发展能力越强，则越能满足创新投资的需要；劳动密集度 $LAI$，用支付给职工以及为职工支付的现金除以营业收入来计算劳动成本来衡量；技术密集度 $TEI$，用技术人员数除以员工总数来衡量；资金密集度 $CAI$，用投资活动产生的现金流量净额除以经营活动产生的现金流量净额来衡量。变量定义见表 3-2。

表 3 - 2 　　　　　　　　　　变量定义及指标说明

| 类型 | 变量 | 观测变量 | 指标说明 |
|---|---|---|---|
| 因变量 | 创新投入 | 研发费用占比 RRD | 研发费用占营业收入的比重 |
| | | 研发人员占比 RRH | 研发人员数量占比 |
| | 创新水平 | 全员劳动生产率 TFP | 经济增加值/员工总数 |
| 自变量 | 市场预期 | 市场预期差距 MFQ | 见公式（3 - 2） |
| | | 市场预期评级 MFE | 见公式（3 - 3） |
| 调节变量 | 资本环境 | 机构关注程度 MVN | 见公式（3 - 4） |
| | 制度环境 | 政府补助 GOV | 政府补助额度占营业收入的比重 |
| 控制变量 | 企业属性 | 企业规模 ENS | 总资产的自然对数 |
| | | 企业年龄 ENY | （观察年末日期 - 企业成立日期）/365 |
| | 财务属性 | 风险程度 ENF | 预警破产 Z 值 |
| | | 资产流动性 ASL | 流动比率 |
| | | 资金自给率 CII | 现金满足投资比率 |
| | 资源属性 | 劳动密集度 LAI | 劳动成本 |
| | | 技术密集度 TEI | 技术人员占比 |
| | | 资金密集度 CAI | 投资占比 |

### 3.2.4　描述性统计

表 3 - 3 列出了因变量、自变量、调节变量和控制变量的样本量、最小值、最大值、平均值和标准差等描述性统计特征结果。市场预期差距的最小值为 0.010，这表明机构对上市公司的市场预期绩效都大于企业实际经营绩效，说明机构对我国制造业整体发展趋势都比较乐观。同时，市场预期差距的平均值为 16.554，标准差为 25.143，说明机构市场预期差距在制造业上市公司间的差异较大，不同的资本市场机构从不同的角度对上市公司做出了不一样的预测结果，导致投资者、董事会及管理层在接收到所有相关信息后很难做出准确的判断和决策。

表 3 - 3                  变量描述性统计结果

| 变量 | 平均值 | 中位数 | 标准差 | 方差 | 峰度 | 偏度 | 最小值 | 最大值 | 观测数 |
|---|---|---|---|---|---|---|---|---|---|
| $RRD$ | 5.034 | 4.230 | 4.410 | 19.448 | 24.252 | 3.678 | -3.040 | 54.770 | 3697 |
| $RRH$ | 15.228 | 12.560 | 11.002 | 121.050 | 4.431 | 1.776 | 0.010 | 84.660 | 3697 |
| $TFP$ | 0.084 | 0.020 | 1.125 | 1.266 | 98.956 | 6.244 | -9.410 | 20.910 | 3697 |
| $MFQ$ | 16.554 | 10.710 | 25.143 | 632.190 | 150.167 | 8.916 | 0.010 | 642.540 | 3697 |
| $MFE$ | 1.650 | 1.590 | 0.356 | 0.127 | 0.939 | 0.881 | 1.000 | 3.000 | 3697 |
| $MVN$ | 9.957 | 8.000 | 7.115 | 50.629 | 1.603 | 1.267 | 1.000 | 44.500 | 3697 |
| $GOV$ | 1.224 | 0.620 | 2.150 | 4.621 | 123.026 | 8.074 | 0.000 | 48.230 | 3697 |
| $ENS$ | 3.879 | 3.710 | 1.168 | 1.365 | 0.588 | 0.775 | 1.380 | 8.890 | 3697 |
| $ENY$ | 16.780 | 16.350 | 5.181 | 26.839 | 3.964 | 0.959 | 2.020 | 58.290 | 3697 |
| $ENF$ | 8.705 | 4.930 | 12.883 | 165.963 | 62.980 | 6.301 | -0.580 | 205.180 | 3697 |
| $ASL$ | 2.691 | 1.790 | 3.124 | 9.761 | 55.236 | 5.848 | 0.170 | 51.130 | 3697 |
| $CII$ | 0.814 | 0.530 | 5.864 | 34.389 | 277.786 | 5.159 | -121.510 | 153.150 | 3697 |
| $LAI$ | 0.118 | 0.110 | 0.065 | 0.004 | 5.828 | 1.424 | 0.010 | 0.780 | 3697 |
| $TEI$ | -1.458 | -0.870 | 23.282 | 542.066 | 289.686 | 4.501 | -468.000 | 608.920 | 3697 |
| $CAI$ | 18.384 | 15.000 | 12.508 | 156.454 | 2.838 | 1.573 | 0.190 | 84.660 | 3697 |

## 3.3 实 证 分 析

主要变量的单位根检验见表 3 - 4。由表 3 - 4 可以看出，关于创新投入、创新水平、市场预期差距、市场预期评级、机构关注及政府补助的各个变量都通过了 LLC 检验、IPSW 检验、ADF 检验和 PP 检验，这些变量均在 1% 的显著性水平上为平稳序列，因此可以加入模型中进行非平衡面板数据回归分析。

表 3 – 4 单位根检验

| 主要变量 | LLC 检验 | IPSW 检验 | ADF 检验 | PP 检验 |
|---|---|---|---|---|
| RRD | – 102.334<br>(0.000) | – 83.0010<br>(0.000) | 1244.010<br>(0.000) | 1523.930<br>(0.000) |
| RRH | – 381.110<br>(0.000) | – 133.886<br>(0.000) | 1336.110<br>(0.000) | 1592.870<br>(0.000) |
| TFP | – 72.150<br>(0.000) | – 25.629<br>(0.000) | 976.214<br>(0.000) | 1157.490<br>(0.000) |
| MFQ | – 1298.080<br>(0.000) | – 134.763<br>(0.000) | 1459.520<br>(0.000) | 1757.620<br>(0.000) |
| MFE | – 158.855<br>(0.000) | – 74.850<br>(0.000) | 1183.070<br>(0.000) | 1469.790<br>(0.000) |
| MVN | – 63.210<br>(0.000) | – 24.221<br>(0.000) | 877.929<br>(0.004) | 1100.540<br>(0.000) |
| GOV | – 7542.020<br>(0.000) | – 474.931<br>(0.000) | 1010.480<br>(0.000) | 1131.680<br>(0.000) |

注：括号内的值为显著性概率 P 值。

### 3.3.1　市场预期差距与创新投入关系的主效应检验

表 3 – 5 报告了市场预期差距与企业创新投入之间的关系。模型 M3 – 1 为基准模型，模型 M3 – 2 在模型 M3 – 1 的基础上加入了市场预期差距，检验结果显示市场预期差距与企业创新投入之间呈显著的正向影响（$Beta = 0.0030$，$p < 0.01$）。这说明如果机构不断调高对上市公司的价值估值，导致市场预期业绩远高于企业实际经营绩效时，这会使管理者面临的绩效压力越来越大，促使企业管理进行问题搜寻。为了减少声誉损失和重塑企业形象，管理者会更倾向于采取具有一定风险的变革性战略，企业从事创新活动的概率就会不断增加（Grafsn et al. , 2013；王菁等，2014），即市场预期差距越大，企业创新投入增加的可能性越大，假设 3 – 1a 得到了验证。

表 3 - 5　　　　　　　　　市场预期差距与创新投入关系检验结果

| 变量 | M3 - 1 | M3 - 2 | M3 - 3 | M3 - 4 | M3 - 5 | M3 - 6 |
|------|--------|--------|--------|--------|--------|--------|
| MFQ | | 0. 0030 ***<br>(0. 0000) | 0. 0029 ***<br>(0. 0000) | 0. 0021 ***<br>(0. 0049) | 0. 0029 ***<br>(0. 0000) | 0. 0006 **<br>(0. 0142) |
| MVN | | | 0. 0159 ***<br>(0. 0000) | 0. 0147 ***<br>(0. 0000) | | |
| MVN ×MFQ | | | | 0. 0001 **<br>(0. 0487) | | |
| GOV | | | | | 0. 1052 ***<br>(0. 0000) | 0. 0492 ***<br>(0. 0000) |
| GOV ×MFQ | | | | | | 0. 0017 ***<br>(0. 0000) |
| ENS | - 0. 1591 ***<br>(0. 0000) | - 0. 1640 ***<br>(0. 0000) | - 0. 2334 ***<br>(0. 0000) | - 0. 2302 ***<br>(0. 0000) | - 0. 1465 ***<br>(0. 0000) | - 0. 1591 ***<br>(0. 0000) |
| ENY | 5. 5803 *<br>(0. 0708) | 5. 3543 *<br>(0. 0793) | 5. 8218 *<br>(0. 0529) | 5. 9107 **<br>(0. 0494) | 4. 5631 ***<br>(0. 0000) | 3. 8679<br>(0. 1608) |
| ENF | 0. 0157 ***<br>(0. 0000) | 0. 0153 ***<br>(0. 0000) | 0. 0132 ***<br>(0. 0000) | 0. 0133 ***<br>(0. 0000) | 0. 0159 ***<br>(0. 0000) | 0. 0158 ***<br>(0. 0000) |
| ASL | - 0. 0349 ***<br>(0. 0000) | - 0. 0327 ***<br>(0. 0000) | - 0. 0281 ***<br>(0. 0000) | - 0. 0283 ***<br>(0. 0000) | - 0. 0398 ***<br>(0. 0000) | - 0. 0398 ***<br>(0. 0000) |
| CII | 0. 0002<br>(0. 8962) | 0. 0001<br>(0. 9318) | 0. 0003<br>(0. 8634) | 0. 0003<br>(0. 8531) | 0. 0000 ***<br>(0. 0000) | - 0. 0002<br>(0. 9018) |
| LAI | 32. 5286 ***<br>(0. 0000) | 32. 2540 ***<br>(0. 0000) | 32. 4049 ***<br>(0. 0000) | 32. 3870 ***<br>(0. 0000) | 31. 3190 ***<br>(0. 0000) | 30. 7548 ***<br>(0. 0000) |
| TEI | 0. 0262 ***<br>(0. 0000) | 0. 0266 ***<br>(0. 0000) | 0. 0259 ***<br>(0. 0000) | 0. 0257 ***<br>(0. 0000) | 0. 0273 ***<br>(0. 0000) | 0. 0273 ***<br>(0. 0000) |
| CAI | - 0. 0025 ***<br>(0. 0000) | - 0. 0025 ***<br>(0. 0000) | - 0. 0025 ***<br>(0. 0000) | - 0. 0025 ***<br>(0. 0000) | - 0. 0028 ***<br>(0. 0000) | - 0. 0028 ***<br>(0. 0000) |
| 个体效应 | 固定 | 固定 | 固定 | 固定 | 固定 | 固定 |
| 时点效应 | 固定 | 固定 | 固定 | 固定 | 固定 | 固定 |
| $R^2$ | 0. 8098 | 0. 8145 | 0. 8199 | 0. 8200 | 0. 8409 | 0. 8486 |
| 调整 $R^2$ | 0. 7004 | 0. 7076 | 0. 7160 | 0. 7161 | 0. 7492 | 0. 7612 |
| F 统计值 | 1248. 67 | 1143. 72 | 1066. 82 | 970. 32 | 1239. 27 | 1194. 08 |

注：*、**、*** 分别表示在 10%、5%、1% 的水平上显著，括号内的值为显著性概率 $P$ 值。

### 3.3.2　市场预期差距与创新投入关系的调节效应检验

表 3 - 5 中的模型 M3 - 3 与 M3 - 4 检验了机构关注程度对市场预期差距与企业创新投入之间关系的调节作用。在 M3 - 3 中，机构关注程度的回归系数显著为正（$Beta = 0.0159$，$p < 0.01$），说明机构关注程度对企业创新投入有显著的正向影响关系。在 M3 - 4 中，机构关注程度与市场预期差距的交互项（$MVN \times MFQ$）的回归系数显著为正（$Beta = 0.0001$，$p < 0.05$），表明机构关注程度调节了市场预期差距与企业创新投入的作用关系，并且 M3 - 4 的调整 $R^2$ 相比 M3 - 3 上升了 0.0072，表明 M3 - 4 解释能力更强。同时，从图 3 - 1 的调节作用检验结果可以更加清楚地看到，当机构关注程度高时，市场预期差距对企业创新投入的影响为正（$Beta = 0.0038$）；当机构关注程度低时，市场预期差距对企业创新投入的影响为正（$Beta = 0.0024$），这表明机构关注程度对市场预期差距与企业创新投入的调节作用是正向的“增强调节作用”，假设 3 - 2a 得到了验证。

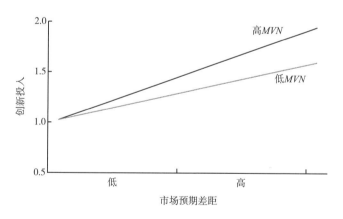

**图 3 - 1　*MVN* 对 *MFQ* 与 *RRD* 之间关系的调节作用**

表 3 - 5 中的模型 M3 - 5 与 M3 - 6 检验了政府补助程度对市场预期差距与企业创新投入之间关系的调节作用。在 M3 - 5 中，政府补助程度的回归系数显著为正（$Beta = 0.1052$，$p < 0.01$），说明政府补助程度对企业创新投入有显著的正向影响关系。在 M3 - 6 中，政府补助程度与市场预期差

距的交互项（$MVN \times MFQ$）的回归系数显著为正（$Beta = 0.0017$，$p < 0.01$），表明政府补助程度调节了市场预期差距与企业创新投入的作用关系，并且 M3 – 6 的调整 $R^2$ 相比 M5 上升了 0.0120，表明 M3 – 6 的解释能力更强。

同时，从图 3 – 2 的调节作用检验结果可以更加清楚地看到，当政府补助程度高时，市场预期差距对企业创新投入的影响为正（$Beta = 0.0063$）；当政府补助程度低时，市场预期差距对企业创新投入的影响为负（$Beta = -0.0010$），这表明政府补助程度对市场预期差距与企业创新投入的调节作用是"干涉调节作用"，假设 3 – 3a 得到了部分验证，即政府补助程度显著调节市场预期差距与企业创新投入的关系。当政府补助程度较高时，机构会将其视为一个利好信号，从而对企业未来长期发展具有较高的市场预期，导致市场预期绩效与企业实际经营绩效之间的差距加大，面对这样的绩效反馈压力，企业管理者的最优选择是增加企业创新投入。然而如果政府补助程度较低，市场预期差距越大，企业管理者为了迎合政府的绩效考核反而有可能降低企业创新投入。

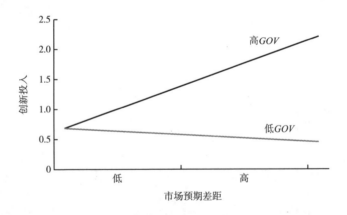

**图 3 – 2  *GOV* 对 *MFQ* 与 *RRD* 之间关系的调节作用**

### 3.3.3  市场预期评级与创新投入关系的主效应检验

表 3 – 6 报告了市场预期评级与企业创新投入之间的关系。M3 – 7 的检

验结果显示，市场预期评级与企业创新投入之间呈显著的负向影响关系（$Beta = -0.2753$，$p < 0.01$），这说明如果机构对于上市公司的市场预期评级一直给予较高评级，可能会让投资者做出这样的判断——"机构分析师与企业管理者之间形成了合谋"（赵良玉等，2013），这时投资者就会与市场预期评级背道而驰，进行逆向操作，导致企业管理者不得不减少风险性投资来提高当期绩效以吸引投资者（余威和宁博，2018；Fasaei et al.，2018），即机构给予上市公司投资评级越大，企业创新投入反而会越少，假设 3 - 1b 得到了验证。

表 3 - 6　　　　　　市场预期评级与创新投入关系检验结果

| 变量 | M3 - 7 | M3 - 8 | M3 - 9 | M3 - 10 | M3 - 11 |
|---|---|---|---|---|---|
| MFE | - 0. 2753 *** <br> (0. 0000) | - 0. 1969 *** <br> (0. 0000) | - 0. 2788 *** <br> (0. 0000) | - 0. 2496 *** <br> (0. 0000) | - 0. 2251 *** <br> (0. 0000) |
| MVN | | 0. 0122 *** <br> (0. 0000) | - 0. 0078 <br> (0. 3097) | | |
| MVN ×MFE | | | 0. 0124 *** <br> (0. 0068) | | |
| GOV | | | | 0. 1044 *** <br> (0. 0000) | 0. 1379 *** <br> (0. 0000) |
| GOV ×MFE | | | | | - 0. 0201 * <br> (0. 0917) |
| ENS | - 0. 1920 *** <br> (0. 0000) | - 0. 2362 *** <br> (0. 0000) | - 0. 2386 *** <br> (0. 0000) | - 0. 1718 *** <br> (0. 0000) | - 0. 1724 *** <br> (0. 0000) |
| ENY | 5. 0134 * <br> (0. 0999) | 5. 5299 * <br> (0. 0677) | 5. 4985 * <br> (0. 0689) | 4. 2692 <br> (0. 1308) | 4. 3513 <br> (0. 1235) |
| ENF | 0. 0143 *** <br> (0. 0000) | 0. 0131 *** <br> (0. 0000) | 0. 0132 *** <br> (0. 0000) | 0. 0150 *** <br> (0. 0000) | 0. 0149 *** <br> (0. 0000) |
| ASL | - 0. 0320 *** <br> (0. 0000) | - 0. 0292 *** <br> (0. 0000) | - 0. 0295 *** <br> (0. 0000) | - 0. 0392 *** <br> (0. 0000) | - 0. 0389 *** <br> (0. 0000) |
| CII | - 0. 0001 <br> (0. 9426) | 0. 0001 <br> (0. 9600) | 0. 0001 <br> (0. 9670) | - 0. 0002 <br> (0. 8917) | - 0. 0002 <br> (0. 8904) |

续表

| 变量 | M3 – 7 | M3 – 8 | M3 – 9 | M3 – 10 | M3 – 11 |
|------|--------|--------|--------|---------|---------|
| LAI | 32. 7883 *** | 32. 8240 *** | 32. 7600 *** | 31. 8212 *** | 31. 8472 *** |
|     | (0. 0000) | (0. 0000) | (0. 0000) | (0. 0000) | (0. 0000) |
| TEI | 0. 0261 *** | 0. 0257 *** | 0. 0257 *** | 0. 0269 *** | 0. 0268 *** |
|     | (0. 0000) | (0. 0000) | (0. 0000) | (0. 0000) | (0. 0000) |
| CAI | – 0. 0026 *** | – 0. 0026 *** | – 0. 0026 *** | – 0. 0028 *** | – 0. 0028 *** |
|     | (0. 0000) | (0. 0000) | (0. 0000) | (0. 0000) | (0. 0000) |
| 个体效应 | 固定 | 固定 | 固定 | 固定 | 固定 |
| 时点效应 | 固定 | 固定 | 固定 | 固定 | 固定 |
| $R^2$ | 0. 8150 | 0. 8178 | 0. 8184 | 0. 8410 | 0. 8413 |
| 调整 $R^2$ | 0. 7084 | 0. 7127 | 0. 7135 | 0. 7494 | 0. 7496 |
| F 统计值 | 1147. 91 | 1052. 06 | 959. 67 | 1240. 29 | 1128. 68 |

注：* 、** 、*** 分别表示在 10% 、5% 、1% 的水平上显著，括号内的值为显著性概率 $P$ 值。

### 3.3.4   市场预期评级与创新投入关系的调节效应检验

表 3 – 6 中的模型 M3 – 8 与 M3 – 9 检验了机构关注程度对市场预期评级与企业创新投入之间关系的调节作用。在 M3 – 8 中，机构关注程度的回归系数显著为正（$Beta = 0.0122$，$p < 0.01$），说明机构关注程度对企业创新投入有显著的正向影响关系。在 M3 – 9 中，机构关注程度与市场预期评级的交互项（$MVN \times MFE$）的回归系数显著为正（$Beta = 0.0124$，$p < 0.01$），表明机构关注程度调节了市场预期评级与企业创新投入的作用关系，并且 M3 – 9 的调整 $R^2$ 相比 M3 – 8 上升了 0.0008，表明 M3 – 9 的解释能力更强。

同时，从图 3 – 3 的调节作用检验结果可以更加清楚地看到，当机构关注程度高时，市场预期评级对企业创新投入的影响为负（$Beta = -0.0671$）；当机构关注程度低时，市场预期评级对企业创新投入的影响为负（$Beta = -0.2436$），这表明机构关注程度对市场预期评级与企业创新投入的调节作用是负向的"增强调节作用"，假设 3 – 2b 得到了验证。

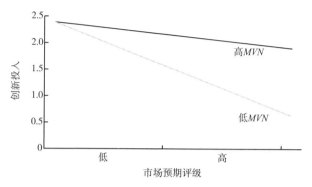

**图 3 - 3　*MVN* 对 *MFE* 与 *RRD* 之间关系的调节作用**

表 3 - 6 中的模型 M3 - 10 与 M3 - 11 检验了政府补助程度对市场预期评级与企业创新投入之间关系的调节作用。在 M3 - 10 中，政府补助程度的回归系数显著为正（*Beta* =0. 1044，*p* <0. 01），说明政府补助程度对企业创新投入有显著的正向影响关系。在 M3 - 11 中，政府补助程度与市场预期评级的交互项（*MVN ×MFQ*）的回归系数显著为负（*Beta* = -0. 0201，*p* <0. 01），表明政府补助程度调节了市场预期评级与企业创新投入的作用关系，并且 M3 - 11 的调整 $R^2$ 相比 M3 - 10 上升了 0. 0002，表明 M3 - 11 的解释能力更强。

同时，从图 3 - 4 的调节作用检验结果可以更加清楚地看到，当政府补助程度高时，市场预期评级对企业创新投入的影响为负（*Beta* = -0. 2929）；当政府补助程度低时，市场预期评级对企业创新投入的影响为负（*Beta* = -0. 2065），这表明政府补助程度对市场预期评级与企业创新投入的调节作用是负向的"增强调节作用"，假设 3 -3b 得到了验证。

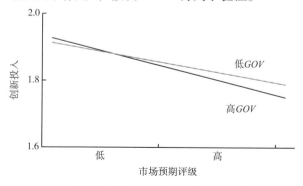

**图 3 -4　*GOV* 对 *MFE* 与 *RRD* 之间关系的调节作用**

### 3.3.5 稳健性检验

为了考察前述研究结果的稳健性，主要采取以下三种方法进行稳健性检验。（1）因变量替换差异，分别用衡量创新投入指标的研发人员占比 RRH 和用来衡量创新产出的全员劳动生产率 TFP 指标替换原来衡量创新投入的研发费用占比 RRD。（2）估计方法差异，在自变量中添加因变量的滞后项，并分别采用个体固定效应以及 GMM 动态面板数据方法进行估计检验。（3）样本期限差异，将 2013 年和 2014 年只有较少样本企业的年份分别删掉，分成两组检测样本与研究样本进行检验。上述三种检验结果表明模型的系数值和伴随概率发生了一定的变化，但是主效应和调节效应与前文并无显著性差异（见表 3 - 7，汇报了因变量替换为 TFP 的稳健性检验结果）。

表 3 - 7 　　　市场预期差距、市场预期评级与创新产出关系检验结果

| 变量 | M3 - 12 | M3 - 13 | M3 - 14 | M3 - 15 |
|---|---|---|---|---|
| MFQ | 0.0006 *<br>(0.1003) | 0.0018 ***<br>(0.0000) | | |
| MFE | | | - 0.0631 **<br>(0.0141) | - 0.1601 ***<br>(0.0000) |
| MVN | 0.0062 ***<br>(0.0000) | | 0.0168 ***<br>(0.0001) | |
| MVN ×MFQ | 0.0001 ***<br>(0.0004) | | | |
| MVN ×MFE | | | - 0.0067 ***<br>(0.0076) | |
| GOV | | - 0.0243 ***<br>(0.0000) | | - 0.0336 ***<br>(0.0000) |
| GOV ×MFQ | | 0.0001 **<br>(0.0290) | | |
| GOV ×MFE | | | | 0.0073 ***<br>(0.0000) |

续表

| 变量 | M3 – 12 | M3 – 13 | M3 – 14 | M3 – 15 |
|---|---|---|---|---|
| ENS | 0.3897 ***<br>(0.0000) | 0.4157 ***<br>(0.0000) | 0.3850 ***<br>(0.0000) | 0.4017 ***<br>(0.0000) |
| ENY | − 0.4212<br>(0.7961) | − 0.6678<br>(0.6837) | − 0.6713<br>(0.6840) | − 0.8202<br>(0.0000) |
| ENF | 0.0130 ***<br>(0.0000) | 0.0139 ***<br>(0.0000) | 0.0129 ***<br>(0.0000) | 0.0134 ***<br>(0.0000) |
| ASL | − 0.0278 ***<br>(0.0000) | − 0.0285 ***<br>(0.0000) | − 0.0282 ***<br>(0.0000) | − 0.0284 ***<br>(0.0000) |
| CII | 0.0034 ***<br>(0.0000) | 0.0033 ***<br>(0.0001) | 0.0033 ***<br>(0.0001) | 0.0032 ***<br>(0.0000) |
| LAI | − 5.7870 ***<br>(0.0000) | − 5.6817 ***<br>(0.0000) | − 5.4719 ***<br>(0.0000) | − 5.3352 ***<br>(0.0000) |
| TEI | 0.0468 ***<br>(0.0000) | 0.0472 ***<br>(0.0000) | 0.0468 ***<br>(0.0000) | 0.0469 ***<br>(0.0000) |
| CAI | − 0.0006 **<br>(0.0140) | − 0.0006 **<br>(0.0177) | − 0.0006 ***<br>(0.0096) | − 0.0006 ***<br>(0.0000) |
| 个体效应 | 固定 | 固定 | 固定 | 固定 |
| 时点效应 | 固定 | 固定 | 固定 | 固定 |
| $R^2$ | 0.6813 | 0.6778 | 0.6740 | 0.6757 |
| 调整 $R^2$ | 0.4973 | 0.4918 | 0.4857 | 0.4884 |
| F 统计量 | 455.359 | 448.169 | 440.375 | 443.775 |

注：*、**、*** 分别表示在10%、5%、1%的水平上显著，括号内的值为显著性概率 $P$ 值。

# 3.4　结论与讨论

基于 2010 ~ 2017 年我国沪深 A 股制造业上市公司非平衡面板数据，本章考察了市场预期差距、市场预期评级对企业创新的影响机制，以及资本市场机构关注程度与宏观政策层面政府补助额度的调节作用机制。研究发现如下所述。

第一，当机构的市场预期绩效越大于企业实际经营绩效，即市场预期差距增大时，企业管理者面临的绩效压力越大，刺激管理者从事具有较高风险但同时具有高回报的创新活动，通过增加创新投入，以创新增长实现外部市场预期。

第二，市场预期评级会影响投资者的投资行为，进而促使企业管理者调整创新决策。如果机构对上市公司当期投资给予较高市场评级，投资者进行逆向投资操作的可能性越大，导致企业管理者不得不通过减少创新投入来提高当期绩效以吸引投资者。

第三，机构关注在市场预期差距—企业创新投入、市场预期评级—企业创新投入之间的关系中分别具有显著的调节作用。机构关注正向增强市场预期差距对企业创新投入的促进作用，负向增强市场预期评级对企业创新投入的负向影响。

第四，政府补助程度在市场预期差距—企业创新投入、市场预期评级—企业创新投入之间的关系中分别具有显著的调节作用。政府补助干涉市场预期差距对企业创新投入的促进作用，增强市场预期评级对企业创新投入的负向影响。

本章从外部资本市场和政府支持层面拓展了现有文献对企业创新活动的认识，考察了不同机构关注程度和政府补助程度对于市场预期差距、市场预期评级与企业创新投入之间的非线性作用关系，探讨企业管理者在创新决策过程中如何权衡来自外部监督和管理机构的短期绩效压力与资源刺激动力。本章的研究也存在若干需要进一步完善之处：第一，收集微观企业的非平衡面板数据展开研究，研究变量都是用客观数据加以衡量，无法测量企业管理者的主观风险偏好，也没有探究管理者在创新决策过程中的心理行为，未来的研究可以将主观测量和客观反映相结合以更加全面深入地分析企业创新行为。第二，主要测量外部市场预期对企业内部创新的影响，受限于研究样本的市场预期绩效都大于实际经营绩效，没有讨论市场预期绩效小于实际经营绩效的情况，同时控制变量也未考虑企业市场营销与运营管理等内部资源能力和外部行业市场竞争程度的影响，未来的研究应该更加紧密地整合企业内外部因素，探讨其共同作用如何影响企业管理者的创新决策。

# 第4章  政府创新支持、开放式创新与制造企业创新投入

　　"融合、开放、分享"的开放式创新成为推动实现制造强国的强大动力。"互联网＋"时代，企业无法仅仅依靠内部创新获得竞争优势，需要将内外部资源、创意和技术进行有效整合，与外部资源拥有者进行开放式创新来巩固和增强自身竞争优势。开放式创新已经成为企业进行研发活动的主导模式，企业必须要用开放的视野整合可利用的资源以推进开放式创新。目前，学术界对于开放式创新的研究主要从创新模式、组织学习与网络嵌入等方面进行了较为细致地探索，这些研究成果为进一步探讨开放式创新与企业研发之间的内在关联奠定了坚实基础。

　　基于组织网络理论、信号传递理论及市场竞争理论拟从组织合作、政府支持和行业竞争三个层面探讨以下问题：在全国大力推动开放式创新战略背景下，实施开放式创新能够提高制造企业的研发投入吗？面对政府出台的各种优惠政策与研发补助支持，制造企业是否会更加积极主动地拥抱开放式创新以获取外部伙伴的创意、技术和知识等资源，以及如何整合来自内外部的创意、技术和知识等资源以加速企业创新投入和创新成果的市场化？而且，面对行业市场竞争程度的不断增加，这会促使制造企业主动寻求开放式创新实现内外部知识与技术的整合以提升创新效率和作用，从而获得和保持竞争优势吗？为了寻找这些问题的解决办法，搜集中国沪深A股制造业上市公司2009～2019年期间开放式创新与研发投入的相关数据，构建非平衡面板数据模型分析开放式创新与企业创新投入之间的作用机制，并从宏观制度环境的政府补助和行业市场环境的市场竞争双重外部

环境视角深入地探索政府补助与市场竞争在两者关系之间所发挥的增强与缓和作用。

## 4.1 研究假设

### 4.1.1 开放式创新与企业创新投入

开放式创新强调把内部和外部的创意相结合，有意识地与客户、供应商、其他企业、大学以及研究机构等外部伙伴进行知识的流入和流出，进而推动企业内部创新以创造价值，并在外部利用创新扩展市场。越来越多的企业与不同的外部伙伴进行开放式创新来使用内外部资源以开展研发，已有大量文献对开放式创新与企业研发之间的关系进行了广泛研究，但是这种关系的性质和方向仍然没有定论。有学者利用欧洲跨国公司 489 个研发项目和意大利 2591 家中小制造企业作为研究样本进行了测试，发现与外部合作伙伴进行开放式创新有助于提高企业的研发投入，进而提升创新成果和绩效。也有学者利用英国 213 家制造企业和西班牙 841 家制造企业作为研究样本进行了测试，发现不同类型、不同程度、不同参与者的开放式创新对企业创新投入、产出水平产生不同的影响，说明与外部伙伴联合开发并不总是能够有效整合内外部知识与技术，有时会对创新产生显著的积极影响，有时可能会对创新产生负面影响。整体来看，大部分学者认为，与外部伙伴进行开放式创新合作开发新技术、新产品，打破了原有的组织边界，可以推动企业内外部创意、技术和资源的有效整合，与外部伙伴的合作开发会增加企业创新投入，加速企业创新成果产出，例如发明专利的申请数量和授权数量有明显的提升。因此，依据组织网络理论提出如下假设。

假设 4-1：开放式创新正向影响企业创新投入，即企业实施开放式创新有助于企业创新投入的显著增加。

### 4.1.2　政府补助的调节作用

从制度环境视角考察，政府可以制定税收优惠、税收减免、资金补贴、引导政策等促进企业创新。企业获得政府补助，不仅能够刺激企业加大研发投入以提高生产率，而且能够产生显著的放大效应加快创新成果的商业化程度（薛阳、胡丽娜，2020）。政府补助对于企业创新投入也存在一定的挤出效应，会在一定程度上替代内部研发支出，抑制企业创新。政府必须根据企业的创新水平进行动态的补助，才能更大程度地激励企业真正实施高水平的技术创新。同时，从组织网络视角来看，政府是企业开放式创新网络中的主体成员，可以为企业发展提供良性的制度环境，能帮助企业整合内外部资源以实现企业战略目标。政府补助有利于企业与外部伙伴建立开放式创新网络，提高网络成员之间的合作强度和合作成果。政府补助也会被其他外部伙伴视为一个利好信号，有助于企业获得外部的创意、技术与资金支持，加速企业内部创新的投入与产出（蒋樟生，2021）。政府补助在开放式创新与企业研发之间具有一定的调节效应，当政府给予创新企业一定的资金补助和政策支持时，开放式创新与企业研发之间的关系变得更加紧密，实施开放式创新能够有效提高企业创新投入和成果产出。因此，依据信号传递理论提出如下假设。

假设 4-2：政府补助调节开放式创新对企业创新投入的正向影响关系。即当企业获得政府补助额度越多，开放式创新对企业创新投入的促进作用越大。

### 4.1.3　市场竞争的调节作用

市场竞争作为一种外部治理机制，必然会影响到企业内部创新，市场竞争会促使企业管理者调整创新决策和治理结构。为了赢得更多的市场份额和保持竞争优势，创新网络内的企业会不断加大研发投入进行价值共创，即市场竞争可以在一定程度上促进企业创新投入和成果产出（成琼文、赵艺璇，

2021；蒋樟生，2021）。但是，随着市场竞争的加剧，企业创新成果被跟随者模仿或者弯道超车的可能性加大，这会降低企业创新的积极性，即市场竞争程度增加达到一定程度后促进效应将不断降低。市场竞争与企业创新投入之间的关系仍然备受争议。在此基础上，有学者发现，面对市场竞争，民营企业会更加激进地开展研发活动，而国有企业则相对保守。市场竞争也会调节政府激励、技术联盟、治理结构等内外部因素对企业创新的影响。同时，企业经营决策都必须依据市场信号进行，企业管理者在制定创新决策时必须权衡外部市场的影响。面对不同程度的市场竞争，创新决策也会有所调整，进而影响到企业内部的治理结构和研发投入。因此，依据市场竞争理论提出如下假设。

假设 4 - 3：市场竞争调节开放式创新对企业创新投入的正向影响关系。即当企业所处的行业市场竞争程度越激烈，开放式创新对企业创新投入的促进作用越大。

## 4.2　研　究　设　计

### 4.2.1　研究样本与数据来源

（1）研究样本的行业选择。鉴于制造业是经济发展的核心根基，我国不断出台政策支持"中国制造"向"中国智造"的创新升级，制造企业是实施国家创新战略的主要载体。因此，按照证监会 2012 年发布的《上市公司行业分类指引》对沪深 A 股上市公司进行研究样本挑选，筛选标准如下：选择 C13 ~ C43 等 31 个大类上市公司的证券代码为基准样本去查询与搜集数据；丢弃经营不善、还未完成股改与新上市等企业样本，即将证券名称中有 ST、*ST、N、S*ST、SST、NST、S 字样的样本删除；根据开放式创新、政府补助与市场竞争等变量数据缺失情况进一步丢弃数据不完整的观测样本。

（2）样本数据的区间选择。由于 2008 年以前我国制造业上市公司的研发费用、研发人员以及政府补助等相关企业研发和政府支持数据缺失严重，因此，为了准确估计政府补助对企业创新的影响，查询搜集数据的起点是 2008 年 12 月 31 日，截止日期为 2019 年 12 月 31 日，纳入筛选时间范围是 2008~2019 年，进入数据分析的时间范围为 2009~2019 年，共 27148 个观察样本。

（3）样本数据的交叉核实。为了确保研究的准确性、可靠性和可重复性，所有变量数据都是从经济数据的第三方平台按照年份与变量依次查询与搜集而来。其中，专利申请、研发费用数据取自中国研究数据服务平台 CNRDS，政府补助、营业收入、资产负债率、资产总计、员工总数和技术人员数取自国泰安 CSMAR 数据库。同时，利用 CNRDS 和 CSMAR 数据库对有重复数据的变量进行两两核对，查找出其中不一致的样本。最后，利用上市公司年报及巨潮资讯网等专业信息源，对主要变量数据进行核实比对。

经过上述三步对研究样本的选择和数据来源的核实以后，观测样本由 2008~2019 年的 29616 个变为 2009~2019 年的 13697 个，然后采用 3 倍平均值的标准差和 5 倍平均值的标准差识别和剔除观测变量的离群值与极端值之后，共余 12461 个非平衡面板数据进入回归模型。

### 4.2.2 模型构建与变量定义

（1）模型构建。借鉴已有的研究成果，考虑到开放式创新、政府支持、市场竞争和财务状况、资产规模、持续能力、人员规模、知识比重、变现能力以及治理结构等因素对中国沪深 A 股制造企业创新活动的影响，根据收集的非平衡面板数据构建个体、时点双固定效应模型如下：

$$INN_{i,t} = \beta_1 OPE_{i,t} + \beta_2 MOD_{i,t} + \beta_3 MOD_{i,t} \times OPE_{i,t} + \sum_{j=1}^{4} \varphi_j CONTROL_{i,t}^{j}$$
$$+ \alpha_i + \lambda_t + \varepsilon_{i,t} \tag{4-1}$$

其中，INN 是因变量，表示企业研发，是由研发费用 RRD 和全员劳动生产率 TFP 两个变量组成的向量。自变量为 OPE，OPE 表示企业是否采取开放式创新。调节变量为 MOD，是由政府补助 GOV 和市场竞争 MAR 两个变量组成的向量，OPE × GOV 主要衡量政府补助调节开放式创新与企业研发之间的关系，$OPE \times MAR$ 主要衡量市场竞争调节开放式创新与企业研发之间的关系。控制变量 $CONTROL$ 则是由风险程度 $ENF$、企业年龄 $ENY$、资产规模 $ENS$、人员规模 $EMP$、技术密集度 $TEI$、资产流动性 $CUR$ 和持股比例 $SSR$ 七个变量组成的向量。$\alpha_i$ 表示个体固定效应，$\lambda_t$ 表示时点固定效应，$i$ 为个体，$t$ 为时点。

（2）因变量。创新领域学者认为，衡量企业创新投入与产出活动的指标有研发经费支出、研发人员数量、新产品销售收入及各种专利的申请授权数量四大类。其中，研发经费支出与研发人员数量可以测量企业研发活动投入情况；新产品销售收入与各种专利的申请授权数量可以测量企业研发活动的产出成果和应用情况（蒋樟生，2021）。因此，借鉴前人衡量企业研发活动的指标，本书用研发经费支出 $RRD$ 反映企业创新投入，主要是通过观测当年企业研发费用总额的自然对数来测算；研发产出主要用全员劳动生产率 $TFP$ 来衡量，用于研究结果的稳健性检验。

（3）自变量。本书测量开放式创新活动主要是基于专利申请的共同所有权，知识产权共有是企业选择开放式创新活动进行技术开发的有效策略。考虑到企业从选择开放式创新活动到联合共同申请专利需要一个共同协作的创新过程，且专利申请到专利获得授权通常需要 $1 \sim 2$ 年的时间，因此，若企业在 $t-1$、$t$ 以及 $t+1$ 的 3 年中有联合专利申请（包括发明、实用新型和外观设计三种专利）记录，则认为该企业在 $t$ 年采取开放式创新进行技术开发并赋值为 1，否则认为企业未采取开放式创新并赋值为 0。

（4）调节变量。本书调节变量有两个，一个为政府补助 $GOV$，主要衡量外部利益相关者政府对企业创新投入的调节作用。由于创新具有一定的外部性和风险性，政府为了鼓励企业进行研发投入会对其进行一定的资金补贴和政策支持，政府补助被视为矫正"市场失灵"的重要手段。因此，本书主要使用营业外收入明细中的政府补助额度 $GOV$ 来衡量政府对企业创新投入的鼓励程度。另一个调节变量为市场竞争 $MAR$，主要从行业层面探讨市场竞争程度对企业创新投入的影响。学者们主要采用了勒纳指数、$CR4$ 指数和赫芬达尔指数来衡量行业的竞争程度。在上述研究成果的基础上，借鉴赫芬达尔指数的计算方法，本书市场竞争 $MAR$ 的测量方式为：1 - 企业营业收入占行业营业收入总额的比重, 即 *MAR* 越大, 市场竞争越激烈。

(5) 控制变量。参照同类主题研究成果, 本书选择包含财务状况、资产规模、持续能力、人员规模、知识比重、变现能力和治理结构七个细分指标作为控制变量。其中, 财务状况, 用风险程度 *ENF* 衡量, 取自 $t$ 年末财务报表中预警破产 $Z$ 值的自然对数; 持续能力, 用企业年龄 *ENY* 衡量, 取变量观测日减去成立日并转换计算单位为年后的自然对数; 资产规模 *ENS*, 取 $t$ 年末总资产的自然对数; 人员规模 *EMP*, 取 $t$ 年末拥有在职员工人数的自然对数; 知识比重, 用技术密集度 *TEI* 衡量, 取技术人员数除以员工总数; 变现能力, 用资产流动性 *CUR* 衡量, 取自 $t$ 年末财务报表中的流动比率; 治理结构, 用持股比例 *SSR* 衡量, 取自 $t$ 年末财务报表中的最大股东持股比例。变量定义见表 4 – 1。

表 4 – 1 变量定义及指标说明

| 类型 | 变量 | 观测变量 | 指标说明 |
|------|------|----------|----------|
| 因变量 | 研发投入 | 研发投入 *RRD* | ln (研发费用总额) |
| | 研发产出 | 全员劳动生产率 *TFP* | 经济增加值/员工总数 |
| 自变量 | 创新模式 | 开放式创新 *OPE* | 是否有联合专利申请记录, 是为1, 否为0 |
| 调节变量 | 政府支持 | 政府补助程度 *GOV* | ln (政府补助) |
| | 市场竞争 | 市场竞争程度 *MAR* | 1 – 企业营业收入占行业营业收入总额的比重 |
| 控制变量 | 财务状况 | 风险程度 *ENF* | ln (预警破产 $Z$ 值) |
| | 资产规模 | 资产总计 *ENS* | ln (总资产) |
| | 持续能力 | 企业年龄 *ENY* | ln[(观察年末日期 – 企业成立日期)/365] |
| | 人员规模 | 员工总数 *EMP* | ln (员工总数) |
| | 知识比重 | 技术密集度 *TEI* | 技术人员人数/员工总数 |
| | 变现能力 | 资产流动性 *CUR* | 流动比率 |
| | 治理结构 | 持股比例 *SSR* | 最大股东持股比例 |

### 4.2.3 描述性统计与平稳性检验

(1) 描述性统计。表 4 – 2 列出了企业创新投入、全员劳动生产率、开放式创新、政府补助、市场竞争以及控制变量的描述性统计结果。从表 4 – 2

可以看出，企业创新投入的最小值为 – 5. 1160，最大值为 3. 4670，标准差为 1. 3170，说明在 2009 ~ 2019 年，我国沪深 A 股制造业上市公司的研发投入差异程度较大。企业全员劳动生产率的最小值为 – 4. 3250，最大值为 4. 3250，标准差为 0. 8770，说明在研究期间我国沪深 A 股制造业上市公司的研发产出差异程度也非常明显。

表 4 – 2 变量描述性统计结果

| 变量 | 观测数 | 最小值 | 最大值 | 平均值 | 标准差 | 方差 |
|------|--------|--------|--------|--------|--------|------|
| RRD | 12461 | – 5. 1160 | 3. 4670 | – 0. 7660 | 1. 3170 | 1. 7340 |
| TFP | 12461 | – 4. 3250 | 4. 3250 | – 0. 0350 | 0. 8770 | 0. 7690 |
| GOV | 12461 | – 4. 4910 | – 0. 6550 | – 2. 7000 | 0. 6020 | 0. 3620 |
| MAR | 12461 | 0. 9900 | 1. 0000 | 0. 9990 | 0. 0010 | 0. 0000 |
| OPE | 12461 | 0. 0000 | 1. 0000 | 0. 2040 | 0. 4030 | 0. 1620 |
| ENF | 12461 | – 6. 0570 | – 0. 0230 | – 3. 0490 | 0. 9340 | 0. 8720 |
| ENS | 12461 | – 0. 1190 | 7. 0530 | 3. 3340 | 1. 1310 | 1. 2790 |
| ENY | 12461 | 1. 7380 | 3. 7990 | 2. 7850 | 0. 3300 | 0. 1090 |
| EMP | 12461 | – 2. 6880 | 4. 2420 | 0. 7470 | 1. 0850 | 1. 1770 |
| TEI | 12461 | 0. 0010 | 0. 5700 | 0. 1700 | 0. 1070 | 0. 0110 |
| CUR | 12461 | 0. 1690 | 15. 5210 | 2. 6400 | 2. 3220 | 5. 3910 |
| SSR | 12461 | 0. 0300 | 0. 8120 | 0. 3530 | 0. 1450 | 0. 0210 |

（2）平稳性检验。主要变量的非平衡面板数据单位根检验见表 4 – 3。由表 4 – 3 可以看出，企业创新投入、全员劳动生产率、开放式创新、政府补助程度和市场竞争程度都通过了 LLC 检验、IPSW 检验、ADF 检验和 PP 检验，这些变量均在 1% 的显著性水平下为平稳序列，因此可以加入模型中进行非平衡面板数据回归分析。同时，为了避免可能存在的异方差以及测量单位差异等问题，对进入非平衡面板模型的所有连续型变量进行了 Driscoll-Kraay 标准差转换后才进行回归估计，这样将变量中心化处理的方式也能够在一定程度上减少调节项与其他自变量之间的相关程度，避免多重共线性问题。

表 4 - 3 单位根检验

| 主要变量 | LLC 检验 | IPSW 检验 | ADF 检验 | PP 检验 |
|---|---|---|---|---|
| RRD | - 206. 227<br>(0. 0000) | - 56. 027<br>(0. 0000) | 6877. 11<br>(0. 0000) | 8376. 82<br>(0. 0000) |
| TFP | - 188. 386<br>(0. 0000) | - 56. 4228<br>(0. 0000) | 6986. 27<br>(0. 0000) | 8528. 62<br>(0. 0000) |
| OPE | - 40. 2391<br>(0. 0000) | - 17. 3022<br>(0. 0000) | 1507. 22<br>(0. 0000) | 1876. 27<br>(0. 0000) |
| GOV | - 313. 852<br>(0. 0000) | - 56. 5443<br>(0. 0000) | 6951. 28<br>(0. 0000) | 8653. 05<br>(0. 0000) |
| MAR | - 10. 75200<br>(0. 0226) | - 27. 7651<br>(0. 0000) | 2876. 67<br>(0. 0000) | 3403. 00<br>(0. 0000) |

注：括号内的值为显著性概率 P 值。

## 4.3　实证分析

### 4.3.1　开放式创新与研发投入的主效应分析

本书根据研究设计进行了个体时间双固定效应回归，结果见表 4 - 4。模型 M4 - 1 是只添加控制变量的基准模型，在此基础上 M4 - 2 加入了开放式创新 OPE，M4 - 2 的调整 $R^2 = 0.7616$，大于 M4 - 1 的调整 $R^2$（0. 7204），M4 - 2 的解释力比 M4 - 1 更强。M4 - 2 中 OPE 的回归系数为 0. 0305（$p < 0.01$），说明企业采取"开放、共享和平等"的开放式创新能够获得外部利益相关者的互补资源、知识和信息越多，企业创新投入就越高，并积极主动充分利用外部知识进行创新，进而提高创新成果产出，最终实现知识的融合、开放与分享，这就印证了假设 4 - 1，即企业采取开放式创新有助于企业创新投入的显著增加。说明面对激烈的市场竞争环境，企业需要积极拥抱开放式创新。从组织网络理论来看，企业需要依靠外部组织网络进行开放式创新，在开放式创新过程中投入更多的互补性资源以获取更多的新知识、新技术和新创意，

共同产出更多有价值的创新成果。例如，在研发过程需要考虑上下游企业与消费者的参与和意见；为了抢占未来科技高地需要与高校科研机构共同克服技术难题；为了克服自身能力的不足而采取研发外包和知识产权购买等方式获取解决问题的方案。从信息资源理论来看，开放式创新主体多元化有利于企业准确、及时地获得更多的关键信息，了解和识别外部风险和机会，有效识别和掌握市场信号，从而克服自身资源有限性的限制，降低创新成本和风险。例如，企业与外部组织共同组建长期稳定的合作创新网络，既可以从外部组织中准确和快速地汲取相契合的创新资源，弥补自身资源与能力的不足，又可以从外部组织中及时掌握外部市场和技术的机会和需求，避免企业过于关注自身资源和能力而产生的短视行为，促使企业管理者更加注重企业长期发展，有利于企业创新投入的增加以及创新成果的产出与应用。

表 4 – 4 回归结果

| 变量 | M4 – 1 | M4 – 2 | M4 – 3 | M4 – 4 | M4 – 5 | M4 – 6 |
|------|--------|--------|--------|--------|--------|--------|
| *ENF* | 0.0081<br>(0.1741) | 0.0085<br>(0.1498) | – 0.0020<br>(0.5213) | – 0.0000<br>(0.9879) | 0.0066<br>(0.2611) | 0.0049<br>(0.3983) |
| *ENS* | 0.4629 ***<br>(0.0000) | 0.4564 ***<br>(0.0000) | – 0.4048 ***<br>(0.0000) | – 0.3953 ***<br>(0.0000) | 0.4371 ***<br>(0.0000) | 0.4544 ***<br>(0.0000) |
| *ENY* | – 0.2952 ***<br>(0.0000) | – 0.2976 ***<br>(0.0000) | 0.2494 ***<br>(0.0000) | 0.2355 ***<br>(0.0000) | – 0.2986 ***<br>(0.0000) | – 0.2715 ***<br>(0.0000) |
| *EMP* | 0.3834 ***<br>(0.0000) | 0.3823 ***<br>(0.0000) | – 0.4046 ***<br>(0.0000) | – 0.4022 ***<br>(0.0000) | 0.3722 ***<br>(0.0000) | 0.3684 ***<br>(0.0000) |
| *TEI* | 0.0956 ***<br>(0.0000) | 0.0945 ***<br>(0.0000) | – 0.1252 ***<br>(0.0000) | – 0.1235 ***<br>(0.0000) | 0.0930 ***<br>(0.0000) | 0.0928 ***<br>(0.0000) |
| *CUR* | – 0.0101<br>(0.1113) | – 0.0090<br>(0.1553) | – 0.0023<br>(0.5062) | – 0.0059 *<br>(0.0803) | – 0.0073<br>(0.2450) | – 0.0120 *<br>(0.0528) |
| *SSR* | 0.0678 ***<br>(0.0000) | 0.0685 ***<br>(0.0000) | – 0.0014<br>(0.7712) | – 0.0049<br>(0.3162) | 0.0648 ***<br>(0.0000) | 0.0620 ***<br>(0.0000) |
| *OPE* | | 0.0305 ***<br>(0.0042) | – 0.2532 ***<br>(0.0000) | – 0.2194 ***<br>(0.0000) | 0.0353 ***<br>(0.0009) | 0.0689 ***<br>(0.0000) |
| *GOV* | | | 1.6800 ***<br>(0.0000) | 1.6063 ***<br>(0.0000) | | |

续表

| 变量 | M4 - 1 | M4 - 2 | M4 - 3 | M4 - 4 | M4 - 5 | M4 - 6 |
|---|---|---|---|---|---|---|
| $OPE \times GOV$ | | | | 0.0945 *** (0.0000) | | |
| $MAR$ | | | | | 0.0578 *** (0.0000) | - 0.1243 *** (0.0000) |
| $OPE \times MAR$ | | | | | | 0.2215 *** (0.0000) |
| 个体效应 | 控制 | 控制 | 控制 | 控制 | 控制 | 控制 |
| 时点效应 | 控制 | 控制 | 控制 | 控制 | 控制 | 控制 |
| $R^2$ | 0.7697 | 0.8037 | 0.9200 | 0.9234 | 0.8127 | 0.8260 |
| 调整 $R^2$ | 0.7204 | 0.7616 | 0.9029 | 0.9070 | 0.7726 | 0.7887 |
| DW 值 | 2.0406 | 2.0405 | 2.1032 | 2.0964 | 2.0524 | 2.0458 |
| F 统计量 | 15.6168 *** | 19.1204 *** | 256.2713 *** | 272.7512 *** | 20.2548 *** | 22.1537 *** |

注：*、**、***分别表示在 10%、5%、1% 的水平上显著，括号内的值为显著性概率 $P$ 值。

### 4.3.2　政府补助的调节效应分析

M4 - 3 在 M4 - 2 的基础上增加了政府补助，M4 - 3 的调整 $R^2 = 0.9029$，大于 M4 - 2 的调整 $R^2$（0.7616），M4 - 3 的解释力比 M4 - 2 更强。M4 - 3 中 $GOV$ 的回归系数为 1.6800（$p < 0.01$），说明企业从外部利益相关者政府那里获得资金补助后，既能够一定程度上提高企业技术人员的研发效率，也能够向外部利益相关者传递有利的信号，能够获得其他组织的资源投入，改善创新资源投入结构，从而能够增加企业创新投入。

为了验证政府补助的调节效应是否显著，在 M4 - 3 的基础上增加了开放式创新与政府补助的交互项（$OPE \times GOV$）进行回归分析得到 M4 - 4，M4 - 4 的调整 $R^2 = 0.9070$，大于 M3 的调整 $R^2$（0.9029），M4 - 4 的解释力比 M4 - 3 更强。M4 - 4 中交互项 $GOV \times OPE$ 的回归系数为 0.0945（$p < 0.01$），这表明如果企业获得政府补助的同时积极实施开放式创新，将会带来事半功倍的效果，印证了假设 4 - 2 的前半部分内容，即政府补助在开放式创新对企业创新投入的正向影响关系之间发挥着显著的调节作用。

同时，为了进一步分析政府补助的调节作用是如何影响企业创新投入的方向变化，绘制了政府补助调节效应图。如图4-1所示，政府补助只是改变了开放式创新对企业创新投入的影响大小，没有改变两者的作用方向，说明政府补助的调节作用为增强调节作用，即政府补助越高，开放式创新对企业创新投入的正向影响会越大，印证了假设4-2的后半部分内容。这就表明企业管理者为了提高企业创新投入，必须在有效利用企业现有资源的基础上，积极获取政府补助，并加强与外部组织之间的资源和信息共享进行开放式创新，以便有效提高技术人员的研发效率，产出更多的专利技术。因此，假设4-2得到验证，政府补助调节开放式创新对企业创新投入的正向影响关系。即企业获得政府补助额度越多，开放式创新对企业创新投入的促进作用越大。

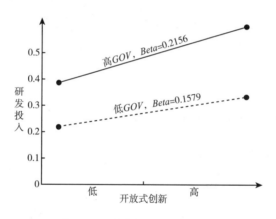

图4-1　政府补助的调节效应

### 4.3.3　市场竞争的调节效应分析

M4-5在M4-2的基础上增加了市场竞争，M4-5的调整$R^2 = 0.7726$，大于M4-2的调整$R^2$（0.7616），M4-5的解释力比M4-2更强。M4-5中 *MAR* 的回归系数为0.0578（$p < 0.01$），说明当外部行业市场竞争程度相对较为激烈时，企业为了不被竞争对手所淘汰，将会配置更多的资源应用于企业研发与创新，使得企业创新投入水平不断提高，从而获得市场竞争优势。

为了验证市场竞争的调节效应是否显著，在M4-5的基础上增加了开放式创新与市场竞争的交互项（$OPE \times MAR$）进行回归分析得到 M4 - 6，M4 - 6 的调整 $R^2 = 0.7887$，大于 M4 - 5 的调整 $R^2$（0.7726），M4 - 6 的解释力比 M4 - 5 更强。M4 - 6 中交互项 $OPE \times MAR$ 的回归系数为 0.2215（$p < 0.01$），这表明外部行业市场竞争程度较为激烈时，会促使企业采取"开放、共享和平等"的开放式创新广泛利用外部资源，进而影响企业合作创新资源的投入和产出，即市场竞争显著调节开放式创新对企业创新投入水平的影响，印证了假设 4 - 3 的前半部分内容。

同时，为了进一步分析市场竞争的调节作用如何影响企业创新投入的方向变化，绘制了市场竞争调节效应图。如图 4 - 2 所示，市场竞争的高与低两条直线在开放式创新约等于 0.3205 时有了交叉点，即当开放式创新大于该阈值时，市场竞争越激烈，开放式创新对研发投入的正向影响会更大，印证了假设 4 - 3 的后半部分内容；当开放式创新小于该阈值时，市场竞争越平静，开放式创新对研发投入的正向影响会更大，与假设 4 - 3 的后半部分内容相反。这表明企业管理者会根据市场竞争程度，有目的地选择合作创新伙伴进行开放式创新，以此来增加企业创新投入。而且，只有当企业开放式创新程度大于一定阈值时，假设 4 - 3 才能被完全验证，企业所处的行业市场竞争程度越激烈，开放式创新对企业创新投入的促进作用越大。然而，当企业开放式创新程度小于某一阈值时，企业所处的行业市场竞争程度越平静，开放式创新对企业创新投入的促进作用越大。即市场竞争在开放式创新对研发投入的正向影响关系中并不是完全增强调节作用，也起到一定的削弱调节作用，是一种干涉调节作用（见图 4 - 2）。

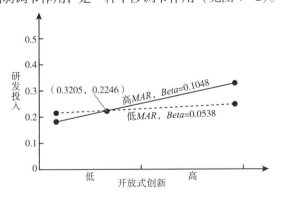

**图 4 - 2 市场竞争的调节效应**

### 4.3.4 稳健性检验

为了验证上述结果的可靠性，稳健性检验采取以下三种方法：（1）因变量替换差异，用研发产出指标全员劳动生产率 *TFP* 替换研发投入指标 *RRD*；（2）估计方法差异，考虑当期研发活动肯定会受到前一期研发活动的影响，因此在自变量中添加因变量的滞后项 $t-1$ 进行估计检验；（3）样本期限差异，根据样本在不同年度的分布情况，选择 2009～2017 年的部分样本进行检验。表 4-5 中检验结果表明，开放式创新、政府补助和市场竞争等变量在模型 M4-7 至 M4-12 的系数值和伴随概率并不一样，并查看 *OPE*、*GOV* 以及 *GOV×OPE* 等主要观测变量的回归系数、伴随概率以及模型判决系数发现，主效应以及调节效应与前文并无显著性差异。

表 4-5　　　　　　　　　　稳健性检验结果

| 变量 | 方法 A | | 方法 B | | 方法 C | |
|---|---|---|---|---|---|---|
| | M4-7 | M4-8 | M4-9 | M4-10 | M4-11 | M4-12 |
| *ENF* | 0.1145 *** (0.0000) | 0.1074 *** (0.0000) | -0.0033 (0.4297) | 0.0290 *** (0.00004) | -0.0393 *** (0.0005) | -0.0371 *** (0.0012) |
| *ENS* | -0.3282 *** (0.0000) | -0.1587 *** (0.0000) | -0.3854 *** (0.0000) | 0.4151 *** (0.0000) | 0.1478 *** (0.0000) | 0.2199 *** (0.0000) |
| *ENY* | -0.3267 *** (0.0000) | -0.4315 *** (0.0000) | 0.2471 *** (0.0000) | -0.1871 *** (0.0000) | -0.1745 *** (0.0002) | -0.1750 *** (0.0002) |
| *EMP* | 0.0406 0.2959 | 0.2143 *** (0.0000) | -0.4004 *** (0.0000) | 0.2931 *** (0.0000) | 0.1654 *** (0.0000) | 0.1821 *** (0.0000) |
| *TEI* | -0.0171 (0.3164) | 0.0340 ** (0.0338) | -0.1262 *** (0.0000) | 0.0718 *** (0.0000) | 0.0555 *** (0.0001) | 0.0579 *** (0.0000) |
| *CUR* | -0.1052 *** (0.0000) | -0.0991 *** (0.0000) | -0.0064 (0.1376) | -0.0258 *** (0.0004) | 0.0260 ** (0.0265) | 0.0272 ** (0.0225) |
| *SSR* | 0.1153 *** (0.0000) | 0.1278 *** (0.0000) | 0.0050 (0.3895) | 0.0470 *** (0.0000) | 0.0437 ** (0.0111) | 0.0408 ** (0.0194) |

续表

| 变量 | 方法 A | | 方法 B | | 方法 C | |
| --- | --- | --- | --- | --- | --- | --- |
| | M4 - 7 | M4 - 8 | M4 - 9 | M4 - 10 | M4 - 11 | M4 - 12 |
| *OPE* | 0.0179<br>(0.5107) | 0.0693 ***<br>(0.0041) | - 0.2203 ***<br>(0.0000) | 0.0313 ***<br>(0.0044) | 0.0663 ***<br>(0.0002) | 0.0685 ***<br>(0.0001) |
| *GOV* | 0.3148 ***<br>(0.0000) | | 1.6109 ***<br>(0.0000) | | 0.0983 ***<br>(0.0000) | |
| *OPE × GOV* | 0.1673 ***<br>(0.0000) | | | - 0.1562 ***<br>(0.0000) | 0.0648 ***<br>(0.0000) | |
| *MAR* | | 0.0377<br>(0.1446) | - 0.0342 ***<br>(0.0000) | 0.2543 ***<br>(0.0000) | | - 0.0266<br>(0.2485) |
| *OPE × MAR* | | 0.1490 ***<br>(0.0000) | 0.1021 ***<br>(0.0000) | | | 0.0682 ***<br>(0.0007) |
| *RRD* （ -1） | | | | 0.2300 ***<br>(0.0000) | | |
| 个体效应 | 控制 | 控制 | 控制 | 控制 | 控制 | 控制 |
| 时点效应 | 控制 | 控制 | 控制 | 控制 | 控制 | 控制 |
| 样本数 | 12461 | 12461 | 9828 | 9828 | 7651 | 7651 |
| $R^2$ | 0.3134 | 0.3112 | 0.7901 | 0.4220 | 0.8508 | 0.8468 |
| 调整 $R^2$ | 0.1662 | 0.1636 | 0.7370 | 0.2759 | 0.8070 | 0.8018 |
| DW 值 | 2.0067 | 2.0057 | | | 2.0634 | 2.0664 |
| F 统计量 | 2.1296 *** | 2.1083 *** | 2683.7560 *** | 520.6822 *** | 19.3805 *** | 18.7833 *** |

注：＊、＊＊、＊＊＊分别表示在10%、5%、1%的水平上显著，括号内的值为显著性概率 *P* 值。

## 4.4　结论与讨论

本章以2009～2019年沪深 A 股制造业企业的相关数据，构建个体与时点双固定效应非平衡面板模型，探讨了开放式创新对企业创新投入的影响，并分析了政府补助和市场竞争对开放式创新与研发投入之间关系的调节作用。研究结果如下所述。

首先，企业实施开放式创新能够显著提高企业创新投入。开放式创新的参与主体多元化，包括竞争对手、上下游企业、消费者、高校及科研院所等众多外部组织。企业可根据自身需求与多元化主体进行合作，参与资源交换与价值共创，有利于企业发现和获取外部创新知识与资源。例如，与竞争对手合作可以获取互补性资源，既可以降低研发成本，又可以减少研发失败的概率；与上下游企业及消费者合作与交流有利于准确识别市场机会，产生新创意，及时开发新产品满足市场需求，提高客户满意度；与高校及科研院所等拥有先进技术知识单位合作创新有利于新知识和新技术的发现与应用，有利于企业尖端科技领域战略目标的实现。因此，开放式创新有助于企业获得更加多元化的创新资源、新创意、新知识与新技术，加快内外部资源整合应用，增加了研发成果产出与商业化的可能性，从而可以有效提高企业创新投入的积极性。

其次，外部利益相关者的政府补助在开放式创新与企业创新投入之间有显著的调节作用。企业获得政府补助后，既在一定程度上缓解研发投入的资金压力，也会传递出积极的信号，使高校、科研机构和其他组织更加愿意与获得政府补助的企业进行"开放、共享和平等"的开放式创新，从而增加合作研发力度，提高合作成效。企业获得政府补助额度越高，来自其他组织的外部创新资源也会更多，企业创新投入与产出成果就会越高，开放式创新对企业创新投入的正向作用更强。

最后，外部治理机制中的市场竞争在开放式创新与企业创新投入之间也有显著的调节作用。面对行业中激烈的市场竞争，企业为了生存和保持竞争优势，不仅需要加强自身研发力度和知识产权保护，更需要加强行业内企业之间的相互合作，寻求与外部资源拥有者进行优势资源整合以开拓新市场，形成协同效应。当企业所处的市场竞争程度高时，更能促进企业与上下游组织间的创新学习和优势资源整合，通过不断提高研发投入来打破竞争困境，从而树立起竞争优势和市场地位。即市场竞争越激烈，开放式创新对企业研发水平的正向作用就越更强。

# 第5章 双重环境规制、开放式创新与制造企业创新投入

  随着环境保护的呼声在政府和公众之间越发高涨，我国政府出台了一系列污染控制、节能减排等政策规范制造企业生产活动，并鼓励制造企业通过技术创新解决环境保护与治理问题。技术创新能够实现经济发展与环境保护的双赢，政府强制性环境规制可为制造企业技术创新提供一定的引导作用和潜在激励。同时，随着公众环保意识的增强，公众规范性环境规制会对企业名誉维护以及产品销售造成一定压力，影响制造企业的技术创新。因此，面对来自政府和公众的双重环境规制，制造企业会顺应政府和公众的环境规制以获得合法性吗？会积极实施技术创新以实现经济和环境的绩效"双赢"吗？又或是不顾环境规制只追求短期经济绩效呢，还是在兼顾环境规制的基础上实现经济高质量长期发展呢？同时，响应政府和公众环境规制后，制造企业如何有效利用内外部资源进行技术创新，如何把握与外部创新主体之间的开放深度与广度？创新开放度（深度与广度）对双重环境规制（政府与公众）与制造企业创新投入之间的影响关系产生怎样的增强与缓和作用？为了解决上述问题，在绿色经济发展以及"中国制造2025"的战略背景下，本章以2011~2017年中国沪深A股制造业上市公司为研究样本，从理论和实证角度深入分析政府和公众的双重环境规制对制造企业创新投入的影响，并进一步探讨开放深度与广度对双重环境规制与制造企业创新投入的调节效应。

# 5.1　研究假设

## 5.1.1　强制性环境规制对企业创新投入的影响

　　制度理论强调了社会公众支持对组织生存与发展的重要性，认为组织除了需要必要的知识、技术等资源之外，还应该取得社会公众的支持，因为这是企业获取合法性的重要基础（Suchman，1995；彭小宝，2018）。本书将环境规制看作一种制度压力，并将这种制度压力划分为强制性环境规制压力以及规范性环境规制压力。强制性环境规制是政府部门制定严格的环境法律法规，并通过有效的监督机制和惩罚措施迫使企业满足环境规制要求。根据制度理论，政府强制性环境规制一般会通过三种形式影响企业的创新投入。

　　第一，根据制度理论，政府权力的强制性决定了强制性环境规制的不可违抗性，一旦违背政府所制定的法律法规，即便企业的生存短期内不会受到影响，企业也需要为此付出高昂的代价（曹春辉，2013）。这种代价不仅体现在经济罚款所产生的额外成本，企业的社会形象、与政府之间的关系更会因此受到影响。严格的政府环境规制使企业面临大量环境治理成本以及违规成本，对企业形成压力，迫使企业通过技术创新以及合作创新来降低成本，以实现经济效应最大化（张倩，2016；卞晨、初钊鹏、孙正林，2021），强制性环境规制是企业采取创新行为的主要动力，因为企业会因害怕遭到政府监督、警告和处罚给企业带来不利的影响（徐建中、孙颖，2020；谢乔听，2021）。当政府加强法律法规监督，以强制手段严格控制污染物排放，同时实施行政和刑事处罚时，企业将更有动力进行环保创新，以避免政治和经济成本（Menguc et al.，2010；Rennings & Rammer，2011）。由于违反政府制定的相关环保规定，企业会遭受严厉的处罚，导致企业会通过积极地实施创新来避免法律制裁和降低政治风险（徐建中等，2017）。第二，企业与政府在长期的互动过程中，形成了政府对企业的身份认可，而企业顺从政府对技术创新改造要求可以获得政府对企业的"身份奖励"（Akerlof & Kranton，

2000、2005；Anteby，2008），表现为政府赋予企业规制合法性，帮助企业在面对财务困境时，仍然能够获得政府有形或无形的资源。政府有承认或否定组织存在的权利（Berrone et al.，2013）。企业在面对政府环保导向压力时，会通过创新做出积极的响应，以维持或提高企业的规制合法性（彭雪蓉等，2015）。第三，政府除了制定政策对企业形成强制性环境规制以外，还通过一些物质资源奖励来确保政策的执行，包括政府补贴、税收优惠等（Zhang et al.，2011）。企业遵从政府的规制可以维持与政府资助的联系，政府税收优惠（污染税等）不仅能够促进企业末端治理，还能够驱动企业进行清洁生产方面的创新（Frondel et al.，2008）。政府专项基金和税收优惠政策能够给企业带来很多资源，降低企业研发成本和风险，能够激励中小企业进行技术创新（Zeng et al.，2008；江静，2011）。政府补贴能够激励污染企业采用清洁技术以及进行创新研发来治理环境（Stranlund，1997；Barde & Honkatukia，2005）。另外，政府的这种物质资源的奖励还会向外部释放利好信号，帮助企业贴上被政府认可的标签，使企业有机会获得其他渠道的支持。高艳慧等（2012）、刘相锋等（2019）通过实证研究发现，政府补贴不仅能够给企业补充资金带来直接的现金收益，还能够获得外部资金支持，从而有利于缓解企业融资约束问题。因此，在政府强制性环境规制压力的作用下，企业为了避免惩罚、获得合法性和政府资源，更倾向于加大创新投入，致力于通过技术改造改善环境污染情况从而顺从政府环境规制的要求。基于此，提出以下假设。

假设 5 - 1a：强制性环境规制对企业创新投入具有显著的正向作用。

### 5.1.2  规范性环境规制与企业创新投入的影响

规范性环境规制指的是公众环保团体对企业的另一种形式的压力（Berrone et al.，2013；Chen et al.，2018），在这种压力的作用下，形成了企业应当进行创新的社会集体性期待。与强制性环境规制相比，主要通过社会公众规范的软约束力量施加影响（Zhu，2016），这种影响主要基于道德标准和社会规范（Qian，2008；Krell et al.，2016），道德标准主要表示普遍接受和期待的观点，而社会规范表达了组织行动必须遵守的条件和规矩（沈奇泰松，2010）。具体来说，这些规范元素主要源于消费者、供应商等市场角色或者环境保护组织等非政府组织。

第一，规范性环境规制并非来自政府的强制实施，而是源于客户、供应商、投资商、网络媒体等公众的环保意识（Delgado-Ceballos et al.，2012）。这些外部主体都是企业的利益相关者，对企业来说至关重要。投资者、客户、社区居民和公众等利益相关者经常根据对企业环境实践的认识来评估企业的合法性（Bansal & Clelland，2004；阮敏、肖风，2021），因此在外部利益相关者规范性环境规制作用下，企业倾向于通过技术改造满足利益相关者的环境要求从而获得公众认可的规制合法性，否则企业就会遭到排斥。道林等（Dowling et al.，1975）认为，如果企业目标和行为被集体意志反对，那么企业就会被社会群体所排斥，从而失去合法性。普费弗（Pfeffer，2003）指出，企业对外部压力源越是依赖，企业就越倾向于采取顺从策略应对外部规范性压力。外部规范性压力可以激励组织实施环保实践以获得社会合法性认可，而外部规范性环境规制会引致更高层次"合法性"水平从而促进企业积极采取创新行为（Zhu & Geng，2013）。第二，客户需求作为一种核心的规范性环境规制，是企业创新的重要驱动力（Babiak & Trendafilova，2011；杨建华等，2012）。随着社会环境意识的增强，消费者对绿色环保产品的偏好越来越大。消费者对环境保护的需求是企业创新最直接的动力之一（Liao，2017）。随着中国消费者水平和环保意识的不断增强，人民消费需求逐渐向环境友好型产品转型，其对企业产品环保的要求更高（Zhu，2013；彭雪蓉等，2015）。企业通过创新提供性价比高的绿色（低能耗、低污染、健康）产品满足客户的需求时，可以获得客户身份认同。刘易斯和哈维（Lewis & Harve，2001）认为，消费者与供应商等合作伙伴主要对企业构成压力，并通过研究发现企业开展创新活动能够在实现他们绿色产品偏好的同时提高企业与他们之间的关系强度，有助于企业的生存与发展。因此，客户对企业环保行为的高要求能够促进企业增加创新投入，以期获得客户对企业环保道德合法性及产品实用合法性的认可（彭雪蓉等，2015；徐建中等，2017）。而以负面环境报道为指标衡量的媒体关注，也可以帮助公众加强对企业合法性的认识与判断，进而推动高污染企业进行技术升级（赵莉、张玲，2020；张玉明、邢超、张瑜，2021）。但也有少数学者认为，在互联网时代下，以网络形式表现的关注度并不能实质上提高企业创新投入（邓向荣、冯学良、李仲武，2020）。一些研究也指出，只有适度的媒体关注才可以更好地激励企业创新（秦颖、孙慧，2020）。基于此，提出以下假设。

假设5－1b：规范性环境规制对企业创新投入具有显著的正向作用。

### 5.1.3　创新开放广度的调节作用

随着公众环保意识的加强，政府和公众对企业施加的环境规制压力越来越强，企业为了获得组织合法性，被迫要通过创新的方式对产品、工艺、流程进行更新改造来防治企业污染。与一般创新比较，环境规制要求下的创新更为复杂，通常需要更多知识、技术等资源投资，使企业面临更高的风险和不确定性（Delmasand & Toffel，2008；Liao，2016）。单靠企业内部资源和能力很难应对外部环境规制压力，因此创新资源的获取和创新能力的提高是企业亟待解决的问题。开放式创新理论认为，企业可以调整与外部环境的交流程度，通过对内外部创新资源的整合和配置以达到缩短企业创新周期，从而提高企业创新效率的效果（Chesbrough，2003）。即企业可以通过控制与合作伙伴合作的范围、合作的深度等来调整自己的开放度以取得不同的合作效果（赵飞跃，2016）。

创新开放广度是指企业开放式创新实践中与之合作的外部创新主体的数量，包括用户、供应商、大学、科研机构、政府部门、中介机构以及竞争对手等（高俊光等，2017）。创新开放广度越大，企业的外部创新源越多。根据开放式创新理论，创新开放广度可以通过以下三条路径影响环境规制与企业创新投入之间的关系。第一，企业可以通过扩大创新开放广度获得外部大量的企业不具备的、互补性资源（如知识、技术、资金等），拓宽企业的资源基础（Gallie，2010；Yao et al.，2013），从而有利于企业进行内外资源的整合，通过创新的形式应对外部环境规制压力。企业加大创新开放度增加了与外界主体交流和合作的机会，可以减少信息不对称的现象，给企业提供更多的融资渠道从而缓解企业的融资约束，带来充足的创新资金（Chiao，2002；李树斌等，2017）。第二，企业创新开放广度的增加有利于企业与不同领域的组织合作引发协同效应。不同领域知识的整合可以推动企业技术突破，加快创新的速度（Das & Teng，2000；何俞冰等，2010；阳银娟等，2015）。第三，在外部环境规制压力的作用下，企业扩大创新开放度能够与外部企业共担风险和成本，缩短创新周期，降低创新风险（Teece & Pisano，1997；王丽平等，2016），进而提高企业的创新动力和积极性。有学者进一步发现，尤其是节能环保企业对开放式创新具有更强的依赖性，但开放式创新的促进作用必须建立在企业自身创新投入的基础上（尚勇敏、周冯琦、林兰，2021）。

综上，环境规制下的创新面临着资本投资高、投资周期长以及财务不明确的风险，而企业扩大创新开放广度能够丰富企业资源、加快企业创新速度，降低企业创新风险。在高创新开放广度下，企业能够接触更多不同领域的新思想、新资源，而且还能够与外部更多不同领域的组织引发协同效应（赵飞跃，2016）。因此，企业更倾向于通过开放式创新来顺从外部制度压力。而在低创新开放广度下，企业知识来源单一，创新模式简单（张炜、赵娟、童欣欣，2015），面对外部严格的环境规制压力企业进行创新的意愿就会相对较低。所以，创新开放广度越大，强制性环境规制以及规范性环境规制对企业创新投入的正向作用越强。基于此，提出以下假设。

假设 5 - 2a：创新开放广度调节强制性环境规制与企业创新投入之间的关系。创新开放广度越大，强制性环境规制对企业创新投入的正向作用越强。

假设 5 - 2b：创新开放广度调节规范性环境规制与企业创新投入之间的关系。创新开放深度越大，规范性环境规制对企业创新投入的正向作用越强。

### 5.1.4 创新开放深度的调节作用

研究企业与外部创新主体开放合作不仅要考虑外部创新主体的多样化，

还需要分析企业与不同创新主体的合作深度。创新开放深度是企业开放式创新实践中与外部创新主体进行创新合作的紧密程度（郭蔚，2016）。开放式创新深度越深，意味着企业与外部创新主体的关系越密切。首先，这种密切交流和合作有利于合作双方形成信任关系。马艳艳等（2014）认为，在双方积极参与合作的前提下，合作双方进一步了解对方价值观有助于增进双方信任关系；双方内部研发人员相互间的沟通交流也能够促进双方信任关系的提升。一方面，这种信任关系能够降低与外部创新主体之间信息不对称的情况，从而降低机会主义风险，保障了技术知识转移的效率和可靠性（王建等，2015）。另一方面，这种信任关系保证了企业外部技术知识来源的可靠性和稳定性（Classen et al.，2012）。其次，企业与外部创新主体间的关系越密切，越有利于企业深层次接触、学习以及汲取外部显性或隐性知识（Lim，2004）。对任何企业来说，识别、获取和利用外部知识是企业创新活动的关键环节，特别是隐性知识关系到一个企业的核心技术（Chesbrough et al.，2006）。最后，企业与外部创新主体间的网络关系越密切，越有利于实现组织内部和外部学习的融合与转化，这可以减少企业自身在研发活动中的时间投入，提高研发效率，加快新技术和新产品创新的速度。企业与外部网络主体之间形成的强关系有助于企业与外部网络主体之间共享信息、知识和技术等资源，促进企业内外部资源的有效整合（Uzzi，1997；Phelps et al.，2009）。

综上所述，高创新开放深度有利于企业利用深厚的合作基础及信任程度，使企业吸取更多、更有利于自身发展的创新知识，加强优势互补，加快知识的整合吸收。因此，在外部环境规制的压力下，企业更倾向于选择创新来缓解污染情况。而在低创新开放深度下，企业很难获得充足的外部资源，面对外部严格的环境规制压力企业进行创新的意愿就会相对较低。所以，创新开放式深度越大，强制性环境规制以及规范性环境规制对企业创新投入的正向作用越强。基于此提出以下假设。

假设 5 - 3a：创新开放深度调节强制性环境规制与企业创新投入之间的关系。创新开放深度越大，强制性环境规制对企业创新投入的正向作用越强。

假设 5 - 3b：创新开放深度调节规范性环境规制与企业创新投入之间的关系。创新开放深度越大，规范性环境规制对企业创新投入的正向作用越强。

根据以上路径分析，本节将涉及 6 条研究假设，见表 5 - 1。

表 5 - 1    研究假设汇总

| 作用路径 | 假设内容 |
|---|---|
| 环境规制→创新投入 | 假设 5 - 1a：强制性环境规制对企业创新投入具有显著的正向作用 |
| | 假设 5 - 1b：规范性环境规制对企业创新投入具有显著的正向作用 |
| 创新开放广度的调节作用 | 假设 5 - 2a：创新开放广度调节强制性环境规制与企业创新投入之间的关系。创新开放广度越大，强制性环境规制对企业创新投入的正向作用越强 |
| | 假设 5 - 2b：创新开放广度调节规范性环境规制与企业创新投入之间的关系。创新开放深度越大，规范性环境规制对企业创新投入的正向作用越强 |
| 创新开放深度的调节作用 | 假设 5 - 3a：创新开放深度调节强制性环境规制与企业创新投入之间的关系。创新开放深度越大，强制性环境规制对企业创新投入的正向作用越强 |
| | 假设 5 - 3b：创新开放深度调节规范性环境规制与企业创新投入之间的关系。创新开放深度越大，规范性环境规制对企业创新投入的正向作用越强 |

根据以上路径分析和研究假设，可以看出本节主要研究双重环境规制压力（强制性环境规制与规范性环境规制）与企业创新投入之间的关系，以及验证创新开放度（创新开放广度与创新开放深度）是否在双重环境规制压力与企业创新投入之间起到调节作用，可以构建开放式创新、环境规制以及创新投入之间的概念模型，如图 5 - 1 所示。

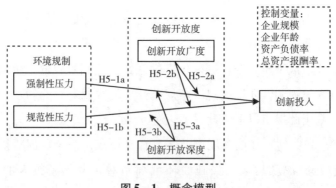

图 5 - 1    概念模型

## 5.2　研　究　设　计

### 5.2.1　样本选取及数据来源

本节以 2011～2017 年中国沪深 A 股上市的制造业公司为研究样本。有关调节变量创新开放度的数据主要通过佰腾网专利检索系统手动搜索整理获得，得到研究范围内的每个制造企业每年的专利申请数、联合申请专利数以及联合专利申请人数量情况。研发投入以及控制变量企业规模和年龄、企业资产负债率、企业总资产报酬率的相关数据主要来源于国泰安 CSMAR 和中国研究数据服务平台 CNRDS，对于一些缺失的数据，通过对企业年报手工进行收集整理获得。自变量强制性环境规制压力的测量——环保投入，主要披露在"社会责任报告"中。规范性环境规制压力的数据直接从百度指数网站中获取某个省份公众对环境污染的关注度。此外，将省级数据转换为企业微观数据时，可以从《中国工业统计年鉴》中获得各省份每年的工业总产值。

本节所有数据均采用 Excel 以及 Stata 统计软件进行分析。样本具体筛选过程如下：（1）按照中国证监会 2012 年发布的《上市公司行业分类指引》将制造业分为 C31～C43 等 31 个大类作为基本样本；（2）剔除 2011 年后上市的公司；（3）剔除 B 股和财务状况存在异常（*ST、ST）的公司；（4）剔除研发费用以及环保支出数据严重不全、缺失或明显存在异常的公司；（5）剔除七年内没有联合申请专利的公司。

根据以上标准，本节最终共筛选出我国沪深 A 股制造业上市公司 2011～2017 年 104 家符合条件的企业，一共有 728 个观测值。

### 5.2.2　变量选取及指标说明

（1）因变量。借鉴已有的研究成果，以创新投入来测量企业创新情况。

创新投入即 R&D 投入，包括资金、人员等各种资源的投入（Cornaggia et al.，2015；余桂明等，2017）。国内外一般采用研发费用支出作为研发投入的测量标准。一是直接用研发费用的绝对值测量；二是企业研发支出与营业收入的比值（谢乔昕，2016）；三是企业研发投入与全职员工总数的比值（Balsmeier，2017）；四是企业研发支出与销售额的比值（Hung & Chou，2013）；五是企业研发支出的自然对数。所选样本企业为制造业，由于企业规模、运营水平等的不同，研发费用的绝对值无法体现研发投入的具体情况，不具有可比性，采用相对值研究更具有价值。因此，采用企业年报披露的研发费用与企业营业收入的占比来测量企业创新投入强度。

（2）自变量。首先是强制性环境规制，现有文献主要从环境规制政策角度、费用支出、污染物排放，以及综合指标角度衡量强制性环境规制压力：一是环境规制政策角度，王书斌等（2015）用地方颁布的环境行政规章数来衡量强制性环境规制压力。二是费用支出角度，张成等（2011）以行业或企业污染治理成本占行业或企业总产值的比值来测算强制性环境规制压力；马艳艳等（2018）用排污费用与主营业务成本的比值衡量。三是污染物排放角度，姚大庆（2015）以不同污染物排放量与行业产值的比值衡量强制性环境规制压力。四是综合指标角度，国内傅京燕等（2010）采用综合指数法构建强制性环境规制压力指标，用一个目标层和各污染物排放达标率形成的三个评价层来综合衡量。而国外最广泛受用的综合评价指标主要有 CF 指数、FREE 指数和 LCV 指数。由于本节从微观角度探索创新开放度对强制性环境规制压力与企业创新投入之间的调节作用，并考虑到企业数据的可得性，从费用投入角度采用环保投入来测量强制性环境规制压力（颉茂华等，2014），企业环保投入越高，企业受到的强制性环境规制压力越高。其次是规范性环境规制，目前国内外研究关于规范性环境规制压力的测量方式主要有以下四种：一是公民对污染和环境相关问题的投诉信数量（环境信访投诉举报量）（Langpap & Shimshack，2010；Ramakrishnan et al.，2019）；二是新闻媒体对于环境污染的报道量（Kathuria，2007）；三是社会以及环保团体的舆论压力（公众关注度等）（Kahn & Kotchen，2011；徐圆，2014）；四是选择一些社会经济特征作为替代指标，比如受教育程度（Goldar & Banerjee，2004）、人均收入水平（Antweiler et al.，2001）等。鉴于本节从微观层面考察规范性环境规制压力对开放式创新对企业创新投入的调节作用，同时考虑到数据的可获得性，采用通过互联网测度的公众关注度来测量规范性环境规制压力（Kahn & Kotchen，2011；徐圆，2014）。公众关注度的重点是百度指数，而百度指数是利用在百度网页搜索获得的某个关键词在某个地区某个时段的用户关注量反映公众对社会现实问题的关注度。基于此，本节将"环境污染"作为关键词，在百度指数网站搜索栏中进行搜索，可以得到各个地区公众对污染的关注程度。由于本节研究的是企业微观层面的数据，因此，借鉴科尔等（Cole et al.，2013）和蒋樟生等（2021）的方式，利用 $ERN_{i,t} = \sum (S_{i,r,t} \times ERNT_{r,t})$ 公式测度公众对某企业的环境关注度。其中 $i$，$r$，$t$ 分别表示企业、地区和年份，$S_{i,r,t}$ 表示 $t$ 年在地区 $r$ 中 $i$ 企业占工业总产值的比值，$ERNT_{r,t}$ 表示 $t$ 年地区 $r$ 的公众关注度，即"环境污染"的百度指数值。公众对污染的关注程度越高，则企业受到的规范性环境规制压力越大。

（3）调节变量。首先是创新开放广度，有学者用企业与外部创新要素（包括供应商、顾客、竞争企业等）在创新活动过程中进行合作的种类数来测量创新开放广度（Laursen & Salter，2006）；也有学者采用企业与之合作的其他主体数目表示创新开放广度（何郁冰等，2010）；还有学者采取了二分取值法，认为在创新活动过程中，如果一个企业与外部某个创新要素发生联系，那么这个创新要素就赋值为 1，否则为 0，所有外部创新要素取值加总即为创新开放广度的值（Lee & Park，2010）。考虑到数据的可得性，借鉴马艳艳等（2014）的研究，采用企业联合申请专利的合作伙伴的数量表示企业开放广度，合作伙伴数量越多，开放广度越大。其次是创新开放深度，对于创新开放深度的测量，学者们采用了不同的方法。最早采用被重复引用专利数占总体被引用专利数的比例来衡量创新开放深度（Katila & Ahuja，2002）。后来，用企业与外部创新主体在创新过程中沟通的频数衡量开放深度（Laursen & Salter，2006）。国内陈钰芬和陈劲（2008）也借鉴这种衡量方式，但是具体采用的是 Likert 七级量表来测量。本节考虑到数据的可得性，借鉴马艳艳等（2014）的研究，采用企业与合作伙伴联合申请专利的平均次数表示企业创新开放深度，平均联合申请次数越多，企业开放深度越大。

（4）控制变量。参照同类主题文献，本节选择企业属性、财务属性两大类的四个细分指标作为控制变量。①企业规模 $ENS$，一些学者认为规模较大的企业会获取较多的政府补贴从而激励企业加大研发投入，会对企业的创新绩效产生影响。还有学者认为，规模较大的企业会拥有较多的物质及人力资源，可以更好地进行新产品的开发，更便于应对外部环境的不确定性。本节采用企业在职员工人数的对数来衡量企业规模。②企业年龄 $ENY$，企业年龄对于企业创新的影响主要有两种不同的说法：一是企业年龄越大，企业的经营经验越多，应对能力和竞争力越强，更愿意投入研发资金；二是企业年龄越大，企业可能存在组织结构僵化、生产模式落后的问题，不利于加大研发投入进行创新。综上，企业年龄对企业创新具有不确定性（闫志俊等，2017）。本节采用企业成立年限的对数来衡量企业年龄。③企业资产负债率 $DAR$，企业资产负债率是企业总负债与总资产的比率。学者们对企业的资产负债率持有两个方面的观点：一是该值越大，说明企业面临的债务压力越大，使用资金的局限性越明显，这可能直接对企业研发创新投入的强度造成影响。二是该值越大，说明企业有较高的融资能力，这可以大幅度降低企业的研发成本。④企业总资产报酬率 $ROA$，是企业一定时期内获得的报酬总额与资产平均总额的比率。企业的投资报酬是指支付利息和缴纳所得税之前的利润之和。总资产报酬率是企业所有资产的整体盈利能力，包括净资产和净负债，是衡量企业资产运营效率的关键指标，用来评估一个企业运营所有资产的整体盈利能力。该值越高，说明企业投入产出的水平越高，企业的资产运营越有效。相关变量定义及指标说明见表 5 - 2。

| 表 5 - 2 | | 变量定义及指标说明 | |
|---|---|---|---|
| 变量类型 | 变量描述 | 观测变量 | 指标说明 |
| 因变量 | 创新投入 | 研发费用占比 RRD | 研发费用占营业收入的比重 |
| 自变量 | 环境规制 | 强制性环境规制 ERC | 环保投入 |
| | | 规范性环境规制 ERN | 公众关注度（百度指数） |
| 调节变量 | 创新开放度 | 创新开放广度 OIB | 企业联合申请专利的合作伙伴的数量 |
| | | 创新开放深度 OID | 企业与合作伙伴联合申请专利的平均次数 |
| 控制变量 | 企业属性 | 企业规模 ENS | 企业在职员工人数的对数 |
| | | 企业年龄 ENY | 企业成立年限的对数 |
| | 财务属性 | 资产负债率 DAR | 企业负债总额与资产总计的比率 |
| | | 总资产报酬率 ROA | 企业税前利润与平均资产总额的比率 |

### 5.2.3 描述性统计及相关性分析

表 5 - 3 列出了因变量、自变量和调节变量的平均值、标准差、最小值和最大值等描述性统计特征结果。创新投入的平均值、标准差、最小值和最大值分别为 2.992、1.917、0.013、13.180，可以看出创新投入存在平稳的增长。强制性环境规制压力的平均值、标准差、最小值和最大值分别为 0.142、0.246、0.000、1.791，说明样本企业受到强制性环境规制压力波动较小。作为开放式创新广度的衡量指标企业联合申请专利的合作伙伴的数量的最大值为 6.667，最小值为 0，标准差为 1.043，说明不同企业的创新开放广度不同，但波动性不大。作为开放式创新深度的衡量指标企业与合作伙伴联合申请专利的平均次数的最小值为 0，最大值为 30，标准差为 3.990，说明不同企业的创新开放深度不同，相对于开放式创新广度来说波动性较大。资产总报酬率的平均值、标准差、最小值和最大值分别为 5.505、6.342、-32.280、45.760，说明资产总报酬率在制造业上市公司间的差异较大。

表 5 – 3 各变量的描述性统计

| 变量 | 观测值 | 平均值 | 标准差 | 最小值 | 最大值 |
|---|---|---|---|---|---|
| RRD | 728 | 2.992 | 1.917 | 0.013 | 13.180 |
| ERC | 728 | 0.142 | 0.246 | 0.000 | 1.791 |
| ERN | 728 | 0.697 | 1.650 | 0.003 | 14.140 |
| OIB | 728 | 0.822 | 1.043 | 0.000 | 6.667 |
| OID | 728 | 2.256 | 3.990 | 0.000 | 30.000 |
| ENS | 728 | 8.404 | 1.171 | 5.561 | 11.530 |
| ENY | 728 | 2.768 | 0.294 | 1.386 | 3.555 |
| DAR | 728 | 48.544 | 20.742 | 1.530 | 98.200 |
| ROA | 728 | 5.505 | 6.342 | -32.280 | 45.760 |

表 5 – 4 列出了各变量之间的相关性分析情况。从表 5 – 4 中可以看出，强制性环境规制压力、规范性环境规制压力、企业规模、企业年龄以及资产负债率与企业创新投入之间的系数显著为负，说明制造业企业强制性环境规制压力、规范性环境规制压力、企业规模、企业年龄以及资产负债率对企业创新投入可能有显著的负向影响。创新开放深度与企业创新投入之间的相关系数显著为正，说明创新开放深度的增加可能会促进企业创新投入的增加。但是相关性分析并不能代表变量之间统计学上的因果关系，要想研究变量间的实际关系，还需要进一步的实证研究。

表 5 – 4 变量的相关性分析

| 变量 | RRD | ERC | ERN | OIB | OID | ENS | ENY | DAR | ROA |
|---|---|---|---|---|---|---|---|---|---|
| RRD | 1.000 | | | | | | | | |
| ERC | -0.123*** | 1.000 | | | | | | | |
| ERN | -0.319*** | 0.375*** | 1.000 | | | | | | |
| OIB | 0.007 | 0.201*** | 0.155*** | 1.000 | | | | | |
| OID | 0.122*** | 0.015 | 0.025 | 0.342*** | 1.000 | | | | |
| ENS | -0.412*** | 0.457*** | 0.554*** | 0.181*** | 0.134*** | 1.000 | | | |
| ENY | -0.139*** | 0.206*** | 0.047 | -0.015 | -0.114*** | 0.222*** | 1.000 | | |
| DAR | -0.479*** | 0.240*** | 0.287*** | 0.119*** | -0.006 | 0.532*** | 0.332*** | 1.000 | |
| ROA | 0.023 | 0.121*** | 0.031 | -0.008 | -0.019 | -0.029 | -0.105*** | -0.381*** | 1.000 |

注：*** 表示在 1% 的水平上显著。

## 5.2.4 基本检验与模型选择

一般来说，为了确保估计结果的有效性，在回归前需要检验数据的平稳性。而检验数据平稳性最常用的办法就是单位根检验。单位根检验是为了检验各截面序列中是否存在单位根，若不存在单位根，则序列平稳，可以建立面板数据模型分析；若存在单位根，则序列不平稳，那么就要先建立各截面序列的一阶差分序列再检验是否平稳，如果仍然存在单位根，那么就继续进行二阶甚至高阶差分后检验，直到序列平稳为止。另外，面板数据的单位根检验总共有六种，分别为 LLC 检验、Breitung 检验、Hadri 检验、IPS 检验、ADF-Fisher 检验以及 PP-Fisher 检验。其中，除 Hadri 检验之外，其他检验的原假设为"各截面序列具有一个相同的单位根"。有时，为了方便，只采用 LLC 检验和 ADF-Fisher 检验两种检验方法，如果两种检验都拒绝原假设，那么说明该序列是平稳的；若只能拒绝其中一个原假设或者两个原假设都不能拒绝，则说明该序列不平稳。本节采用 LLC 检验、ADF-Fisher 检验两种方法对截面序列进行单位根检验，检验结果见表 5 – 5。从表 5 – 5 中可以看出，LLC 和 ADF-Fisher 两种检验的概率值都小于 0.05，因此拒绝原假设，表明序列平稳。

表 5 – 5 单位根检验

| 变量 | LLC | ADF-Fisher | 结论 |
|---|---|---|---|
| *RRD* | – 34.011 *** | 553.767 *** | *I* (0) |
| *ERC* | – 26.227 *** | 447.375 *** | *I* (0) |
| *ERN* | – 14.901 *** | 548.218 *** | *I* (0) |
| *OIB* | – 13.385 *** | 392.740 *** | *I* (0) |
| *OID* | – 7.301 *** | 394.643 *** | *I* (0) |
| *OIB* × *ERC* | – 8.368 *** | 422.216 *** | *I* (0) |
| *OID* × *ERC* | – 5.962 *** | 413.041 *** | *I* (0) |
| *OIB* × *ERN* | – 20.309 *** | 354.341 *** | *I* (0) |
| *OID* × *ERN* | – 4.147 *** | 335.762 *** | I (0) |

| 变量 | LLC | ADF-Fisher | 结论 |
|---|---|---|---|
| *ENS* | -20.309*** | 511.051*** | *I* (0) |
| *ENY* | -1.1e+02*** | 2939.572*** | *I* (0) |
| *DAR* | -14.816*** | 502.556*** | *I* (0) |
| *ROA* | -20.281*** | 581.640*** | I (0) |

注: *** 代表1%置信水平显著。

在确定数据为平稳序列的基础上,需要对数据进行协整检验。协整检验主要是判断各截面序列之间是否具有协整关系,即长期均衡关系。进行协整检验时首先建立面板回归模型,其次建立模型的残差序列,最后对回归模型的残差序列进行单位根检验(李子奈,1992)。若这些残差序列单位根检验显示是平稳的,那就说明各序列之间具有协整关系。检验结果见表5-6(表中模型 M5-1 至 M5-11 对应下文全样本实证分析中的模型)。从表5-6中可以看出,LLC 和 ADF-Fisher 两种检验的概率值都小于0.05,因此拒绝原假设,表明变量之间存在协整关系,即变量之间存在长期均衡关系。

表5-6 残差单位根检验结果

| 模型 | LLC | ADF-Fisher | 结论 |
|---|---|---|---|
| M5-1 | -17.361*** | 460.315*** | I (0) |
| M5-2 | -19.149*** | 463.476*** | I (0) |
| M5-3 | -17.418*** | 431.803*** | I (0) |
| M5-4 | -18.277*** | 448.546*** | I (0) |
| M5-5 | -14.699*** | 400.680*** | I (0) |
| M5-6 | -18.606*** | 429.708*** | I (0) |
| M5-7 | -18.088*** | 435.253*** | I (0) |
| M5-8 | -16.737*** | 448.022*** | I (0) |
| M5-9 | -16.781*** | 448.533*** | I (0) |
| M5-10 | -17.649*** | 445.650*** | I (0) |
| M5-11 | -19.899*** | 474.576*** | I (0) |

注: *** 表示在1%显著水平下拒绝残差不平稳的原假设。

面板数据模型的选择通常有三种形式：混合估计模型、固定效应模型以及随机效应模型。在确定面板数据模型的选择方法上，F 检验通常用来确定选用混合估计模型还是固定效应模型，而 Hausman 检验用来决定选用随机效应模型还是固定效应模型。F 检验以及 Hausman 检验结果见表 5 – 7。从表 5 – 7 中可以看出，在 F 检验中，F 统计量的概率值都小于 0.01，在 1% 的显著性水平下拒绝原假设，即混合估计模型是冗余、无效的，表明固定效应模型优于混合估计模型。在 Hausman 检验中，统计量的概率值都小于 0.05，在 5% 的显著性水平下拒绝原假设，表明固定效应模型优于随机效应模型。因此，应该建立固定效应模型。

表 5 – 7                 **F 检验以及 Hausman 检验结果**

| 模型 | F 统计值 | P 值 | Chi$^2$ | P 值 | 模型设定 |
|---|---|---|---|---|---|
| M5 – 1 | 17.85 | 0.0000 | 22.15 | 0.0005 | 固定模型 |
| M5 – 2 | 17.75 | 0.0000 | 25.13 | 0.0003 | 固定模型 |
| M5 – 3 | 17.38 | 0.0000 | 24.46 | 0.0004 | 固定模型 |
| M5 – 4 | 17.85 | 0.0000 | 32.79 | 0.0000 | 固定模型 |
| M5 – 5 | 17.31 | 0.0000 | 34.25 | 0.0000 | 固定模型 |
| M5 – 6 | 17.10 | 0.0000 | 26.30 | 0.0004 | 固定模型 |
| M5 – 7 | 16.80 | 0.0000 | 29.40 | 0.0006 | 固定模型 |
| M5 – 8 | 17.32 | 0.0000 | 32.89 | 0.0000 | 固定模型 |
| M5 – 9 | 17.32 | 0.0000 | 33.25 | 0.0001 | 固定模型 |
| M5 – 10 | 16.86 | 0.0000 | 24.31 | 0.0010 | 固定模型 |
| M5 – 11 | 17.12 | 0.0000 | 31.38 | 0.0003 | 固定模型 |

## 5.3 实证分析

### 5.3.1 环境规制对创新投入的实证结果及分析

表 5 – 8 报告了环境规制对企业创新投入之间的关系，包括强制性环境

规制、规范性环境规制与企业创新投入之间关系的分析结果。模型 M5 - 1 为基准模型，检验了控制变量对企业创新投入之间的关系。我们可以发现，企业规模与企业创新投入的回归系数显著为正，这说明规模越大的企业越有利于加大企业创新投入；企业资产负债率以及企业总资产报酬率两个变量对企业创新投入的回归系数显著为负，只有企业年龄的系数不显著，说明除了企业年龄以外，其他三个控制变量对企业创新投入的影响相对较大。模型 M5 - 2 在模型 M5 - 1 的基础上加入了强制性环境规制变量，检验结果显示，强制性环境规制对企业创新投入具有显著的正向影响（$Beta = 0.789$，$p < 0.01$），假设 5 - 1a 被验证。这与埃利斯特和费德里克森（Eliste & Fedriksson，2010）、颉茂华等（2014）以及余伟等（2017）的研究结论一致，这在一定程度上验证了"波特假说"。"波特假说"认为，严格且适宜的政府环境规制能够促进企业加大研发投入进行技术创新，即强制性的环境规制压力将鼓励企业通过增加研发投入来提高污染治理技术水平和改进生产工艺，以实现政府的节能减排目标要求（Hamamoto，2006）。随着政府环境规制的加强，一方面，为了获得政府认可的合法性，企业会倾向于遵循政府的环境要求，通过创新来缓解污染情况（Li et al.，2016；张希源，2017）。另一方面，环境治理成本以及违规成本的加大使企业意识到从源头治理环境污染的重要性，企业因此会倾向于选择技术创新以期从根本上解决环境规制所带来的成本增加的问题（李腾，2019）。模型 M5 - 3 在基准模型 M5 - 1 的基础上加入了规范性环境规制变量，检验结果显示，规范性环境规制与企业创新投入的回归系数为正（$Beta = 0.118$，$p > 0.1$），但是不显著。这说明规范性环境规制不能显著促进企业创新投入的增加，假设 5 - 1b 被拒绝。这与大部分研究学者（Berrone et al.，2013；Liao，2017；彭小宝等，2018）得出的结论不同，可能是因为中国企业仍处于环境规制压力持续增加的初级阶段，公众整体环保意识还难以转化为有效的公众行为，不能有效督促企业对技术和生产工艺进行更新改造。面对低强度的压力，企业自身可能更倾向于采用公关手段解决。

表 5 - 8　　　　　　　　　　环境规制与企业创新投入关系检验结果

| 变量 | M5 - 1 | M5 - 2 | M5 - 3 |
|---|---|---|---|
| ERC | | 0.789 *** <br> (0.008) | |
| ERN | | | 0.118 <br> (0.149) |
| ENS | 0.288 ** <br> (0.050) | 0.271 * <br> (0.063) | 0.293 ** <br> (0.046) |
| ENY | 0.330 <br> (0.706) | 0.353 <br> (0.686) | 0.336 <br> (0.701) |
| DAR | - 0.029 *** <br> (0.000) | - 0.028 *** <br> (0.000) | - 0.029 *** <br> (0.000) |
| ROA | - 0.031 *** <br> (0.000) | - 0.030 *** <br> (0.001) | - 0.031 *** <br> (0.000) |
| 个体效应 | 固定 | 固定 | 固定 |
| 时间效应 | 固定 | 固定 | 固定 |
| N | 728 | 728 | 728 |
| 调整 $R^2$ | 0.789 | 0.791 | 0.789 |
| F 统计量 | 25.07 | 25.16 | 24.91 |

注：*、**、*** 分别表示在 10%、5%、1% 的水平上显著，括号内的值为显著性概率 $P$ 值。

### 5.3.2　创新开放度调节作用的实证结果及分析

（1）强制性环境规制与创新投入的调节作用分析。

表 5 - 9 中的模型 M5 - 4 与模型 M5 - 5 检验了创新开放广度对强制性环境规制与企业创新投入之间关系的调节作用。在模型 M5 - 4 中，强制性环境规制的回归系数显著为正（$Beta = 0.859$，$p < 0.01$），说明强制性环境规制对企业的创新投入有显著的正向影响关系，更加验证了假设 5 - 1a。创新开放广度的回归系数显著为负（$Beta = -0.174$，$p < 0.01$），说明创新开放广度对

企业的创新投入有显著的负向影响关系。模型 M5 - 5 在模型 M5 - 4 的基础上加入了强制性环境规制与创新开放广度的交互项（$OIB \times ERC$），并且交互项系数显著为正（$Beta = 0.315$，$p < 0.05$），表明创新开放广度显著调节了强制性环境规制与企业创新投入的作用关系，并且模型 M5 - 5 的调整 $R^2$ 相比模型 M5 - 4 上升了 0.001，表明模型 M5 - 5 的解释能力更强。

表 5 - 9　　　　　　强制性环境规制与企业创新投入关系检验结果

| 变量 | M5 - 4 | M5 - 5 | M5 - 6 | M5 - 7 |
|---|---|---|---|---|
| ERC | 0.859 *** (0.004) | 0.258 (0.522) | 0.764 *** (0.010) | 0.737 ** (0.039) |
| OIB | - 0.174 *** (0.002) | - 0.230 *** (0.000) | | |
| OIB × ERC | | 0.315 ** (0.030) | | |
| OID | | | 0.029 * (0.054) | 0.028 (0.129) |
| OID × ERC | | | | 0.009 (0.893) |
| ENS | 0.293 ** (0.044) | 0.303 ** (0.037) | 0.256 * (0.080) | 0.256 * (0.080) |
| ENY | 0.224 (0.796) | 0.308 (0.721) | 0.304 (0.727) | 0.305 (0.726) |
| DAR | - 0.029 *** (0.000) | - 0.030 *** (0.000) | - 0.028 *** (0.000) | - 0.028 *** (0.000) |
| ROA | - 0.030 *** (0.000) | - 0.031 *** (0.000) | - 0.030 *** (0.001) | - 0.030 *** (0.001) |
| 个体效应 | 固定 | 固定 | 固定 | 固定 |
| 时点效应 | 固定 | 固定 . | 固定 | 固定 |
| N | 728 | 728 | 728 | 728 |
| 调整 $R^2$ | 0.794 | 0.795 | 0.792 | 0.792 |
| F 统计量 | 25.36 | 25.34 | 25.08 | 24.83 |

注：*、**、*** 分别表示在 10%、5%、1% 的水平上显著，括号内的值为显著性概率 P 值。

同时，从图 5 - 2 的调节作用检验结果可以更加清楚地看到，不管企业创新开放广度高还是低，强制性环境规制对企业创新投入的影响均为正。但是创新开放广度高的回归线斜率要比低创新开放广度的回归线斜率大，这意味着当创新开放广度越大时，每个强制性环境规制单元对企业创新投入的正向贡献越大，企业创新广度对强制性环境规制与企业创新投入之间的作用是正向的"增强调节作用"，即企业创新开放广度越大，强制性环境规制与企业创新投入之间的正向作用越强，假设 5 - 2a 得到了验证。这说明在强制性环境规制压力下，创新开放广度高的企业能够通过外部获取更多创新所需的资源（Yao et al.，2013）以及与不同领域的组织合作实现更多的协同效应和技术突破（阳银娟等，2015），导致企业更愿意通过创新来顺从政府的规制要求。

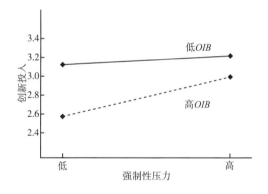

**图 5 - 2　OIB 对 ERC 与 RRD 间关系的调节作用**

表 5 - 9 中的模型 M5 - 6 与模型 M5 - 7 检验了创新开放深度对强制性环境规制与企业创新投入之间关系的调节作用。在模型 M5 - 6 中，强制性环境规制的回归系数为正（$Beta = 0.746$，$p < 0.05$），说明对我国制造业上市公司而言，企业受到的强制性环境规制有利于激励企业的创新投入，更加验证了假设 5 - 1a。模型 M5 - 7 在模型 M5 - 6 的基础上加入了强制性环境规制与创新开放深度的交互项（$OID \times ERC$），且交互项的回归系数为正（$Beta = 0.009$，$p > 0.1$），但是不显著，这表明创新开放深度对强制性环境规制与企业创新投入之间关系的调节作用不明显。

同时，从图 5 - 3 的调节作用检验结果可以更加清楚地看到，不管企业创新开放深度高还是低，开放式创新深度对企业创新投入的影响均为正，但是高创新开放深度的回归线斜率与低创新开放深度的回归线的斜率几近相同，表明创新开放深度对强制性压力与企业创新投入之间关系的调节作用不够显著，假设 5 – 3a 被拒绝。这说明创新开放深度的大小并不会引起强制性环境规制与企业创新投入之间关系的变化。出现这种结果可能是因为，相对于创新开放广度来说，创新开放深度更注重的是与个别外部创新主体关系的培养和信任机制的形成，这种方式获取资源的渠道比较单一，而且获取资源的速度较慢，很难及时给企业补充资源来应对外部政府严格的环境规制压力。

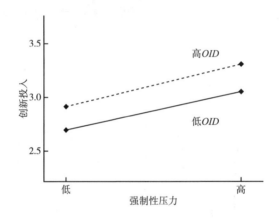

图 5 – 3   *ERN* 对 *OIB* 与 *RRD* 间关系的调节作用

（2）规范性环境规制与创新投入的调节作用分析。

表 5 – 10 中的模型 M5 – 8 与模型 M5 – 9 检验了创新开放广度对规范性环境规制与企业创新投入之间关系的调节作用。在模型 M5 – 8 中，规范性环境规制的回归系数为正（$Beta = 0.113$，$p > 0.1$），说明规范性环境规制与企业创新投入之间的正向影响关系不显著。模型 M5 – 9 在模型 M5 – 8 的基础上加入了规范性环境规制与创新开放广度的交互项（$OIB \times ERN$），回归系数显著为正（$Beta = 0.026$，$p < 0.1$），表明创新开放广度显著调节了规制性压力与企业创新投入的作用关系，并且模型 M5 – 9 的调整 $R^2$ 相比模型 M5 – 8 上升了 0.001，表明模型 M5 – 9 的解释能力更强。

表 5 - 10                         规范性环境规制与企业创新投入关系检验结果

| 变量 | M5 - 8 | M5 - 9 | M5 - 10 | M5 - 11 |
|---|---|---|---|---|
| ERN | 0. 113 (0. 167) | 0. 090 (0. 299) | 0. 108 (0. 188) | 0. 199 ** (0. 022) |
| OIB | - 0. 159 *** (0. 005) | - 0. 186 ** (0. 004) | | |
| OIB × ERN | | 0. 026 * (0. 076) | | |
| OID | | | 0. 030 * (0. 051) | 0. 051 (0. 122) |
| OID × ERN | | | | 0. 034 (0. 295) |
| ENS | 0. 315 ** (0. 031) | 0. 326 ** (0. 026) | 0. 276 * (0. 060) | 0. 287 ** (0. 049) |
| ENY | 0. 216 (0. 804) | 0. 215 (0. 805) | 0. 286 (0. 743) | 0. 233 (0. 789) |
| DAR | - 0. 030 *** (0. 000) | - 0. 030 *** (0. 000) | - 0. 030 *** (0. 000) | - 0. 030 *** (0. 000) |
| ROA | - 0. 032 *** (0. 000) | - 0. 031 *** (0. 000) | - 0. 031 *** (0. 000) | - 0. 030 *** (0. 000) |
| 个体效应 | 固定 | 固定 | 固定 | 固定 |
| 时点效应 | 固定 | 固定 | 固定 | 固定 |
| N | 728 | 728 | 728 | 728 |
| 调整 $R^2$ | 0. 792 | 0. 793 | 0. 790 | 0. 790 |
| F 统计量 | 25. 04 | 25. 06 | 24. 84 | 24. 82 |

注: * 、 ** 、 *** 分别表示在10% 、5% 、1% 的水平上显著, 括号内的值为显著性概率 P 值。

同时, 从图 5 - 4 的调节作用检验结果可以大概看到, 不管企业受到的创新开放广度高还是低, 规范性环境规制对企业创新投入的影响均为正, 但是创新开放广度高的回归线斜率要比创新开放广度低的回归线斜率更大, 这意味着当创新开放广度越大时, 每个强制性环境规制单元对企业创新投

入的正向贡献越大，企业创新广度对规范性环境规制与企业创新投入之间
的作用是正向的"增强调节作用"，假设 5 – 2b 被验证。即在规范性环境
规制作用下，创新开放广度高的企业能够通过外部获取更多的创新所需的
资源（Yao et al.，2013）以及与不同领域的组织合作实现更多的协同效应
和技术突破（阳银娟等，2015），导致企业更愿意通过创新来顺从大众的
环境要求。

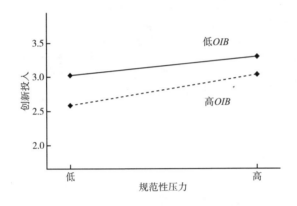

**图 5 – 4　*OIB* 对 *ERN* 与 *RRD* 间关系的调节作用**

表 5 – 10 中的模型 M5 – 10 与模型 M5 – 11 检验了创新开放深度对规制性
压力与企业创新投入之间关系的调节作用。在模型 M5 – 10 中，规范性环境
规制的回归系数为正（$Beta = 0.108$，$p > 0.1$），说明对我国制造业上市公司
而言，规范性环境规制与企业的创新投入之间的正向影响关系不显著。模型
M5 – 11 在模型 M5 – 10 的基础上加入了规范性环境规制与创新开放深度的交
互项（$OID \times ERN$），回归系数为正（$Beta = 0.034$，$p > 0.1$），但是不显著，
表明创新开放深度对规范性环境规制与企业创新投入之间关系的调节作用不
明显。同时，从图 5 – 5 的调节作用检验结果可以更加清楚地看到，不管企业
创新开放深度高还是低，开放式创新深度对企业创新投入的影响均为正，但
是高创新开放深度的回归线斜率与低创新开放深度的回归线斜率几近相同，
表明创新开放深度对规范性压力与企业创新投入之间关系的调节作用不够显
著，假设 5 – 3b 被拒绝。

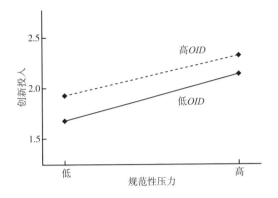

图 5 - 5  **OID** 对 **ERN** 与 **RRD** 间关系的调节作用

### 5.3.3 分区域样本的实证结果及分析

虽然严格的环境规制政策能够在一定程度上激励企业开展研发创新活动，但因为我国东、中、西部地区企业之间的创新能力、创新资源以及外部的创新环境有很大的差别，企业最终是否开展研发创新活动以及是否提高创新投入强度在很大程度上取决于企业自身研发创新能力的大小以及外部创新环境的优劣。一部分学者的研究证实了上述观点，沈能等（2012）选取全国以及地区层面数据通过实证研究发现"波特假说"能够在东部地区得以验证，但是在中西部地区却不能验证，他们认为，环境规制强度、经济金融发展水平等因素造成了这种地区差异。最新的研究也再次证实了环境规制对企业创新的影响存在显著的区域差异，对东部和中部地区的促进作用大于西部地区（孙冰、丛桂宇、田胜男，2021）。因此，参考赵晓乐（2016）的研究，考虑到我国区域发展的差异，本节将对全样本进行东部、中西部划分，分别探讨东部、中西部地区环境规制对企业创新的影响。具体划分标准见表 5 - 11。

表 5 - 11 我国东、中、西部地区划分

| 东部地区 | 北京、天津、河北、辽宁、上海、江苏、浙江、福建、山东、广东、海南 |
| --- | --- |
| 中部地区 | 山西、吉林、黑龙江、安徽、江西、河南、湖北、湖南 |
| 西部地区 | 四川、重庆、广西、贵州、云南、西藏、陕西、甘肃、宁夏、青海、新疆、内蒙古 |

在全样本模型的基础上，对两类分组样本进行回归分析，结果见表 5 – 12 和表 5 – 13。表 5 – 12 报告了东部地区企业实证检验结果（只汇报了固定效应的调整 $R^2$，没有汇报随机效应的 $R^2$ 值。因为选择随机效应回归时，得出的 $R^2$ 并不是模型真实的 $R^2$，不能真实反映模型对被解释变量的解释程度）。在模型 M5 – 13 中可以看出，强制性环境规制与企业创新投入之间的回归系数显著为正（$Beta = 0.198$，$p < 0.01$），这说明在东部地区，政府强制性环境规制能够对企业的创新起到激励作用，与全样本得出的结果一致。在模型 M5 – 14 中可以看出，规范性环境规制对企业创新投入的关系不显著（$Beta = -0.127$，$p > 0.1$），这与全样本得出的结果一致。在模型 M5 – 15 中，强制性环境规制与创新开放广度的交互项显著为正（$Beta = 0.086$，$p < 0.05$），这说明在东部地区，创新开放广度对强制性环境规制与企业创新投入之间的关系具有显著的调节作用，创新开放广度越大，强制性环境规制与企业创新投入之间的正向作用越强。在模型 M5 – 17 中，规范性环境规制与创新开放广度的交互项显著为正（$Beta = 0.137$，$p < 0.05$），这说明在东部地区，创新开放广度对规范性环境规制与企业创新投入之间的关系具有显著的调节作用。这些结果与全样本结果基本一致。

表 5 – 12 东部地区企业实证检验结果

| 变量 | M5 – 12 | M5 – 13 | M5 – 14 | M5 – 15 | M5 – 16 | M5 – 17 | M5 – 18 |
|---|---|---|---|---|---|---|---|
| ENS | − 0.059<br>(0.636) | − 0.213<br>(0.101) | 0.001<br>(0.991) | − 0.185<br>(0.146) | − 0.280 **<br>(0.028) | 0.109<br>(0.579) | − 0.059<br>(0.651) |
| ENY1 | 0.033<br>(0.101) | 0.029<br>(0.154) | 0.028<br>(0.175) | 0.036 *<br>(0.073) | 0.031<br>(0.120) | 0.143 ***<br>(0.002) | 0.026<br>(0.207) |
| DAR | − 0.029 ***<br>(0.000) | − 0.028 ***<br>(0.000) | − 0.029 ***<br>(0.000) | − 0.030 ***<br>(0.000) | − 0.027 ***<br>(0.000) | − 0.031 ***<br>(0.000) | − 0.028 ***<br>(0.000) |
| ROA | − 0.042 ***<br>(0.001) | − 0.035 ***<br>(0.003) | − 0.042 ***<br>(0.000) | − 0.036 ***<br>(0.002) | − 0.034 ***<br>(0.004) | − 0.036 ***<br>(0.004) | − 0.040 ***<br>(0.001) |
| ERC | | 0.198 ***<br>(0.000) | | 0.133 **<br>(0.025) | 0.191 ***<br>(0.001) | | |

续表

| 变量 | M5 – 12 | M5 – 13 | M5 – 14 | M5 – 15 | M5 – 16 | M5 – 17 | M5 – 18 |
|---|---|---|---|---|---|---|---|
| ERN | | | −0.127<br>(0.156) | | | −0.060<br>(0.682) | −0.047<br>(0.619) |
| OIB | | | | −0.628 ***<br>(0.005) | | −0.224 ***<br>(0.007) | |
| OID | | | | | 0.046<br>(0.449) | | 0.082 ***<br>(0.000) |
| OIB × ERC | | | | 0.086 **<br>(0.011) | | | |
| OID × ERC | | | | | 0.002<br>(0.804) | | |
| OIB × ERN | | | | | | 0.137 **<br>(0.049) | |
| OID × ERN | | | | | | | 0.027<br>(0.319) |
| N | 399 | 399 | 399 | 399 | 399 | 399 | 399 |
| 调整 $R^2$ | — | — | — | — | — | 0.719 | — |
| 模型选择 | 随机 | 随机 | 随机 | 随机 | 随机 | 固定 | 随机 |

注：* 、** 、*** 分别表示在 10%、5%、1% 的水平上显著，括号内的值为显著性概率 $P$ 值。

表 5 – 13　　　　　　　　　中西部地区企业实证检验结果

| 变量 | M5 – 19 | M5 – 20 | M5 – 21 | M5 – 22 | M5 – 23 | M5 – 24 | M5 – 25 |
|---|---|---|---|---|---|---|---|
| ENS | 0.523 **<br>(0.017) | 0.368<br>(0.105) | 0.540 **<br>(0.014) | 0.391 *<br>(0.087) | 0.363<br>(0.111) | 0.558 **<br>(0.012) | 0.523 **<br>(0.018) |
| ENY1 | −0.097 *<br>(0.053) | −0.053<br>(0.317) | −0.099 **<br>(0.049) | −0.065<br>(0.231) | −0.058<br>(0.338) | −0.110 **<br>(0.033) | −0.080<br>(0.166) |
| DAR | −0.027 ***<br>(0.002) | −0.027 ***<br>(0.002) | −0.027 ***<br>(0.001) | −0.028 ***<br>(0.001) | −0.027 ***<br>(0.002) | −0.028 ***<br>(0.001) | −0.027 ***<br>(0.002) |
| ROA | −0.033 ***<br>(0.006) | −0.033 ***<br>(0.005) | −0.032 ***<br>(0.006) | −0.034 ***<br>(0.004) | −0.033 ***<br>(0.006) | −0.034 ***<br>(0.005) | −0.033 ***<br>(0.006) |
| ERC | | 0.252<br>(0.427) | | 0.255<br>(0.451) | 0.282<br>(0.612) | | |

续表

| 变量 | M5 – 19 | M5 – 20 | M5 – 21 | M5 – 22 | M5 – 23 | M5 – 24 | M5 – 25 |
|---|---|---|---|---|---|---|---|
| ERN | | | 0.104 (0.314) | | | 0.113 (0.302) | 0.172 (0.141) |
| OIB | | | | −0.077 (0.831) | | −0.095 * (0.073) | |
| OID | | | | | 0.101 (0.348) | | 0.019 (0.456) |
| OIB × ERC | | | | −0.005 (0.924) | | | |
| OID × ERC | | | | | 0.015 (0.361) | | |
| OIB × ERN | | | | | | −0.009 (0.797) | |
| OID × ERN | | | | | | | 0.032 (0.183) |
| N | 329 | 329 | 329 | 329 | 329 | 329 | 329 |
| 调整 $R^2$ | 0.791 | 0.791 | 0.791 | 0.791 | 0.791 | 0.791 | 0.791 |
| 模型选择 | 固定 | 固定 | 固定 | 固定 | 固定 | 固定 | 固定 |

注：*、**、*** 分别表示在 10%、5%、1% 的水平上显著，括号内的值为显著性概率 $P$ 值。

表 5 – 13 报告了中西部地区企业实证检验结果。在模型 M5 – 20 中可以看出，强制性环境规制与企业创新投入之间的回归系数为正（$Beta = 0.252$，$p > 0.1$），但是不显著。这说明在中西部地区，政府严格的环境规制的压力不能对企业的创新起到激励作用。另外，模型 M5 – 22、M5 – 23、M5 – 24 结果显示，创新开放广度以及创新开放深度对强制性环境规制或规范性环境规制与企业创新投入之间关系的调节作用都不明显。对比东、中西部地区的分析结果可以发现，"波特假说"只在东部地区得到了很好的体现。环境规制的创新激励作用在东、中西部不同区域的企业之中之所以存在差异，可能是由以下原因造成的：东部地区经济发展水平、市场化水平、金融发展体系、知识产权保护力度、政府财政支持力度、对技术创新的渴望程度以及创新氛围等方面都明显优于中西部地区（孙伟，2016；赵晓乐，2016），因此，东

部地区更倾向于采用研发创新的方式从源头上减排除污。

## 5.4 结论与讨论

本章基于 2011～2017 年沪深 A 股制造业上市公司面板数据，研究了环境规制（强制性压力、规范性压力）与企业创新投入之间的影响机制，以及创新开放广度、创新开放深度的调节作用机制，通过研究得到以下结论。

第一，环境规制会影响企业创新投入。（1）强制性压力与企业创新投入之间呈现显著的正向关系，验证了"波特假说"。这说明随着政府环境规制的加强，一方面，企业为了获得政府认可的合法性，会倾向于遵循政府的环境要求，通过创新来缓解污染情况。另一方面，企业为了避免严格的环境规制带来的巨大成本，倾向于尝试创新的方式来减少污染物的排放，以及提高企业经济效益。（2）规范性压力与企业创新投入之间的正向关系不显著。出现这种结果可能是因为中国企业仍处于环境规制压力持续增加的初级阶段，公众环保意识总体还很淡薄，难以转化为有效的公众行为，不能有效督促企业对技术和生产工艺进行更新改造。另外，公众的舆论声音有时是非理性的，不如强制性规制来得客观，面对这种情况，企业更倾向于采用公关手段解决。（3）东部地区强制性压力对企业创新投入具有显著的正向影响，而在西部地区这种正向影响却不显著。这说明随着东部地区经济发展迅速，人均收入水平不断提高，民众对环保需求越来越强烈，政府环境规制更有利于激励企业创新。而中西部地区由于经济发展落后，环保意识、创新意识以及创新资源不足，导致强制性压力对企业创新投入的激励作用不明显。

第二，创新开放度对环境规制与企业创新投入之间关系的调节作用不同。（1）创新开放广度在强制性压力和规范性压力与企业创新投入间都起到显著的正向调节作用。创新开放广度高的企业，在面对环境规制时，有更多的渠道调动外部异质性资源与内部资源整合，从而更容易开展创新活动，因此企业愿意增加研发投入。（2）创新开放深度不管是在强制性压力与企业创新投入之间，还是规范性压力与企业创新投入之间，调节作用都不明显。出现这种情况的原因可能是，相对于创新开放广度来说，创新开放深度更加注重与个别外部创新主体关系的培养和信任机制的形成，这种方式获取资源的渠道较为单一，获取资源的速度较慢，难以及时为企业补充创新资源来应对环境规制压力。（3）与全样本结果一致，东部地区创新开放广度在强制性压力和规范性压力与企业创新投入间都起到显著的正向调节作用，创新开放深度的调节作用不明显；而中西部地区创新开放广度、创新开放深度的调节作用都不明显。这说明在东部地区，如果能够缓解企业创新资源不足的问题，企业面对环境规制压力时所表现出的创新动力会大大提高。而在中西部地区，由于经济发展落后，创新开放广度给企业带来的资源也难以促进企业创新投入的增加。

# 第6章 双重环境规制、政府创新支持与制造企业创新效率

自改革开放以来，我国把重心放在了经济发展上，而忽视了环境污染的问题，这不利于我国可持续发展目标的实现。面对日益恶化的环境质量，国家开始重视环境方面的问题，提出"绿色发展"的核心理念以改变现有的粗放型经济发展方式，强调走绿色生产和绿色治理相结合的生态文明之路，试图实现环境与经济的"双赢"效果。截至"十二五"末期，国家累计发布环保标准1941项。根据国家"十三五"规划，环境保护部在此期间将全力推动约900项环保标准制修订工作，同时，将发布约800项环保标准，支持环境管理重点工作。

环境规制政策的实施不可避免地会给企业带来治理成本，削弱企业利润，挤出企业研发投入。经济新常态下的创新驱动又要求企业寻求在环境规制强度提高的情形下能够降低环境治理成本、促进创新的方法，此时若能得到政府支持，则能够较好解决环境规制对企业创新的制约问题。环境规制与政府支持是企业创新实践中同时面临的约束与激励机制，现有研究对于政府支持、环境规制与企业创新绩效之间的关系仍未达成共识，衡量环境规制与政府支持时大多是采用基于国家或省际、行业等层面的指标来测量，从微观企业层面来构建衡量指标和影响机制的成果较少，也缺乏将环境规制与政府支持两种约束与激励机制结合在一起分析两者对企业创新的综合效应。因此，基于"波特假说"、新古典经济学以及新凯恩斯经济学等理论，利用我国制造业上市公司2011～2015年微观层面的面板数据，探讨环境规制与政府支持是否都能够促进企业创新绩效的提高，政府支持强

度增大是否能够促进环境规制对于企业创新绩效的影响？并且将制造业上市公司分为低技术企业和高技术企业两类，探究不同类型企业中环境规制、政府支持与创新绩效三者之间的动态影响关系，并根据研究结论提出相关对策建议。

# 6.1 关系博弈分析

随着市场竞争越来越激烈，基于理性，企业不得不追求利润最大化，以至于忽略了可持续发展，缺乏动力去治理污染。此时，政府不得不伸出"有形的手"，依靠国家政权的力量，开始制定各项关于企业排污的政策，并采取一些行政手段或激励方式去尽可能降低污染。然而，经验教训表明，仅仅依靠政府和企业之间博弈是行不通的，非正式环境规制中公众的力量发挥了很大的作用。一方面，公众在环境治理中是弱势的一群人，他们不像政府一样具备合法权利去对企业进行管理，因此他们关于环境方面的权益也更容易被侵害；另一方面，公众参与也是国家政府决策民主化的一种体现，同时舆论压力的存在可以使企业的排污行为更加规范，以及提高政府监管的效率。只有政府和社会公众一起制约企业，才能倒逼企业改善生产流程和工艺，进而促进企业技术升级，从而实现多方共赢。然而，奖赏和惩罚需要及时、适时和真实，通常政府无法监控到企业行为，这使得政策制度很难落地。关于这些问题国内外学者建立政企演化博弈模型进行了大量研究，分析了影响政府和企业在面对低碳策略时选择的一系列因素，但很少有学者将社会公众考虑在内，本节将政府、企业、社会公众联系在一起，探讨它们之间的博弈关系。首先分析环境规制与企业创新效率之间的博弈关系；其次分析政府创新支持与企业创新效率之间的博弈关系；最后将社会公众考虑在内，基于博弈理论，对正式环境规制、非正式环境规制、政府创新支持与企业创新效率之间的关系进行机理分析。

### 6.1.1　基本假设

在企业创新效率系统中，有三种有限理性博弈群体：政府部门、社会公众和企业。假设它们均有两种策略，政府部门在环境治理方面的策略集为 {监管，不监管}，在企业创新方面的策略集为 {支持，不支持}。企业的策略集为 {技术不变，技术升级}，社会公众的策略集为 {监督，不监督}。假设企业是一个整体，企业进行技术升级的概率为 $\beta$，企业选择技术不变的概率为 $1 - \beta$，企业在进行决策时，可以选择技术升级，也可以选择技术不变。假设企业技术升级时的收益为 $R_1$，成本为 $C_1$，企业技术不变时的收益为 $R_2$，进行技术不变时的总成本为 $C_2$，其中 $C_1 > C_2$（企业进行技术升级时的成本不仅包括产品生产的成本，还包括环境治理的成本，假设其为 $I$）。对于技术不变的企业，其排污量肯定会超过规定的范围，此时企业不得不上缴罚金 $F$。

政府部门决策时，最关心的问题是社会效益最大化；社会公众在决策时，关注点在于环境效益最大化；企业在决策时，考虑的关键问题是经济效益最大化。企业与社会公众、政府的博弈行为是重复且动态的，三者不断根据其他两方策略的变化调整策略，直至达到"演化稳定策略"。

### 6.1.2　环境规制与企业创新效率之间的静态博弈

首先，在我国地方政府是监管主体，其对各个地区的企业进行监管。同时，各地方政府承担着各种职能，对各地区经济、环境、文化、社会福利等具有直接责任，地方政府不仅要使各地区人民的生活得到保障，还要完成中央政府下达的各项任务，在压力之下协助中央完成国家宏观经济目标。为了实现可持续发展，政府可以利用一系列行政手段对企业施加压力，例如制定环境保护相关政策法规，强制征收企业排污费等。企业发展绿色经济，进行技术创新具有明显的外部经济效应，因此利益均衡在企业内部很难自发得到解决。要想实现可持续发展，政府不得不对企业进行干预。若政府进行积极监管，更有利于实现经济和社会效益的可持续发展；如果政府监督不严格，或者过分考虑自身利益，就可能滋生权力寻租现象，使得经济效益和社会效益都受到损失。为了进一步分析，增加如下假设：政府进行监管的概率为$\alpha$，不进行监管的概率为$1-\alpha$，企业进行技术升级时，政府获得的环境收益为$C_R$；当企业技术不变时，政府为修复环境污染所支出的成本为$C_T$，政府所获得的经济收益为$T_1$，这种经济收益来源于环境税（其中，企业技术不变时，政府会征收企业环境税，这也是对于技术创新企业的一种保护）。政府监管的成本为$A$，如果政府不进行监管，公信度的损失设为$B$。

由于政府和企业之间的信息不对称，且通过以上分析，可以看出，政府和企业之间不存在纯战略纳什均衡，只存在混合纳什均衡战略。建立如下政府和企业的博弈收益矩阵（见表6-1）。

表6-1　　　　　　　　政府和企业的博弈收益矩阵

| 企业 | 政府 | |
|---|---|---|
| | 监管（$\alpha$） | 不监管（$1-\alpha$） |
| 技术升级（$\beta$） | $(R_1-C_1, C_R-A)$ | $(R_1-C_1, C_R-B)$ |
| 技术不变（$1-\beta$） | $(R_2-C_2-F-T_1, T_1-C_T+F-A)$ | $(R_2-C_2, -C_T-B)$ |

所以企业与政府的期望收益函数为：

$$\pi_e = \beta[\alpha(R_1-C_1)+(1-\alpha)(R_1-C_1)]+(1-\beta)[\alpha(R_2-C_2-F-T_1)+(1-\alpha)(R_2-C_2)]$$

$$\pi_g = \alpha[\beta(C_R-A)+(1-\beta)(T_1-C_T+F-A)]+(1-\alpha)[\beta(C_R-B)+(1-\beta)(-C_T-B)]$$

对上述两个函数求一阶导数，求得政府及企业的最优策略解为：

$$\alpha = \frac{R_2+C_1-R_1-C_2}{F+T_1} \quad \beta = \frac{T_1+F-A}{T_1+F-1},$$

因此，博弈的混合战略纳什均衡为：

$$\left\{\left\{\frac{R_2+C_1-R_1-C_2}{F+T_1}, 1-\frac{R_2+C_1-R_1-C_2}{F+T_1}\right\}, \left\{\frac{T_1+F-A}{T_1+F-1}, 1-\frac{T_1+F-A}{T_1+F-1}\right\}\right\}$$

在这个博弈中，政府选择监管的概率为$\alpha = \frac{R_2+C_1-R_1-C_2}{F+T_1}$，政府是

否选择监管主要取决于企业技术升级方式。企业技术不变时企业的收益、成本和惩罚金额、政府获得的经济收益，均受多种因素的共同影响，不能确定决定政府选择的单一因素，所以政府的决策是个很复杂的过程。当 $R_2$ 越大，$R_1$ 越小，即企业技术不变时，收益越大，技术升级时，收益越小。$C_1$ 越大，$C_2$ 越小，即企业技术升级的成本越大，技术不变时，成本与政府进行监管的概率呈现反比关系。企业选择进行技术升级的概率为 $\beta = \dfrac{T_1 + F - A}{T_1 + F - 1}$，企业选择技术升级还是技术不变，主要取决于政府的监管成本和政府对于企业的环境税征收额的高低，以及对于环境污染的惩罚金额。当 A 越小，即政府对企业的监管成本越小时，对企业的环境规制越严格，征收更多排污税和惩罚金时，企业进行技术升级的概率越大。

其次，分析社会公众的影响机制。各级政府的重要任务和职责是促进经济可持续发展。在循环经济发展中，如果社会公众积极参与，监督企业行为，维护自身的环境权益，这将减少由于国家制度缺乏而引起的资源、环境领域内普遍存在的"公地悲剧"。因此很有必要探讨社会公众和企业之间的博弈关系。

在上述假设的基础上，增加假设如下：社会公众对企业进行监督的概率为 $\varphi$，不进行监督的概率为 $1 - \varphi$。社会公众进行积极监督的成本为 $U$，获得的生态、环境效用价值为 $EU$，且获得的心理价值收益为 $W$（这种心理价值收益是公众为环境保护做出了努力，精神上会得到满足）。若社会公众不进行积极监督，则其损失的环境效用价值为 $EU$。但是由于环境保护不是公众的责任，因此即使社会公众不进行积极监督，也不会有所愧疚。因此，建立如下社会公众和企业之间的博弈模型收益矩阵（见表 6 - 2）。

表 6 - 2　　　　　　　社会公众和企业之间的博弈模型收益矩阵

| 企业 | 社会公众 | |
|---|---|---|
| | 监管（$\varphi$） | 不监管（$1 - \varphi$） |
| 技术升级（$\beta$） | $(R_1 - C_1, EU + W - U)$ | $(R_1 - C_1, EU)$ |
| 技术不变（$1 - \beta$） | $(R_2 - C_2 - L, L + W - U - EU)$ | $(R_2 - C_2, -EU)$ |

同理可得：

$$\varphi = \frac{R_2 + C_1 - R_1 - C_2}{L} \qquad \beta = \frac{L + W - U}{L}$$

因此，博弈的混合战略纳什均衡为：

$$\left\{ \left\{ \frac{R_2 + C_1 - R_1 - C_2}{F + T_1}, 1 - \frac{R_2 + C_1 - R_1 - C_2}{F + T_1} \right\}, \left\{ \frac{L + W - U}{L}, 1 - \frac{L + W - U}{L} \right\} \right\}$$

在这个博弈中，政府是否选择监管主要取决于企业技术升级方式。企业技术不变时，企业的收益、成本和惩罚金额、政府获得的经济收益受多种因素的共同影响，不能确定决定政府选择的单一因素。企业选择技术升级还是技术不变，主要取决于对于社会公众的赔偿金额以及社会公众进行环境监督的心理收益和监督成本。当企业对社会公众的赔偿金额越大，即社会公众监督越严格时，且社会公众的心理收益与监督成本之间较接近时，企业进行技术升级的概率就越大。

### 6.1.3 环境规制与企业创新效率之间的动态博弈

假设博弈分为两个阶段：第一阶段政府或社会公众行动；第二阶段企业行动，并且企业会在观测到政府或社会公众的选择后进行行动。假设政府或社会公众的行动空间是 $A_1$，企业的行动空间是 $A_2$，进入博弈第二阶段，给定政府或社会公众在第一阶段的选择，$a_1^* A$，企业面临的问题是 $\max u_2 (a_1, a_2)$，$a_2 \in A_2$，很明显企业的最优选择 $a_2^*$ 取决于政府或社会公众的选择。用 $a_2^* = R_2 (a_1)$ 代表上述最优问题的解，因为政府或者社会公众应该预测到企业在博弈的第二阶段 $a_2^* = R_2 (a_1)$ 将按规则行动，参与人在第一阶段面临的问题是：

$$\max u_1 (a_1, R_2, (a_1)) \ a_1 \in A_2$$

令上述问题的最优解为 $a_1^*$，那么这个子博弈精炼纳什均衡为 $(a_1^*, R_2, (a_1))$，均衡结果为 $(a_1^*, R_2, (a_1))$，$(a_1^*, R_2, (a_1))$ 是一个精炼均衡，因为 $a_2^* = R_2 (a_1)$ 是博弈第二阶段的最优解，除此之外，任何其他行为规则都不满足精炼均衡的要求。

首先分析政府和企业之间的动态博弈。由图 6 - 1 可以看出，在此博弈中，政府先行动，它可以选择监管，也可以选择不监管。在这个博弈开始前，企业无法确定政府的选择，企业就要考虑政府的可能行为，并有不同的应对策略。图 6 - 1 中，政府有两个决策节点，企业所有的可能选择包括（技术升级，技术不变）、（技术升级，技术升级）、（技术不变，技术升级）、（技术不变，技术不变），其中，括号中前者表示与地方政府选择监管相对应的行动选择，后者表示与地方政府选择不监管相对应的行动选择。

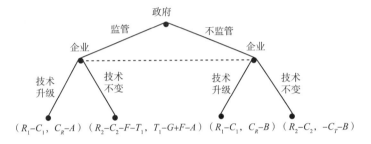

**图 6 - 1 完全信息动态下博弈的扩展式表述**

由于纳什均衡忽略先行动者对后行动者的影响，为了排除不可信威胁，强化纳什均衡，本节采取子博弈精炼纳什均衡。它的要求是，均衡战略在每个子博弈上都是最优的，而纳什均衡只要求整体最优。求解子博弈纳什均衡时，采用逆向归纳法。动态博弈过程通常是多阶段的，所以从最后一个博弈阶段分析，其参与者获利最大，即为其最优选择，依此类推到第一阶段，得出的最优期望收益就是博弈方各自的最佳选择，即博弈的均衡解。逆向归纳法是动态博弈的基本分析方法。

当政府的决策位于监管节点时，企业进行技术升级的收益为 $R_1 - C_1$，技术不变时收益为 $R_2 - C_2 - F - T_1$，当 $R_1 - C_1 > R_2 - C_2 - F - T_1$，即 $R_1 - C_1 - R_2 + C_2 + F + T_1 > 0$ 时，企业会选择技术升级。而当 $R_1 - C_1 < R_2 - C_2 - F - T_1$，即 $R_1 - C_1 - R_2 + C_2 + F + T_1 < 0$ 时，企业会选择技术不变。实际中，企业进行创新是企业发展的根本和主要动力，企业进行技术升级，改变生产流程和工艺，可以提高企业效率，获得更高收益。与此同时，企业的排污也会相应减少，这符合国家对于环保方面的要求，因此也更容易得到政府的关注和扶持。坚持可持续发展道路，企业才会有更好的发展与未来。因此，长远来看，企

业进行技术升级时的净收益会远远大于技术不变时的收益。当企业进行技术不变时，因不能满足国家关于环保的要求，其政府罚金 $F$ 以及环境税 $T_1$ 都会远远大于0，即 $R_1 - C_1 > R_2 - C_2 - F - T_1$，此时企业的最优选择是进行技术升级。当政府的决策位于不监管节点时，企业进行技术升级的收益为 $R_1 - C_1$，技术不变时的收益为 $R_2 - C_2$，当 $R_1 - C_1 > R_2 - C_2$，即 $R_1 - R_2 + C_2 - C_1 > 0$ 时，企业的最优选择是进行技术升级。当 $R_1 - C_1 < R_2 - C_2$，即 $R_1 - R_2 + C_2 - C_1 < 0$ 时，企业的最优选择是进行技术不变。由于企业进行技术升级符合国家可持续发展战略，长远来看，相比于技术不变，企业进行技术升级能够获得更高收益，即 $R_1 - R_2 + C_2 - C_1 > 0$。所以当政府选择不监管时，对于企业来说，最好的选择是技术升级。接下来分析政府选择，当政府选择密切合作时，企业选择技术升级，此时政府收益为 $C_R - A$。当政府选择不监管时，企业选择技术升级，此时政府收益为 $C_R - B$。将政府收益 $C_R - A$ 和 $C_R - B$ 相比，若政府监管的成本大于政府不监管时公信度的损失，即 $A > B$，理性的政府会倾向于选择不进行监管。若 $A < B$，政府则会选择进行环境监管。由以上逆向归纳法分析可知，当政府监管的成本小于政府不监管时公信度的损失，该动态完全信息博弈的逆向归纳解为（监管，技术升级），而该博弈的子博弈精炼纳什均衡为（监管，（技术升级，技术升级）），（监管，（技术升级，技术不变））。当政府监管的成本大于政府不监管时公信度的损失，该动态完全信息博弈的逆向归纳解为（不监管，技术升级），而该博弈的子博弈精炼纳什均衡为（不监管，（技术升级，技术升级）），（不监管，（技术升级，技术不变））。

在此博弈中，最终实现的结果是企业选择进行技术创新，实现创新效率，政府根据其监管成本和不监管时的公信度损失决定是否进行监管。这一均衡结果的出现对企业战略决策产生了很大影响，地方政府知道，无论自己是否进行监管，企业的最优选择都是进行技术升级。而地方政府的最优选择取决于监管成本和不监管时的损失。在此博弈中关键是从长远角度，企业进行技术升级时收益会远大于技术不变时的收益。本节子博弈精炼纳什均衡解是采用逆向归纳法得出的，对于企业来说正是因为 $R_1 - C_1 > R_2 - C_2 - F - T_1$ 且 $R_1 - C_1 > R_2 - C_2$，所以技术升级是企业的最优选择。我们分析的起点便可以从这里开始。这不仅与企业效率有关系，而且与政府有关，政府总是倾向于扶持那些顺应政策的企业，使一些有能力进行技术创新的企业绩效越来越好，而没有能力创新的企业则只能被动地选择技术不变。在某种程度上，政府的地位比企业的地位强势。要想改变这种均衡，应该减少技术升级和技术不变时企业收益之间的差距，即政府应该给予那些没有技术创新能力的企业更多的补贴和支持，使那些小企业有更多的动力进行创新，不至于差距太大阻碍整体经济的发展。

其次分析社会公众和企业之间的动态博弈，由图 6-2 可以看出，在此博弈中，社会公众先行动，它的选择是监督或不监督。在博弈进行前，企业无法确定社会公众的选择，企业在战略选择时，必须考虑社会公众的各种可能选择，并根据不同选择做出不同的应对策略。图 6-2 中，社会公众有两个决策节点，企业的战略必须考虑自己在这两个不同决策节点时的选择，而所有的可能选择包括（技术升级，技术不变）、（技术升级，技术升级）、（技术不变，技术升级）、（技术不变，技术不变），其中，括号中前者表示与社会公众选择监督相对应的行动选择，后者表示与社会公众选择不监督相对应的行动选择。和上述方法一样，同样采用逆向归纳法求解子博弈纳什均衡。

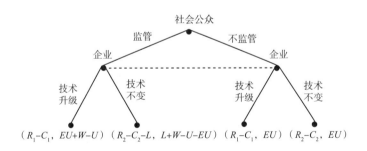

**图 6-2 完全信息动态下的博弈的扩展式表述**

当社会公众的决策位于监督节点时，企业进行技术升级的收益为 $R_1 - C_1$，技术不变时收益为 $R_2 - C_2 - L$。当 $R_1 - C_1 > R_2 - C_2 - L$，即 $R_1 - C_1 - R_2 + C_2 + L > 0$ 时，企业会选择技术升级；而当 $R_1 - C_1 < R_2 - C_2 - L$，即 $R_1 - C_1 - R_2 + C_2 + L < 0$ 时，企业会选择技术不变。长远来看，企业进行技术升级时的净收益会远远大于技术不变时的收益。当企业进行技术不变时，因不能满足国家关于环保的要求，其对于社会公众的赔偿 $L$ 会远远大于 0，因此 $R_1 - C_1 > R_2 -$

$C_2 - L$，在社会公众进行监督时，企业的最优选择是进行技术升级。当社会公众的决策位于不监督节点时，企业进行技术升级的收益为 $R_1 - C_1$，技术不变时的收益为 $R_2 - C_2$，当 $R_1 - C_1 > R_2 - C_2$，即 $R_1 - R_2 + C_2 - C_1 > 0$ 时，企业的最优选择是进行技术升级；当 $R_1 - C_1 < R_2 - C_2$，即 $R_1 - R_2 + C_2 - C_1 < 0$ 时，企业的最优选择是进行技术不变。由于企业进行技术升级符合国家可持续发展战略，长远来看，相比于技术不变，企业进行技术升级能够获得更高收益，因此 $R_1 - R_2 + C_2 - C_1 > 0$，所以当社会公众选择不监督时，企业的最优选择是进行技术升级。接下来，分析社会公众的选择。当社会公众选择监督时，企业选择技术升级，此时社会公众收益为 $EU + W - U$，当社会公众选择不监督时，企业选择技术升级，此时社会公众收益为 $EU$，将社会公众的收益 $EU + W - U$ 和 $EU$ 相比，从现实角度来看，当社会公众愿意去监督时，说明他想获得某种心理满足，而这种心理满足感会远远超过进行监督所带来的成本，所以 $EU + W - U > EU$，即社会公众进行监督的收益大于不进行监督的收益。该动态完全信息博弈的逆向归纳解为（监督，技术升级），而该博弈的子博弈精炼纳什均衡为（监督，（技术升级，技术升级）），（监督，（技术升级，技术不变））。

在此博弈中，最终实现的结果是企业选择进行技术创新，社会公众选择监督。这一均衡结果的出现对企业战略决策产生了很大影响。社会公众知道，自己选择监督，企业的最优选择是进行技术升级。在此博弈中关键是从长远角度看，企业进行技术升级时收益会远大于技术不变时的收益。本节子博弈精炼纳什均衡解是采用逆向归纳法得出的，对于企业来说正是因为 $R_1 - C_1 > R_2 - C_2 - L$ 且 $R_1 - C_1 > R_2 - C_2$，所以技术升级是企业的最优选择。一旦企业进行技术升级，社会公众的最优选择就是进行监督。要想改变这种均衡，应该增加社会公众进行监督的成本，这样就可以保证企业收益的同时，政府可以有其他选择。

结合静态博弈和动态博弈分析发现，政府和企业要想都获得利益最大化，政府对于企业的环境规制应该更严格，征收更多排污费或者罚金，这样企业会越倾向于进行技术创新，实现创新效率。社会公众积极参与环境污染监督，且当社会公众的心理收益与监督成本之间较接近时，企业会更倾向于进行技术升级，实现企业的创新效率。由此得出以下结论。

第一，政府的环境规制作用可以充分激发企业进行技术创新，实现企业创新效率。政府要充分发挥自己的职能和作用，积极进行环境规制，秉公执法，使企业认识到政府的威严，避免企业进行寻租，企图发展政企关系。政府只有严格按照规章制度对企业进行奖惩，才能真正发挥政府的作用。一旦政府放松警惕，企业就会无所约束，认为那些政府法规只是一纸空谈，不会重视。同时，政府的环境规制强度也要足够大，避免对于企业而言惩罚太小，进行环境治理的成本远远小于不进行环境治理所获得的惩罚成本，倒逼企业进行创新，这将违背波特假说双赢论。

第二，社会公众对于企业的创新效率提升也有不可忽视的影响。公众也应该树立正确的价值观和环境保护意识，对环境污染的问题给予高度重视，积极监督，使企业认识到自己违反法律规定就要受到相应惩罚，基于合法性理论，企业为了长久地生存下去，一定要重视公众的看法。公众进行积极监督，不仅可以享受良好的环境，促进身心健康，同时也可以倒逼企业进行创新，实现企业的创新效率。政府可以进一步出台有利于公众参与的具体可执行的措施，避免目前法规中由于笼统而造成的不便，降低环境问题诉讼中人民群众的诉讼成本。政府可设立专项环保奖金用于奖励环保参与者。同时，政府也可以考虑其他手段，例如绿色信贷、绿色保险、以生态补偿为目的的财政转移支付等。

第三，无论政府和社会公众的选择是什么，企业的最优选择都是技术升级。因此，政府和社会公众在分别实行规制和监督的同时，应该宣扬企业进行技术升级的重要性，提高企业自主创新意识，这样主动的创新行为才可以让企业立于不败之地，而不能仅仅只是进行正式与非正式的环境规制给企业施加压力。否则，一旦政府和社会公众放松警惕，企业就会处于无拘束状态，只有软硬兼施才能使企业创新效率更快。

### 6.1.4　政府创新支持与企业创新效率之间的静态博弈

企业进行技术创新受到资金、资源、人才、信息等方面的限制，使企业创新效率受到阻碍，影响企业发展的同时，也影响地方经济的发展。而各个地方政府都有一个共同目标，就是经济目标。有些地方政府不惜一切代价招商引资，有些地方政府制定相关政策留住优秀人才，还有些地方政府试图为企业提供大量资金支持和引进先进设备，以供企业进行研发，提高企业创新效率。然而政府提供资金等方面的支持，真的一定可以促进企业创新效率吗？企业一定会将这些资金用于技术创新吗？这涉及政府和企业之间的博弈，因此进行以下分析，并增加如下假设：政府对企业提供支持的概率为 $\phi$，政府对企业不提供支持的概率为 $1-\phi$。在不考虑环境规制的情况下，单独探讨政府创新支持与企业创新效率之间的关系。为了更加细致地探讨，在此假设政府对于创新企业的税收为 $M_1$，对于技术不变企业的税收为 $M_2$，$M_2 > M_1$。当企业进行创新后，政府除了税收收入外，还会获得地区经济的发展，收益为 $X$。政府对于创新企业提供的资金支持为 $S_1$，对于技术不变企业提供的资金支持为 $S_2$。表6-3是政府和企业的混合博弈均衡收益矩阵。

表6-3                     政府和企业的混合博弈均衡收益矩阵

| 企业 | 政府 | |
|---|---|---|
| | 监管（$\phi$） | 不监管（$1-\phi$） |
| 技术升级（$\beta$） | $(R_1 - C_1 - M_1 + S_1, M_1 - S_1 + X)$ | $(R_1 - C_1 - M_1, M_1 + X)$ |
| 技术不变（$1-\beta$） | $(R_2 - C_2 - M_2 + S_2, M_2 - S_2)$ | $(R_2 - C_2 - M_2, M_2)$ |

所以企业与政府的期望收益函数为：

$$\pi_e = \beta[\phi(R_1 - C_1 - M_1 + S_1) + (1-\phi)(R_1 - C_1 - M_1)] \\ + (1-\beta)[\phi(R_2 - C_2 - M_2 + S_2) + (1-\phi)(R_2 - C_2 - M_2)]$$

$$\pi_g = \phi[\beta(M_1 - S_1 + X) + (1-\beta)(M_2 - S_2)] \\ + (1-\phi)[\beta(M_1 + X) + (1-\beta)M_2]$$

对以上公式求一阶导数，求解政府及企业的最优策略解为：

$$\phi = \frac{R_2 + C_1 - R_1 - C_2 + M_1 - M_2}{S_1 - S_2} \qquad \beta = \frac{S_2}{S_2 - S_1}$$

因此，博弈的混合战略纳什均衡为：

$$\left\{ \left\{ \frac{R_2 + C_1 - R_1 - C_2 + M_1 - M_2}{S_1 - S_2}, 1\frac{R_2 + C_1 - R_1 - C_2 + M_1 - M_2}{S_1 - S_2} \right\}, \left( \frac{S_2}{S_2 - S_1}, 1 - \frac{S_2}{S_2 - S_1} \right) \right\}$$

在这个博弈中，政府选择技术支持的概率为 $\phi = \dfrac{R_2 + C_1 - R_1 - C_2 + M_1 - M_2}{S_1 - S_2}$，其中，$\phi$ 取决于 $R_2$，$R_1$，$C_1$，$C_2$，$M_1$，$M_2$，$S_1$，$S_2$，即政府是否支持取决于企业技术升级。$R_2$ 越大，$R_1$ 越小，即企业技术不变时的收益越大，技术升级时的收益越小。$C_1$ 越大，$C_2$ 越小，即企业技术升级的成本越大，技术不变时的成本越小。$M_1$ 越大，$M_2$ 越小，即对创新企业的税收越大，技术不变企业的税收越少时，政府进行支持的概率就越大。企业选择技术升级的概率为 $\beta = \dfrac{S_2}{S_2 - S_1}$，企业选择技术升级还是技术不变，主要取决于政府对于企业的资金补贴额 $S_1$ 和 $S_2$，当政府对于技术不变企业补贴金额越大，对于技术创新企业补贴金额较少时，企业总体进行技术升级的概率更大。也就是说，政府应该将资金更多地分配给那些技术升级不够积极的企业，给予它们更大的创新动力，提高它们的创新意识。而那些进行技术创新意识很强的企业总是会想方设法进行创新。因此政府应该注意资金的分配，以达到整体技术创新水平的提高。

### 6.1.5　政府创新支持与企业创新效率之间的动态博弈

假设博弈有两个阶段：第一阶段政府行动；第二阶段企业行动，并且企业在行动前会观测到政府的选择。假设 $A_1$ 是政府的行动空间，$A_2$ 是企业的行动空间。当博弈进入第二阶段，给定政府在第一阶段的选择为 $a_1^* A$。企业面临的问题是 $\max u_2 (a_1, a_2)$，$a_2 \in A_2$，显然企业的最优选择是 $a_2^*$，依赖于政府的选择。用 $a_2^* = R_2 (a_1)$ 代表上述最优问题的解，因为政府应该预测到企业在博弈的第二阶段 $a_2^* = R_2 (a_1)$ 将按规则行动，参与人在第一阶段面临的问题是：

$$\max u_1 (a_1, R_2, (a_1))\ a_1 \in A_2$$

令上述问题的最优解为 $a_1^*$，那么这个子博弈精炼纳什均衡为（$a_1^*$，$R_2$，

$(a_1))$，均衡结果为 $(a_1^*, R_2, (a_1))$，$(a_1^*, R_2, (a_1))$ 是一个精炼均衡，因为 $a_2^* = R_2 (a_1)$ 是博弈第二阶段的最优解，除此之外，任何其他行为规则都不满足精炼均衡的要求。

由图 6-3 可以看出，在此博弈中，政府先行动，它可以选择支持或不支持，在博弈进行前，企业无法确定政府的选择，必须考虑到政府所有可能的选择，并制定好相关的应对措施。在图 6-3 中，政府有两个决策节点，企业的战略必须考虑自己在这两个不同决策节点时的选择。而所有的可能选择包括（技术升级，技术不变）、（技术升级，技术升级）、（技术不变，技术升级）、（技术不变，技术不变），其中，括号中前者表示与地方政府选择支持相对应的行动选择，后者表示与地方政府选择不支持相对应的行动选择。同样采用逆向归纳法求解子博弈纳什均衡。

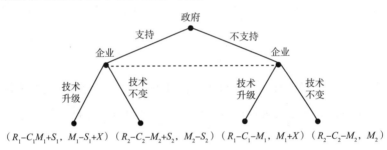

**图 6-3　完全信息动态下的博弈的扩展式表述**

当政府的决策位于支持节点时，企业进行技术升级的收益为 $R_1 - C_1 + S_1 - M_1$，技术不变时收益为 $R_2 - C_2 - M_2 + S_2$。当 $R_1 - C_1 + S_1 - M_1 > R_2 - C_2 - M_2 + S_2$ 时，企业会选择技术升级。而当 $R_1 - C_1 + S_1 - M_1 < R_2 - C_2 - M_2 + S_2$ 时，企业会选择技术不变。长远来看，$R_1 - C_1 + S_1 - M_1 > R_2 - C_2 - M_2 + S_2$，在政府进行支持时，企业的最优选择是进行技术升级。当政府的决策位于不支持节点时，企业进行技术升级的收益为 $R_1 - C_1 - M_1$，技术不变时的收益为 $R_2 - C_2 - M_2$，当 $R_1 - C_1 - M_1 > R_2 - C_2 - M_2$ 时，企业的最优选择是进行技术升级。当 $R_1 - C_1 - M_1 < R_2 - C_2 - M_2$ 时，企业的最优选择是进行技术不变。根据上面的分析可知 $R_1 - R_2 + C_2 - C_1 > 0$，所以当政府选择不支持时，企业的最优选择是进行技术升级。接下来，分析政府的选择。当政府选择支持时，企业选择技术升级，此时政府收益为 $M_1 - S_1 + X$；当政府选择不支持时，企业选择技术升级，此时政府收益为 $M_1 + X$，将政府收益 $M_1 - S_1 + X$ 和 $M_1 + X$ 相比，$M_1 + X > M_1 - S_1 + X$，所以理性的政府会选择不进行支持。由以上逆向归纳法分析可知，该动态完全信息博弈的逆向归纳解为（不支持，技术升级），而该博弈的子博弈精炼纳什均衡为（不支持，（技术升级，技术升级）），（不支持，（技术升级，技术不变））。

在此博弈中关键是，从长远角度看，企业进行技术升级时收益会远大于技术不变时的收益。本节子博弈精炼纳什均衡解是采用逆向归纳法得出的。对于企业来说，正是因为 $R_1 - C_1 + S_1 - M_1 > R_2 - C_2 - M_2 + S_2$ 且 $R_1 - C_1 - M_1 > R_2 - C_2 - M_2$，所以技术升级是企业的最优选择。对于政府而言，其最优选择是不进行支持，要想改变这种均衡，应该减少对技术升级企业的支持，即政府应该给予那些没有技术创新能力的企业更多的补贴和支持，使那些小企业有更多动力进行创新。这样，既可以实现发展均衡，政府也可以有更多选择。

在静态博弈分析中发现，当政府对于那些技术创新的企业实行较少支持，而对于那些经常技术不变的企业给予更大支持时，可以促进整体企业技术创新。然而在动态博弈中发现，对于企业而言最优选择是进行技术升级，对于政府而言，最优选择则是不提供支持，这样反而可以实现企业创新效率。因此，短期来看，政府扶持那些较弱的企业可能会获得一定的成效；然而，长期来看，若政府无法实现最大期望收益，企业不可能一直实现创新效率。因此，若想实现政府和企业都获得长期最大收益，则政府应选择不进行创新支持，企业进行技术升级。据此得到以下结论。

第一，短期来看，如果政府对企业进行扶持，政府应该有效选择补贴对象，健全企业扶持甄别机制，要同时考虑"扶持强者"和"保护弱者"。

第二，长期来看，政府创新支持不利于企业技术升级，也不利于提高企业的创新效率。这说明企业会对补贴政策产生一定的依赖，缺乏致力于研发活动的动力。受补贴企业总是想要依靠补贴收入来弥补较高的生产成本导致的竞争劣势，而没有积极性去通过提高运营效率和生产能力来降低成本，从而失去了获得持久竞争优势的来源。一旦政策发生改变，这类企业将失去生存能力而被市场淘汰，因此政府不应该直接给予企业相应的补贴。

# 6.2　研究模型构建

本章的目的是探讨环境规制、政府创新支持与企业创新效率之间的关系，其中，将环境规制分为正式环境规制和非正式环境规制两类，政府创新支持分为政府直接资金补贴和税收优惠两种支持方式。利用 A 股 104 家上市公司 2011 ~ 2016 年的数据进行分析，分别分析不同环境规制方式、不同政府创新支持方式对于企业创新效率的影响，最后再探讨不同环境规制方式和不同政府创新支持方式的交互作用对于企业创新效率之间的影响。根据以上思路，进行后续的探讨和实证分析。

## 6.2.1　模型建立与变量说明

基于上述文献研究的理论基础、经验假设分析以及博弈分析，可以看到："波特假说"认为，环境规制会正向影响企业创新效率；新古典经济学认为，环境规制会负向影响企业创新效率；制度理论认为，非正式环境规制正向影响企业创新效率；凯恩斯经济学理论认为，政府创新支持可以促进企业创新，信息不对称理论等则持相反的观点。其影响机制主要是以下形式，如图 6 - 4 所示。

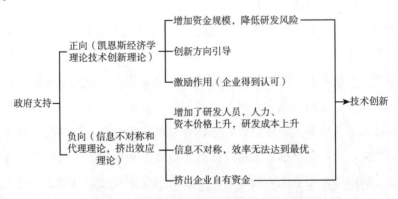

**图 6 - 4　政府创新支持影响企业技术创新原理**

这说明现有学者都认同环境规制和政府创新支持都会影响企业创新效率，但作用关系不确定。结合波特假说和凯恩斯经济学理论、制度理论等建立如下模型，以我国制造业上市公司为研究对象分析政府创新支持、正式环境规制、非正式环境规制与企业创新效率几者之间的作用关系。为了尽量减小方程的异方差与变量之间的多重共线性，模型中对政府直接资金补贴、政府税收减免以及新闻报道数量等指标采取对数形式。

$$ie_{it} = \alpha_1 + \beta_{11} fer_{it} + \beta_{12}\ln(gds_{it}) + \beta_{13}\ln(gtp_{it}) + control + \varepsilon_{1it} \quad (6-1)$$

其中，$i$ 表示企业，$t$ 表示时间，$ie$ 表示企业创新效率，$fer$ 表示正式环境规制强度，$gds$ 是研发前政府提供的直接资金补贴强度，$gtp$ 是政府对企业创新所提供的税收优惠强度，$control$ 是控制变量，$\varepsilon$ 是随机干扰项，$\alpha$ 是常数项，$\beta$ 是各变量的估计系数。同时，考虑到正式环境规制与企业创新效率的关系可能是非线性关系，因此，在模型（6-1）中引入正式环境规制的平方项 $fer^2$：

$$ie_{it} = \alpha_2 + \beta_{21} fer_{it} + \beta_{22} fer_{it}^2 + \beta_{23}\ln(gds_{it}) + \beta_{24}\ln(gtp_{it}) + control + \varepsilon_{2it}$$
$$(6-2)$$

最后，在经济转型时期的中国，正式环境规制、非正式环境规制与政府创新支持都会显著影响企业创新行为。基于制度理论，目前我国的市场机制还不够完善，政府承担了部分资源管理的职能。在此背景下，政府提供创新支持可以有效降低正式、非正式环境规制给企业技术升级带来的成本和不确定性。为了检验政府创新支持强度差异是否能够影响正式环境规制强度与企业创新效率之间的关系，在模型（6-1）中引入环境规制强度与政府创新支持强度的乘积项，其中，环境规制强度与政府直接资金补贴强度的乘积项用 $fer \times gds$ 表示，环境规制强度与政府税收优惠强度的乘积项用 $fer \times gtp$ 表示，对应的计量模型如下：

$$ie_{it} = \alpha_3 + \beta_{31} fer_{it} + \beta_{32} fer_{it}^2 + \beta_{33}\ln(gds_{it}) + \beta_{34}\ln(gtp_{it})$$
$$+ \beta_{35} fer_{it} \times \ln(gds_{it}) + control + \varepsilon_{3it} \quad (6-3)$$

$$ie_{it} = \alpha_4 + \beta_{41} fer_{it} + \beta_{42} fer_{it}^2 + \beta_{43}\ln(gds_{it}) + \beta_{44}\ln(gtp_{it})$$
$$+ \beta_{45} fer_{it} \times \ln(gtp_{it}) + control + \varepsilon_{4it} \quad (6-4)$$

同理，根据合法性理论以及制度理论等，建立如下关于非正式环境规制与创新效率之间的关系模型：

$$ie_{it} = \alpha_5 + \beta_{51}irpi_{it} + \beta_{52}\ln(gds_{it}) + \beta_{53}\ln(gtp_{it}) + control + \varepsilon_{5it} \quad (6-5)$$

$$ie_{it} = \alpha_6 + \beta_{61}irpi_{it} + \beta_{62}irpi_{it}^2 + \beta_{63}\ln(gds_{it}) + \beta_{64}\ln(gtp_{it}) + control + \varepsilon_{6it}$$
$$(6-6)$$

$$ie_{it} = \alpha_7 + \beta_{71}irpi_{it} + \beta_{72}irpi_{it}^2 + \beta_{73}\ln(gds_{it}) + \beta_{74}\ln(gtp_{it})$$
$$+ \beta_{75}irpi_{it} \times \ln(gds_{it}) + control + \varepsilon_{7it} \quad (6-7)$$

$$ie_{it} = \alpha_8 + \beta_{81}irpi_{it} + \beta_{82}irpi_{it}^2 + \beta_{83}\ln(gds_{it}) + \beta_{84}\ln(gtp_{it})$$
$$+ \beta_{85}irpi_{it} \times \ln(gtp_{it}) + control + \varepsilon_{8it} \quad (6-8)$$

$$ie_{it} = \alpha_9 + \beta_{91}\ln(irpo_{it}) + \beta_{92}\ln(gds_{it}) + \beta_{93}\ln(gtp_{it}) + control + \varepsilon_{9it}$$
$$(6-9)$$

$$ie_{it} = \alpha_{10} + \beta_{101}\ln(irpo_{it}) + \beta_{102}\ln(gds_{it}) + \beta_{103}\ln(gtp_{it})$$
$$+ \beta_{104}\ln(irpo_{it}) \times \ln(gds_{it}) + control + \varepsilon_{10it} \quad (6-10)$$

$$ie_{it} = \alpha_{11} + \beta_{111}\ln(irpo_{it}) + \beta_{112}\ln(gds_{it}) + \beta_{113}\ln(gtp_{it})$$
$$+ \beta_{114}\ln(irpo_{it}) \times \ln(gtp_{it}) + control + \varepsilon_{11it} \quad (6-11)$$

其中，$irpi$ 表示公众关注度，$irpo$ 表示媒体关注度。模型中所用解释变量、被解释变量、调节变量及控制变量如下所述。

（1）创新效率（$ie$）。创新效率并非有形变量，其测量主要采取间接方式，有三种方法：第一种是投入法（例如研发投入）；第二种是产出法（例如专利数量）；第三种是全要素生产率法，是被使用最多的方法。估算的方法主要有三种：第一种是时间参数法，简单易行，可以通过各类统计软件直接估算；第二种是增长核算法（即索洛余值法），以新古典增长理论为基础，通过估算弹性来计算，虽然过程比较粗糙，但其方法简单、结论直观；第三种是前沿生产函数法，它需要更精细的计量模型以及更大的数据库，该方法虽然过程复杂，但结论丰富。数据包络法采用线性规划技术组合有效生产单元，从而构造出一个生产前沿面，并以此估计出每个单元的相对效率。适合面板数据分析，该方法经常被用于对省际全要素生产率变化的估算及分析。鉴于此，本节将选择此方法计算全要素生产率。

根据可获得的数据，选取 104 家上市企业为研究对象。在技术创新研发阶段，R&D 是技术创新活动很重要的部分，因此在研究创新研发效率时，选取人力资本投入作为研发的人力投入，选择 R&D 经费支出作为研发的资金投入。为了提高数据分析的可靠性和稳健性，增加固定资产净额作为投入变量。技术研发阶段的产出主要是知识技术类产出和利润的产出，因此将申请专利和营业收入作为产出变量。企业的创新效率是核心技术人员创造性成果的体现，企业工资水平越高表明企业人力资本越高。因此，采用企业应发工资作为替代指标来衡量。申请专利用连续三年的平均申请专利数替代。创新效率测算以 2011 年为基期，将 2011～2016 年的技术创新投入产出数据代入 DEAP2.0 软件，使用 Malmquist 模型计算得出 2011～2016 年的全要素生产率。

（2）正式环境规制强度（*fer*）。现有研究主要有以下五种方式来测度环境规制强度：一是用单位产出的污染治理费用来衡量。二是用接受政府环保检查的时间和受到环保部门的罚款来表示。三是利用污染物的排放密度作为代理变量。四是选取相关指标，采用综合评价法测算正式环境规制的强度，整体反映正式环境规制的强度。国外对于正式环境规制的综合评价指标主要有 CF 指数、FREE 指数和 LCV 指数。在国内，关于正式环境规制的综合评价指标主要有，用一个目标层（ERS 综合指数）、3 个评价指标层（废水、废气和废渣）和若干个单项指标层构建各行业的环境规制强度综合指标。综合指标中首先选取了污染物的达标率，并且对这些单项指标进行无量纲化，其次计算标准化后指标的调整系数，最后通过单项指标的标准化值和平均权重计算出环境规制综合指标。五是使用李克特量表构造企业环境规制的指标对企业管理者进行问卷调查。考虑到微观企业数据的可获得性和制造企业的特殊性，采用企业排污费来衡量。

（3）非正式环境规制强度（*ier*）。目前，国内外研究对于非正式环境规制的衡量方式主要有以下六种：一是公民对于环境污染的投诉次数；二是民众对于环境污染的抗争次数；三是环保团体和社会舆论的压力；四是新闻媒体对于环境污染的报道数量；五是对于企业产品的排斥程度；六是社会经济特征，如人均收入、教育程度、企业雇用本地劳动力比例。本节借鉴徐圆（2014）的做法，中国各地区非正式环境规制的强度通过两个指标衡量。①通过互联网测度公众对环境问题的关注度（$irpi$）。百度指数的基础是网页搜索和新闻搜索，可以得到某个关键词在某个时间段的用户关注度，从而直接客观地反映出社会热点。把"环境污染"作为关键词，在百度指数中搜索，同时对地区分类，可以得到所有省份的百度指数值。②公开媒体上关于环境污染新闻的报道量（$irpo$）。以"环境污染"和企业名称作为关键词进行百度新闻搜索，按照不同的年份，将新闻源限定在一些专业的新闻网站，然后筛选搜索结果，保留关于实际污染问题的新闻，进行统计。其中，公众对于环境污染的关注度是以地区为单位的，但研究对象是企业层面。为了将地区数据转变为企业数据，参照科尔等（Cole et al.，2008）的做法，$IRPI_{i,t} = \sum (S_{i,r,t} \times IRPIV_{r,t})$，其中，$i$、$r$、$t$ 分别代表企业、地区和年份；$S_{i,r,t}$ 表示 $t$ 年在地区 $r$ 中 $i$ 企业占总工业产值的比重；$IRPIV_{r,t}$ 代表 $t$ 年地区 $r$ 的公众对于环境污染的关注度。

（4）政府直接资金补贴强度（$gds$）。企业进行研发活动前，政府对企业创新的支持强度，通过政府直接资金补贴来衡量。

（5）政府税收优惠强度（$gtp$）。政府为了鼓励企业改善生产工艺和流程，使其改善环境质量，会对企业创新进行一定的税收优惠，以企业收到的税费返还来衡量。尽管企业享受的税收优惠政策分为直接优惠和间接优惠，但考虑到资金时间价值等因素，本节主要采用这一指标作为税收优惠的变量值。

（6）企业规模（$size$）。一个企业的规模显示了企业的管理不确定性、灵活性以及对于新产品研发所能提供的支持能力。一些学者认为，规模大的企业积累了更多的资源，可以应对更多的不确定性和风险，因而能够更好地促进新产品开发。企业规模也会影响政府科技资助激励企业研发投入的效果。企业规模的衡量主要有以下三种方式：一是用企业员工总数来衡量；二是采用企业总资产来衡量；三是用企业总资产与企业员工数的比值来衡量。本节通过企业每年的资产总计来衡量企业规模。

（7）企业盈利能力（$pro$）。企业盈利能力直接决定了企业可用资金，会对企业创新效率产生一定的影响，采用企业利润总额占营业收入的比值来衡量。

（8）企业年龄（age）。企业年龄对于企业创新的影响主要有两种说法：一种说法是企业年龄越大，竞争力越强，经营年限代表经验积累对TFP的影响，较多的生产销售经验可以提高企业整体的运营效率；另一种说法是，企业年龄越大，企业惰性越大，灵活性也不够强。与此同时，经营年限较长的企业可能存在组织结构僵化、生产模式落后的问题。因此，企业经营年限对其生产率具有不确定的影响。企业年龄通过企业成立至今的年数来衡量。

（9）企业资产负债率（alr）。资产负债率可以反映企业的融资约束。融资约束直接影响企业的经营活动和生产能力。充足的资金储备和较高的融资能力，可以大幅度降低企业的研发成本。因此，资产负债率与资产盈利率成反比，说明企业所面临的融资约束程度生产率成反比。

变量符号及衡量方式见表6-4。

表6-4 变量符号及衡量方式

| 变量类型 | 变量符号 | 变量描述 | 衡量方式 |
|---|---|---|---|
| 被解释变量 | $gtp$ | 企业创新效率 | 企业全要素生产率 |
| 解释变量 | $fer$ | 正式环境规制强度 | 企业当年被征收的排污费 |
| | $irpr$ | 公众关注度 | 百度指数，公众对于"环境污染"的年平均搜索量 |
| | $irpo$ | 媒体关于企业环境污染新闻报道量 | 百度引擎中媒体对于企业关于环境污染的新闻报道量 |
| | $gds$ | 政府直接资金补贴强度 | 企业研发前政府提供的直接资金补贴 |
| | $gtp$ | 政府税收优惠强度 | 企业收到的税费返还 |
| | $er \times gds$ | 交互效应 | 乘积项 |
| | $er \times gtp$ | 交互效应 | 乘积项 |
| | $irpr \times gds$ | 交互效应 | 乘积项 |
| | $irpr \times gtp$ | 交互效应 | 乘积项 |
| | $irpo \times gds$ | 交互效应 | 乘积项 |
| | $irpo \times gtp$ | 交互效应 | 乘积项 |

| 变量类型 | 变量符号 | 变量描述 | 衡量方式 |
|---|---|---|---|
| 控制变量 | *size* | 企业规模 | 企业总资产 |
| | *age* | 企业年龄 | 企业成立年数 |
| | *alr* | 企业资产负债率 | 企业资产总计与企业负债总额的比率 |
| | *pro* | 企业盈利能力 | 企业净利润与资产总计的比值 |

## 6.2.2 描述性统计与基本检验

样本选择过程和数据来源如下：（1）以沪深证券市场中证监会行业分类中的制造业上市公司为样本，在对 2011～2016 年全部制造业上市公司的财务报表进行详细分析的基础上，剔除了 ST 和数据严重缺失的数据，以及明显存在异常的数据。因此，最终进入分析的是 104 家制造业上市公司数据。（2）借鉴已有文献的做法，企业创新效率用 DEAP 计算出的全要素生产率来衡量。将人力资本投入、固定资产净额、研发投入作为投入变量。将申请专利和营业收入作为产出变量。人力资本的衡量指标为人员工资。固定资产净额、研发投入和营业收入通过中国研究数据服务平台 CNRDS 获得。专利数通过 Soopat 专利搜索网站手动搜索获得。企业排污费从各省份的环境保护局网站手动搜集整理获得。关于非正式环境规制，人们在某一时期内对某个地区环境污染的关注度通过百度指数网站获得。将地区数据转化为企业数据时，需要利用各地区每年的工业总产值，通过《中国工业统计年鉴》获得。媒体关注度以关于企业环境污染的新闻报道量来衡量，通过百度搜索引擎手动搜索获得。企业资产负债率、盈利能力、企业年龄和规模、政府补贴费用、税收返还费用以及盈利等数据均从中国研究数据服务平台 CNRDS 获取。对于个别缺失的数据，从企业年报中手工搜集整理获得。在此，对各个变量指标的数据特征，包括最小值、最大值、均值和标准差，进行了详细的描述，具体结果见表 6 - 5。

表 6 - 5　　　　　　　　　　　　各变量描述统计

| 变量 | 最小值 | 最大值 | 均值 | 标准差 |
|---|---|---|---|---|
| $tfp$ | 0.009 | 48.443 | 1.062 | 1.934 |
| $fer$ | 0 | 9.508 | 0.384 | 0.945 |
| $fer^2$ | 0 | 90.404 | 1.039 | 5.824 |
| $irpi$ | 0 | 3.502 | 0.252 | 0.489 |
| $irpi^2$ | 0 | 12.262 | 0.302 | 1.272 |
| $irpo$ | 0 | 117.000 | 9.630 | 16.636 |
| $gds$ | 0.004 | 200.177 | 6.634 | 14.827 |
| $gtp$ | 0 | 38.200 | 3.546 | 6.613 |
| $size$ | 0.410 | 112.935 | 12.074 | 17.646 |
| $age$ | 5.000 | 34.000 | 16.655 | 4.369 |
| $alr$ | 0.060 | 0.996 | 0.494 | 0.196 |
| $pro$ | -0.715 | 0.760 | 0.056 | 0.125 |

面板数据的单位根检验分为相同单位根过程下的检验（LLC 检验、Breitung检验和 Hadri 检验）和不同单位根过程下的检验（IPS 检验、Fisher-ADF检验和 Fisher-PP 检验）。Hadri 检验的原假设 H0 为"各截面序列都没有相同的单位根"，其他检验的原假设 H0 为"各截面序列具有一个相同的单位根"。

面板数据单位根检验的目的是判断各截面序列是否平稳，平稳则可以直接建立面板数据模型分析；如果不平稳（有一个单位根），看各截面序列的一阶差分序列是否平稳，如果一阶差分序列平稳，对面板数据进行协整检验后发现存在同阶单整的，可以建立面板数据模型进行分析。单位根检验结果见表 6 - 6。

表 6 - 6　　　　　　　　　　　　主要变量单位根检验

| 指标 | LLC 值 | IPS 值 | ADF 值 | PP 值 |
|---|---|---|---|---|
| $tfp$ | -16.447 *** | -4.171 *** | 240.112 *** | 246.731 *** |
| $fer$ | -39.063 *** | -7.653 *** | 254.738 *** | 296.089 *** |
| $fer^2$ | -249.406 *** | -24.742 *** | 243.699 *** | 280.955 *** |
| $irpi$ | -10.364 *** | -0.656 | 156.355 | 177.899 |

续表

| 指标 | LLC 值 | IPS 值 | ADF 值 | PP 值 |
|---|---|---|---|---|
| $irpi^2$ | -9.495*** | -0.214 | 154.096 | 175.711 |
| $irpo$ | -11.514*** | -1.033 | 160.518 | 182.588 |
| $gds$ | -23.106*** | -9.274*** | 309.943*** | 350.635*** |
| $gtp$ | -31.396*** | -6.959*** | 234.812*** | 295.546*** |
| $er \times gds$ | -36.033*** | -9.354*** | 305.515*** | 355.490*** |
| $er \times gtp$ | -82.780*** | -11.963*** | 262.483*** | 298.177*** |
| $irpi \times gds$ | -24.259*** | -10.308*** | 300.377*** | 340.634*** |
| $irpi \times gtp$ | -32.637*** | -6.543*** | 261.239*** | 304.506*** |
| $irpo \times gds$ | -45.562*** | -8.102*** | 266.053*** | 291.099*** |
| $irpo \times gtp$ | -27.358*** | -4.167*** | 216.001* | 259.459*** |
| $size$ | -11.137*** | -1.777** | 226.351** | 302.169*** |
| $age$ | -4.009*** | 6.531 | 60.998 | 117.377 |
| $alr$ | -6.552*** | -1.813** | 211.113* | 267.335*** |
| $yl$ | -49.742*** | -10.167*** | 284.952*** | 343.897*** |

注：*、**、***分别表示在10%、5%、1%的水平上显著。

从表6-6中可以看出，主要变量在1%的显著性水平下原序列平稳，说明正式环境规制强度、非正式环境规制强度、政府创新支持强度与企业创新效率之间可能存在长期稳定的作用关系，因此可以加入模型中进行回归分析。

由上述 LLC 检验表明序列 $fer$、$irpi$、$irpo$、$gds$、$gtp$ 以及 $tfp$ 是平稳的，因此可以进行协整检验。协整检验主要判断截面序列之间是否存在协整关系，可以分为两步：第一步，建立序列之间的面板数据回归模型；第二步，对回归模型的残差进行单位根检验。如果这些界面残差序列是平稳的，则表明序列之间存在协整关系。对残差序列进行单位根检验，发现 LLC 检验的概率值为 0.000，小于 0.05，拒绝原假设，即这些残差序列是平稳的，从而表明截面序列 $fer$、$irpi$、$irpo$、$gds$、$gtp$ 与 $tfp$ 之间是协整关系，即变量之间存在长期均衡。

## 6.3　实证结果分析

### 6.3.1　全样本影响关系分析

基于我国制造业上市公司全部样本进行面板数据模型的选择及回归分析，同时进行冗余性检验和豪斯曼检验。主要遵循以下流程：首先，采用似然比检验（又称冗余性检验），比较判断是选择混合模型，还是固定效应模型进行拟合；其次，采用豪斯曼检验，比较判断是选择随机效应模型，还是固定效应模型进行模型拟合；最后，结合豪斯曼检验和似然比检验来最终确定建立的模型。

观察似然比检验结果 F 统计量以及相对应的概率值，如果概率值很小，说明混合模型是冗余的，此时则拒绝原假设，即摒弃混合模型。如果此时接受固定模型，则继续比较固定效应模型和随机效应模型，进行随机效应模型的豪斯曼检验，其原假设为：个体效应与回归变量无关（个体随机效应回归模型）。观察豪斯曼检验结果 $t$ 统计量以及相对应的概率值，如果概率值很小，则拒绝原假设，即摒弃随机效应模型，建立固定效应模型。

检验以及回归结果见表 6-7。从 M6-1 的回归系数来看，正式环境规制的强度与企业创新效率之间的关系是正向的。说明对我国制造业上市公司而言，正式环境规制强度越大，越容易激励企业进行技术升级和创新，但结果不够显著。从 M6-2~M6-4 的回归系数来看，正式环境规制强度与创新效率之间是显著的正向关系，且正式环境规制强度平方项的回归系数显著为负，即正式环境规制与企业创新效率之间呈现倒"U"型关系，说明适当的正式环境规制强度可以倒逼企业进行技术升级，但是正式环境规制强度如果过大，企业创新带来的效益将无法弥补过高的环境控制成本，会阻碍企业创新效率。这与沈能（2012）等的研究结论一致。M6-5 中非正式环境规制中公众关注度与创新效率之间呈现负向关系，说明公众关注度越高，越不利于企业创新效率的提高。从M6-6~M6-8 的回归系数来看，公众关注度会显著地负向

表 6－7　　全样本实证检验结果

| 变量 | M6－1 | M6－2 | M6－3 | M6－4 | M6－5 | M6－6 | M6－7 | M6－8 | M6－9 | M6－10 | M6－11 |
|---|---|---|---|---|---|---|---|---|---|---|---|
| er | 0.121 | 0.668*** | 0.800*** | 0.630*** | | | | | | | |
| er2 | | -0.411*** | -0.331** | -0.450*** | | | | | | | |
| irpi | | | | | -0.081 | -0.576* | -0.387*** | -0.701** | | | |
| irpi2 | | | | | | 0.363* | 0.258*** | 0.425** | | | |
| irpo | | | | | | | | | -0.358** | -0.327** | -0.219 |
| gds | -0.053 | -0.040 | -0.008 | -0.038 | -0.047 | -0.037 | -0.001 | -0.042 | -0.051 | -0.057 | -0.023 |
| gtp | 0.202* | 0.203* | 0.200* | 0.203* | 0.211** | 0.215** | 0.063 | 0.229** | 0.210** | 0.219** | 0.216** |
| er×gds | | | -0.156** | | | | | | | | |
| er×gtp | | | | 0.105 | | | | | | | |
| irpi×gdp | | | | | | | 0.853*** | | | | |
| irpi×gtp | | | | | | | | 0.103 | | | |
| irpo×gds | | | | | | | | | | 0.010 | |
| irpo×gtp | | | | | | | | | | | -0.640*** |
| size | -0.044 | -0.305* | -0.338** | -0.308* | -0.022 | 0.025 | 0.055** | 0.052 | -0.046 | -0.031 | -0.039 |
| age | 0.017 | 0.082 | 0.074 | 0.080 | 0.017 | 0.019 | -0.058 | 0.206 | 0.094 | 0.220 | 0.129 |
| alr | -0.144** | -0.150*** | -0.139*** | -0.152*** | -0.148*** | -0.140** | -0.012 | -0.159** | -0.409*** | -0.411*** | -0.412*** |
| pro | -0.129* | -0.127* | -0.130* | -0.129* | -0.131* | -0.120* | -0.040 | -0.115 | -0.150* | -0.165* | -0.135* |

续表

| 变量 | M6-1 | M6-2 | M6-3 | M6-4 | M6-5 | M6-6 | M6-7 | M6-8 | M6-9 | M6-10 | M6-11 |
|---|---|---|---|---|---|---|---|---|---|---|---|
| $R^2$ | 0.182 | 0.200 | 0.264 | 0.200 | 0.180 | 0.184 | 0.861 | 0.202 | 0.187 | 0.201 | 0.198 |
| F 值 | 1.037 | 1.153 | 1.192 | 1.146 | 1.023 | 1.043 | 1.176 | 1.098 | 1.072 | 1.102 | 1.135 |
| DW 值 | 1.621 | 1.665 | 1.690 | 1.670 | 1.611 | 1.617 | 1.617 | 1.623 | 1.616 | 1.616 | 1.643 |
| 冗余性 | 1.192 (0.102) | 1.239 (0.070) | 1.240 (0.070) | 1.248 (0.069) | 1.169 (0.147) | 1.207 (0.104) | 1.198 (0.104) | 1.214 (0.098) | 1.155 (0.167) | 1.133 (0.199) | 1.188 (0.125) |
| 豪斯曼 | 15.353 (0.03) | 20.628 (0.008) | 22.670 (0.007) | 21.867 (0.009) | 14.529 (0.043) | 19.633 (0.012) | 20.859 (0.013) | 21.445 (0.011) | 18.112 (0.012) | 18.570 (0.017) | 21.739 (0.005) |
| 模型 | 固定 | 固定 | 固定 | 固定 | 固定 | 固定 | 固定 | 固定 | 固定 | 固定 | 固定 |

注：*、**、***分别表示在10%、5%、1%的水平上显著，括号内的值为显著性概率 P 值。

影响企业创新效率，而公众关注度的平方与企业创新效率呈现显著的正向关系。说明公众关注度与企业创新效率之间是"U"型关系，即公众关注度开始会不利于企业创新效率，但是一旦强度增加，将给企业造成不可忽视的压力，倒逼企业进行技术升级。

从 M6 – 9 ~ M6 – 11 可以看到，媒体关于企业环境污染方面的新闻报道量与企业创新效率呈现显著的负向影响，说明媒体关注不利于企业进行技术升级。M6 – 1 ~ M6 – 11 中，政府直接资金补贴强度对企业创新效率的回归系数都为负，但都不显著，说明政府的直接资金补贴对于企业的创新效率没有发挥太大作用。这与史安娜（2013）的研究结论一致。然而，除了 M6 – 7 之外，政府税费优惠强度与企业技术之间的关系呈现显著的正向影响，说明政府所提供的税收优惠政策对于我国制造业上市公司的技术创新有很强的激励作用。

同时，为了更加直观地衡量政府创新支持强度对正式和非正式环境规制强度与企业创新效率之间关系的调节效应，笔者绘制了调节图。从图 6 – 5 可以看出，政府直接资金补贴强度对正式环境规制与企业创新效率之间的关系有显著的调节作用。结合 M6 – 3 的交互项回归系数为负，说明当政府直接资金补贴强度较高时，正式环境规制会负向影响企业创新效率。

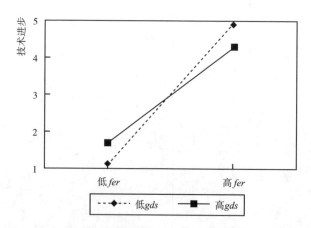

图 6 – 5　政府直接资金补贴在正式规制与创新效率之间的调节作用

从图 6 - 6 可以看出，税收优惠强度对于正式环境规制强度与企业创新效率之间的关系调节作用不够显著。结合 M6 - 4 中的交互项回归系数为正，说明当政府税收优惠强度较高时，正式环境规制对企业创新效率有正向促进作用，但作用不够明显。

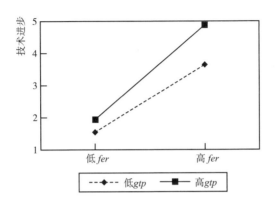

**图 6 - 6　政府税收优惠在正式规制与创新效率之间的调节作用**

根据图 6 - 7，政府直接资金补贴对于公众关注度与创新效率之间的调节效应显著。并结合 M6 - 7 可以看出，公众关注度与政府税收优惠交互项回归系数为正，说明当政府直接资金补贴较高时，公众关注度对企业创新效率有显著的正向促进作用。根据图 6 - 8 和 M6 - 8 可以看出，政府税收优惠对公众关注度与创新效率之间的调节效应不够显著。

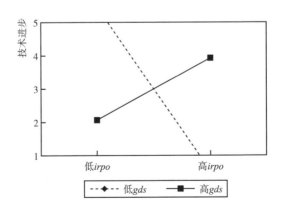

**图 6 - 7　政府直接资金补贴在公众关注度与创新效率之间的调节作用**

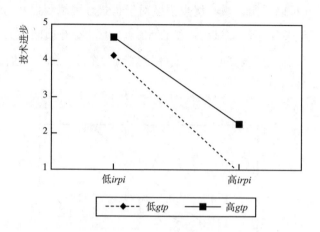

**图6-8　政府税收优惠在公众关注度与创新效率之间的调节作用**

根据图6-9以及结合M6-10可以看出，政府直接资金补贴和税收优惠对媒体关注度与创新效率之间关系的调节作用不够显著，但通过图6-10可以发现，媒体关注度与税收优惠的交互作用都为正。并且在M6-11中，媒体关注度与税收优惠的交互项回归系数为负，说明当政府税收优惠较高时，媒体关注度对于企业创新效率有显著的抑制作用。

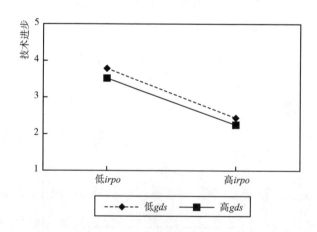

**图6-9　政府直接资金补贴在媒体关注度与创新效率之间的调节作用**

对于控制变量的影响，由表6-7可以看出，企业规模负向影响企业创新效率，说明并不是企业规模越大，企业就会在技术上有进步和突破，中小企

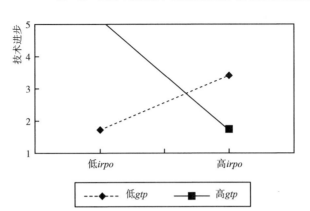

**图6 – 10    政府税收优惠在媒体关注度与创新效率之间的调节作用**

业可能更具有灵活性，创新动力更强。因此，政府应该多加重视中小企业，充分发挥中小企业的优势，对中小企业增加资金支持，弥补其融资能力缺乏的缺陷，促进中小企业的技术创新行为。企业年龄正向影响企业创新效率，说明企业通过实践积累起来的经验可以促进企业效率的提升。企业的盈利能力和企业资产负债率都负向影响企业创新效率，说明企业即使有资金也不一定会用在提升企业的创新效率上，企业不仅需要充足的资金和实力，同时还需要具备技术升级和创新的意识。

### 6.3.2   不同技术水平影响关系分析

环境规制对不同性质企业的影响存在一定的差异性。因此，为了使研究结论更有针对性，本节从行业异质性角度出发，通过测量各行业环境污染程度，对我国工业行业进行了划分。借鉴苏楠（2013）的做法，依照经济合作与发展组织（OECD）1999 年根据 R&D 投入强度对制造业的技术分类，将它分为两大类：一类是低技术产业类，包括低技术产业和中低技术产业；另一类是高技术产业类，包括中高技术产业和高技术产业。研究正式、非正式环境规制与政府创新支持是否会对不同类型的制造业上市公司的创新效率产生不同影响。行业分类情况见表6 – 8。

表 6-8　　　　　　　　　　　　制造业行业分类

| 高技术行业 | 低技术企业 |
| --- | --- |
| 化学原料及化学制品制造业 | 食品制造业 |
| 医药制造业 | 纺织业 |
| 化学纤维制造业 | 造纸及纸制品业 |
| 交通运输设备制造业 | 石油加工 |
| 电气机械及器材制造业 | 炼焦及核燃料加工业 |
| 通信设备 | 黑色金属冶炼及压延加工业 |
| 计算机及其他电子设备制造业 | 金属制品业 |
| 仪器仪表 | |
| 文化办公用机械制造业 | |

在全样本模型的基础上，选择截面固定效应模型对两类分组样本进行回归分析，结果见表6-9和表6-10。

由表6-9可以看出，M6-13~M6-15中正式环境规制强度显著正向影响企业创新效率，说明高技术企业本身投入较多，环境规制对其影响更大，所以高技术型企业创新动力更强；正式环境规制强度平方项对企业创新效率的影响不够显著，而正式环境规制与低技术企业创新效率之间呈现负向关系，说明正式环境规制强度越高，越不利于高技术企业进行技术升级。

从M6-16~M6-19可以看到，公众关注度以及公众关注度平方对于企业创新效率的影响都是正向的，但结果不够显著，说明公众关注度对于高技术企业技术升级和创新影响不大。

根据M6-20~M6-22发现，媒体关注度显著正向影响高技术行业的创新效率。同时，关于政府创新支持对于企业创新效率的影响，只有税收优惠强度会显著正向影响高技术型企业的创新活动，而政府的直接资金补贴对于低技术企业的创新效率则没有明显的影响，这说明税收优惠强度有利于企业的创新效率。

M6-14显示正式环境规制强度与政府直接资金补贴强度的交互项为正，说明政府创新支持强度较高时，正式环境规制会正向影响企业创新效率。M6-15关于税收方面的优惠政策对于正式环境规制与企业创新效率的作用不够显著。根据M6-18和M6-19发现，公众关注度与政府直接资金补贴、与税

表 6 - 9　高技术企业实证检验结果

| 变量 | M6 – 12 | M6 – 13 | M6 – 14 | M6 – 15 | M6 – 16 | M6 – 17 | M6 – 18 | M6 – 19 | M6 – 20 | M6 – 21 | M6 – 22 |
|---|---|---|---|---|---|---|---|---|---|---|---|
| $er$ | 0.063 | 0.064* | 0.047 | 0.063* | | | | | | | |
| $er^2$ | | -0.058 | -0.071 | -0.069 | | | | | | | |
| $irpi$ | | | | | 0.250 | 0.196 | 0.194 | 0.201 | | | |
| $irpi^2$ | | | | | | 0.102 | 0.286 | 0.060 | | | |
| $irpo$ | | | | | | | | | 0.724** | 0.731** | 0.732** |
| $gds$ | -0.127 | -0.122 | -0.123 | -0.129 | -0.138 | -0.131 | -0.152 | -0.128 | -0.145 | -0.267 | -0.169 |
| $gtp$ | 0.610** | 0.605** | 0.723** | 0.620** | 0.666** | 0.662** | 0.657** | 0.672** | 0.616** | 0.589** | 0.666** |
| $er \times gds$ | | | 0.591*** | | | | | | | | |
| $er \times gtp$ | | | | 0.085 | | | | | | | |
| $irpi \times gdp$ | | | | | | | -0.125 | | | | |
| $irpi \times gtp$ | | | | | | | | 0.064 | | | |
| $irpo \times gds$ | | | | | | | | | | -0.296 | |
| $irpo \times gtp$ | | | | | | | | | | | 0.190 |
| $size$ | 0.088 | 0.093 | 0.075 | -0.404 | 0.088 | 0.050 | 0.062 | 0.062 | 0.069 | -0.534 | -0.089 |
| $age$ | -0.203 | -0.214 | -0.814*** | 0.092 | -0.244 | 0.222 | 0.239 | -0.049 | 0.155 | -0.277 | 0.167 |
| $alr$ | -0.120 | -0.117 | -0.136 | -0.203 | -0.123 | -0.140 | -0.138 | -0.139 | -0.148 | -0.179* | -0.127 |
| $pro$ | -0.103 | -0.106 | -0.089 | -0.117 | -0.105 | -0.112 | -0.113 | -0.113 | -0.091 | -0.121* | -0.080 |

续表

| 变量 | M6－12 | M6－13 | M6－14 | M6－15 | M6－16 | M6－17 | M6－18 | M6－19 | M6－20 | M6－21 | M6－22 |
|---|---|---|---|---|---|---|---|---|---|---|---|
| $R^2$ | 0.156 | 0.156 | 0.199 | 0.158 | 0.145 | 0.261 | 0.150 | 0.149 | 0.182 | 0.254 | 0.180 |
| F 值 | 0.792 | 0.777 | 1.021 | 0.770 | 0.729 | 0.149 | 0.723 | 0.718 | 0.959 | 1.212 | 0.942 |
| DW 值 | 1.632 | 1.680 | 1.717 | 1.684 | 1.620 | 1.627 | 1.627 | 1.633 | 1.622 | 1.627 | 1.658 |
| 冗余性 | 1.207<br>(0.141) | 1.251<br>(0.101) | 1.255<br>(0.097) | 1.256<br>(0.097) | 1.212<br>(0.136) | 1.228<br>(0.121) | 1.228<br>(0.121) | 1.240<br>(0.110) | 1.196<br>(0.152) | 1.173<br>(0.180) | 1.243<br>(0.108) |
| 豪斯曼 | 11.920<br>(0.103) | 15.195<br>(0.056) | 17.022<br>(0.048) | 15.597<br>(0.076) | 13.243<br>(0.066) | 19.350<br>(0.022) | 19.350<br>(0.022) | 20.426<br>(0.016) | 12.998<br>(0.072) | 13.255<br>(0.103) | 17.690<br>(0.024) |
| 模型 | 固定 | 固定 | 固定 | 固定 | 固定 | 固定 | 固定 | 固定 | 固定 | 固定 | 固定 |

注：*、**、****分别表示在10%、5%、1%的水平上显著，括号内的值为显著性概率 $P$ 值。

表 6 – 10　　低技术企业实证检验

| 变量 | M6 – 23 | M6 – 24 | M6 – 25 | M6 – 26 | M6 – 27 | M6 – 28 | M6 – 29 | M6 – 30 | M6 – 31 | M6 – 32 | M6 – 33 |
|---|---|---|---|---|---|---|---|---|---|---|---|
| $er$ | 0.112 | 0.873 *** | 0.97 *** | 0.840 ** | | | | | | | |
| $er^2$ | | 0.042 | -0.781 * | -0.727 * | | | | | | | |
| $irpi$ | | | | | -0.017 | -0.017 | -0.001 | -0.022 | | | |
| $irpi^2$ | | | | | | -0.011 | -0.002 | -0.015 | | | |
| $irpo$ | | | | | | | | | -0.583 ** | -0.579 * | -0.389 |
| $gds$ | -0.071 | -0.043 | -0.022 | -0.040 | -0.056 | -0.056 | 0.040 | 0.008 | -0.085 | -0.087 | -0.041 |
| $gtp$ | 0.277 * | 0.271 * | 0.265 * | 0.270 * | 0.282 | 0.284 * | 0.082 ** | 0.273 * | 0.273 * | 0.274 * | 0.260 * |
| $er \times gds$ | | | -0.145 | | | | | | | | |
| $er \times gtp$ | | | | 0.078 | | | | | | | |
| $irpi \times gdp$ | | | | | | | 0.690 *** | | | | |
| $irpi \times gtp$ | | | | | | | | 0.021 | | | |
| $irpo \times gds$ | | | | | | | | | | 0.003 | |
| $irpo \times gtp$ | | | | | | | | | | | -0.765 ** |
| $size$ | -0.042 | -0.007 | 0.022 | -0.067 | -0.036 | -0.032 | 0.017 | -0.025 | -0.043 | -0.044 | -0.039 |
| $age$ | -0.032 | 0.001 | 0.265 * | -0.005 | -0.023 | -0.013 | 0.104 ** | 0.136 | 0.107 | 0.106 | 0.125 |
| $alr$ | -0.276 ** | -0.027 ** | -0.258 ** | -0.280 ** | -0.289 ** | -0.295 ** | 0.009 | -0.265 ** | -0.272 ** | -0.271 ** | -0.259 ** |
| $pro$ | -0.234 * | -0.202 | -0.205 | -0.205 | -0.257 * | -0.258 * | -0.005 | -0.268 * | -0.289 ** | -0.2289 ** | -0.273 ** |

续表

| 变量 | M6-23 | M6-24 | M6-25 | M6-26 | M6-27 | M6-28 | M6-29 | M6-30 | M6-31 | M6-32 | M6-33 |
|---|---|---|---|---|---|---|---|---|---|---|---|
| $R^2$ | 0.194 | 0.211 | 0.217 | 0.212 | 0.192 | 0.193 | 0.953 | 0.222 | 0.204 | 0.204 | 0.217 |
| F值 | 1.059 | 1.160 | 1.176 | 1.140 | 1.051 | 1.034 | 1.345 | 1.211 | 1.133 | 1.111 | 1.197 |
| DW值 | 1.967 | 1.968 | 2.487 | 2.489 | 2.456 | 1.969 | 2.521 | 1.975 | 1.963 | 1.967 | 1.970 |
| 冗余性 | 1.419 (0.104) | 1.489 (0.076) | 1.532 (0.063) | 1.545 (0.059) | 1.212 (0.136) | 1.395 (0.115) | 1.612 (0.043) | 1.478 (0.081) | 1.444 (0.093) | 1.416 (0.105) | 1.428 (0.100) |
| 豪斯曼 | 12.285 (0.092) | 13.975 (0.082) | 16.083 (0.065) | 15.991 (0.067) | 13.243 (0.066) | 11.770 (0.162) | 18.621 (0.029) | 17.116 (0.047) | 12.910 (0.074) | 12.285 (0.139) | 13.837 (0.086) |
| 模型 | 固定 | 固定 | 固定 | 固定 | 固定 | 固定 | 固定 | 固定 | 固定 | 固定 | 固定 |

注: *、**、*** 分别表示在10%、5%、1%的水平上显著, 括号内的值为显著性概率 $P$ 值。

收优惠的交互作用都不够显著，说明当政府创新支持存在时，公众关注度与企业创新效率之间没有显著的关系。根据 M6 – 21 发现，媒体关注度与政府直接资金补贴交互效应为负，但是结果不够显著。而通过 M6 – 22 可以看到，媒体关注度与税收优惠的交互效应对企业创新效率为正向影响，但不够显著。

　　从表 6 – 10 可以看出，在低技术行业，正式环境规制正向影响企业的创新效率，但是加入正式环境规制平方项后，则如 M6 – 24、M6 – 25、M6 – 26 所示，正式环境规制强度与创新效率之间的关系呈现倒 "U" 型。这与总体样本一样，说明适度的正式环境规制强度有利于企业创新效率，正式环境规制强度过大则不利于企业创新效率。而社会公众关注度对于企业的创新效率没有明显的影响，说明低技术企业本身创新意愿与创新能力都较低，公众关注不容易引起企业注意。而媒体关注度则与企业创新效率呈现显著的负向关系，说明媒体关注度越低，企业创新效率则越高。政府对于企业研发前的直接资金补贴负向影响企业的创新效率，但效果不够显著。而政府的税收优惠政策对于企业的创新效率均为显著的正向影响，说明政府的税收优惠政策有利于清洁生产企业的创新活动。关于交互效应，通过表 6 – 10 可以看出，M6 – 29 中公众关注度与政府直接资金补贴的交互项显著为正，说明政府直接资金补贴强度较高时，环境规制会正向影响企业创新效率。M6 – 33 中媒体关注度与税收优惠的交互作用显著为负，说明税收优惠强度较高时，媒体关注度会负向影响企业创新效率。其他交互作用则都不够显著。

　　对比高技术行业和低技术行业，发现正式环境规制强度无论是在高技术型企业还是低技术型企业中对企业创新效率都会产生显著影响。在高技术型企业是负向影响，在低技术型企业是倒 "U" 型影响。非正式环境规制中的公众关注度对高技术行业的创新效率是正向影响，对低技术行业的创新效率则为负向影响，但结果都不显著。政府直接资金补贴无论是在高技术行业还是低技术行业，对于企业创新效率都没有明显影响，而无论在高技术行业还是低技术行业，税收优惠都对企业创新效率有显著的正向影响。企业规模和企业年龄在分行业后，对企业创新效率则没有明显影响。资产负债率和企业盈利能力在低技术行业会对企业产生显著的负向影响，说明在低技术行业，资产负债率和盈利能力越高，越不利于企业创新效率。在高技术行业中资产负债率和盈利能力对企业创新效率没有明显的影响。对比低技术企业和高技术企业发现，不同类型的企业环境规制以及政府创新支持对于企业的创新活动影响是不同的，因此政府应该根据不同行业采取不同的政策。

## 6.4　结 论 与 讨 论

本章利用我国制造业上市公司微观层面连续五年的面板数据，将其分为低技术企业和高技术企业并进行了回归，得出以下研究结论。

第一，环境规制强度与企业创新效率存在一定的关系。（1）制造业总体下，正式环境规制强度与企业创新效率之间的关系为倒"U"型，即适当的正式环境规制强度将有利于企业创新效率提升，超过某个临界点，将不利于企业的创新效率提升。（2）在非正式环境规制情况下，公众关注度与企业创新效率呈现"U"型关系，即较弱的公众关注度不利于企业创新效率提升，而较高的公众关注度会倒逼企业进行技术升级。媒体关注度则与企业创新效率存在显著的负向关系，说明媒体对于企业环境污染关注度越高，越不利于企业创新效率提升。（3）在分样本情况下，无论是在低技术企业中还是在高技术企业中，正式环境规制强度与企业创新效率都呈现倒"U"型关系，说明适度的正式环境规制强度有利于企业创新效率提升，而过度的正式环境规制则不利于企业创新效率提升。（4）在分样本情况下，非正式环境规制只对高技术企业产生影响，公众关注会产生负向影响，而媒体关注作用不显著；在高技术企业，非正式环境规制强度与创新效率间关系不显著。

第二，政府支持与创新效率存在一定的作用关系。（1）制造业总体下，政府直接资金补贴与企业创新效率的关系不显著，而税收优惠与创新效率存在显著的正向关系，即税收优惠越高，越有利于企业创新效率提升。（2）考虑行业差异性发现，政府投入在不同行业所发挥的作用不尽相同。在低技术企业中，政府直接资金补贴并不能激励企业进行技术升级，税收优惠对于企业的创新效率是负向影响的。在高技术企业中，政府直接资金补贴对于企业创新效率没有显著作用，税收优惠正向影响企业创新效率。说明在低技术企业中，企业需要在环境治理方面花费更多成本，政府投入可能会造成企业的挤出效应，减少研发投入，不利于企业进行技术升级。

第三，政府支持在环境规制—创新效率的关系中存在一定的调节作用。（1）制造业总体下，正式环境规制强度和政府直接资金补贴交互作用显著为负。在非正式环境规制下，媒体关注度与税收优惠交互作用显著为正。其他交互作用则不够显著。即在政府直接资金补贴较高时，正式环境规制强度不利于企业创新效率提升；在政府税收优惠较高时，媒体关注度越高，越有利于企业创新效率提升。（2）分行业后，在低技术企业中，政府支持的调节情况与总体情况一致，而在高技术企业中，只有非正式环境规制下的公众关注与政府直接资金补贴的交互作用显著为正。即当政府直接资金补贴较高时，公众关注度越高，越有利于高技术企业创新效率的提升。

# 第7章 政府创新支持、开放式创新与制造企业创新绩效

  制造业当前面临的主要困境是如何实现智能、绿色、服务以及更长生命周期的方式转变。要顺利实现这一转变，其关键是提高制造企业的技术创新能力。虽然开放式创新理论为制造企业的转变提供了新的指导思想，但是具体的关系需要进一步明晰。面对复杂多变的经济形势，特别是在"双创"背景下以及"中国制造2025"战略下，政府支持政策的特殊性对我国制造业创新绩效提高的影响显得尤为重要，我国政府主张实施创新驱动发展战略以推动开放式创新，各地政府积极努力出台创新政策支持企业实施开放式创新。政府通过优化企业技术创新政策促进大学、中介机构服务以及科研院所等主体与企业进行有效合作，将有利于我国社会技术创新的发展。我国制造企业应在开放式合作中，以不断提升自主创新能力为目标，改变企业创新重点转移过程，从开始的依靠外部资源创新到后期以企业本身为主，将开放式创新过程中逐步积累起来的知识和经验转化成自主创新能力，从而实现企业的转型升级和突破式发展。

  因此，"中国制造2025"规划实现"中国制造"向"中国智造"发展，就需要从开放式创新视角研究政府支持对制造企业开放式创新及创新绩效的影响问题。基于此，以2011~2015年沪深两市A股制造业上市公司作为研究对象，对我国制造企业的政府支持情况及效果进行分析，基于制度理论和开放式创新理论等理论知识构建模型，运用面板回归方法，实证分析政府支持、开放式创新与企业创新绩效之间的作用关系。

# 7.1　研究假设

## 7.1.1　政府创新支持与创新绩效

政府创新支持对企业创新行为的影响最后都能够以企业绩效形式表现出来。由于企业通过技术创新所取得的成果具有公共物品的外部性特征，通常易被其他企业复制和模仿，有可能导致企业创新的期望收益下降，此时如果采取政府补助或实行税收优惠，不仅可以降低企业创新的边际成本以及增加其期望收益，还可以进一步促进企业开展创新活动。企业进行创新活动需要付出大量的人力、物力，但投资产出与回报却具有很大的不确定性，企业为避免高风险可能带来的损失，势必会减少创新投入，有些甚至不展开研发活动。此时如果政府能采取一定的补贴或实行税收优惠等政府创新支持手段，相当于给予企业一定的风险补偿与风险保障，在一定程度上还可以减少或解决企业的融资问题。企业自身的研发成本可以通过政府的财政补贴得到补偿，减少企业个体收益与社会收益之间的差别程度。对于企业的研发项目，政府给予的直接财政补贴能减轻企业的资本压力，使得企业内部资金能够有效周转去从事研发创新活动。

在没有政府补贴的情况下，企业会根据其成本收益原则确定最佳的研发策略，利用整合企业内部和外部技术资源的思维展开创新研发活动。然而，当政府补贴投入企业，势必打破原有的平衡，会对企业研发策略产生一定的影响。企业的研发活动需要很长的时间积累才能获得突破，如果有大量的资金予以支持在一定程度上可以减少时间成本。同时，企业的研发成果也存在着被竞争对手模仿的风险，研发创新的正溢出性需要得到一定补偿。因此，一方面，政府补贴作为外部资金为企业后续研发资金提供了来源；另一方面，有效地补偿了企业 R&D 活动的正外部性，促进了研发成果外溢。陈林和朱卫平（2008）采用静态古诺模型研究发现，政府研发补助能积极影响技术创新产出。臧志彭（2015）认为，首先，要建立引导机制和长效保障机制，以政府补助方式激励企业研发投入，而不是仅仅用于贴补成本费用。其次，建立政府补助后的评估机制以加强事后监管，落实惩罚措施以改善补助结果的政策效果，促进企业积极投入研发创新，提高研发成果的质量。总之，学者研究表明，政府补助对创新数量（张永安、关永娟，2021）和创新质量（张慧雪、沈毅、郭怡群，2020）具有显著的促进作用。

政府通过实施企业研发支出的税前扣除、加速折旧、所得税的优惠等税收政策，能减少企业进行研发时所需的成本费用，提高创新效率（伍红、郑家兴，2021），也能激励企业将更多的资金投入于研发。黄雨婷等（2015）利用 2011～2013 制造业的行业数据，以研发费用扣除减免税政策的税收优惠衡量政府创新支持，结果显示，外部的激励调动了制造企业的创新积极性，促进企业投入研发活动和技术创新，进而促进制造业创新能力的提升。李艳艳等（2016）以最新五年的上市公司大数据研究发现，税收优惠政策对企业的补贴会积极影响研发产出，它能通过转化企业内部资源而降低研发投资风险，促进研发活动的产生。

企业通过技术创新所得的成果具有公共物品特征，其所表现出的"价格溢出"和"知识溢出"效应使得企业作为创新主体的私人回报低于社会回报，严重损害企业的投资意愿。此时，单靠市场的力量难以实现对企业研究开发活动的引导，需要政府积极干预。政府直接对企业实施创新补贴，在降低企业创新成本的同时，弥补了企业私人回报低于社会回报的缺口，减少了创新活动的外部性。税收优惠相当于在事后给予补贴，有利于企业创新绩效的提升（吕开剑、孙慧，2020）。由此提出以下假设。

假设 7 - 1a：政府补助对创新绩效有显著的正向影响；

假设 7 - 1b：税收优惠对创新绩效有显著的正向影响。

### 7.1.2　政府创新支持与开放式创新

开放式创新的一个重要体现在于企业与外部网络主体之间的技术创新合作，政府的相关政策能为开放式创新创造良好的环境，并引导和激励各个主体进行技术创新合作，进而提高核心竞争力。开放式创新能解开创新过程中所遇的难解之题，也能为政府帮助企业提升技术创新能力提供新模式。在提升过程中，企业需要政府及相关管理部门综合运用一些政策，例如金融、财政、知识产权以及信贷等政策，通过有序的组织与科学的领导建设和完善区域创新体系。企业自身需要加强对政策的关注度，提升自身技术创新能力的同时找准有利时机，向创新驱动转变以协调推进经济发展。希格斯和伊赫（Hilgers & Ihl，2010）认为，政府在应用开放式创新方面，将项目向市民外包是一种良好表现，相比于向某些内部团队外包能吸引更多的知识和智慧。于淼（2012）提出，政府的相关政策和创新环境都会影响开放式创新，政府部门是开放式创新的倡导者和相关政策的制定者，政府的参与行为在一定程度上积极影响开放式创新，相关政策的制定能够引导和促进企业的技术创新合作，从而加快企业的科技创新，提高企业核心竞争力。例如，政府部门通过制度知识产权政策保护企业创新可以促进技术引进和转移等技术交易的经济活动，进而促进开放式创新活动的产生。之后，徐建中和孙颖（2020）、曹霞等（2020）进一步证实了政府支持可以促进创新主体开展创新合作。政府部门通过制定相关政策以及对企业正确引导，可以加强创新网络主体之间的合作，使企业能够较为便利地获取外部创新资源。对于开放式创新与政府行为的研究不仅要从宏观层面分析两者之间的影响，更要从微观层面解析政府创新支持对开放式创新的影响。本章通过查找各个制造业企业的专利数据，通过查找与企业联合申请专利的主体，包括供应商、顾客、竞争对手企业、科研院所、政府机构等，以及通过这些主体申请的专利数量来测量开放式创新。通过外部创新源的类型发现政府也是企业创新网络中的主体，政府机构的加入有利于开放式创新广度的提升，企业与政府申请的研发项目产生的专利有利于开放式创新深度的提升。基于此，本章提出以下假设。

假设 7 - 2a：政府补助对开放式创新广度有显著的正向影响。

假设 7 - 2b：政府补助对开放式创新深度有显著的正向影响。

假设 7 - 2c：税收优惠对开放式创新广度有显著的正向影响。

假设 7 - 2d：税收优惠对开放式创新深度有显著的正向影响。

### 7.1.3 开放式创新与创新绩效

基于创新网络理论，创新网络内的主体通过资源相互传递和共享来触发创新活动，促进企业提升创新绩效。格雷科等（Greco et al.，2016）认为，在开放式创新过程中，网络主体关系的广度和深度都会直接正向影响企业创新绩效，但作用曲线不同。对于间接影响，网络主体关系越强，越有利于主体成员间相互了解，形成合作惯例，促进网络主体间的互补，降低机会主义风险，从而提升企业创新绩效。这一观点在 20 年前也有类似结论，网络主体之间的强关系能构成重叠网络，并很好地促进网络主体间信息和知识的共享，因而可以更好地推动企业一系列开放式创新成果的形成（Uzzi，1997）。虽然有学者持有相反的观点，认为只有网络主体之间维持较弱的关系才能保持动态性和弹性，扩大网络主体成员数量，即开放信息和知识的广度，方便提高企业获取外界资源的灵活性（Kraatz，1998）。但大多数学者的研究都很好地证实了强关系在信息和知识共享以及创新方面的显著促进作用（Phelps et al.，2009）。企业创新网络关系是强还是弱，都能从创新网络中获得企业学习所需的信息和资源，从而提升创新绩效。陈钰芬和陈劲（2009）在对数百家中国创新型企业的调查研究后发现，企业内部存在资源不足的问题，而企业开展开放式创新一定程度上能帮助企业快速获取市场信息和技术资源，进而提高创新绩效。根据中国科技部统计，截止到 2014 年，已有超 40% 的企业有创新活动。创新主体之间随着技术资源和知识信息共享的认同感不断增强，知识网络的范围交叉性也会逐渐增强，从而扩展了创新网络主体彼此之间的创新搜寻宽度和范围。开放式创新模式是企业提升创新能力的有效模式，供应商的信息可以帮助解决技术问题，利用供应商的材料和零部件的优势改善创新产品的开发模式；企业的研发产品主要服务于顾客，而顾客作为市场需求的主体通过自身感受将市场需求信息反馈到企业，从而帮助企业设计出更好的新产品并有效推广；最有歧义的是竞争对手，研究表明，对竞争对手开放有利于制定竞争战略，两者可以互相了解对方的技术水平；科研院所的主要职能在于科研，一定程度上来说是为社会技术服务，对企业来说不仅没有竞争压力，还可以从中获得最新知识和信息，更没有知识产权分享冲突。陈志明（2016）研究证明，开放式创新能突破企业自身技术或产品轨迹，决策集中度能调节开放式创新与突破性创新绩效之间的关系。所以要想在产品或者行业内有突破，就需要避免不确定因素的风险，并强化决策中心性，避免不必要的知识溢出。

开放式创新强调的是企业创新过程的开放程度，通过利用企业内部和外部的技术资源和信息，保证高效率的创新速度以提高企业的竞争优势，更精确地说，企业的开放程度衡量的是开放式创新过程的广度和深度。开放度给企业带来的丰富信息提高了企业的创新绩效（Sisodiya et al. , 2013）。开放度的提高有利于拓宽企业边界，使得外界的信息技术资源能加入企业内部的创新系统中，加强企业的竞争实力，创造新的产品和服务，产生新的价值。外界的知识流入也意味着企业内部知识通过技术转移或授权等获取利益的交易形式流出，为此企业要注重创新模式来平衡企业内外部知识的流动，进而来提升创新绩效。巴尔卡等（Balka et al. , 2013）研究也证明，开放度能够促进企业积极参与创新项目并贡献自己的资源。创新开放广度越广意味着企业的外部创新源越多。创新开放深度越深，表明企业能够获得的外部支持越稳定，对外部创新知识、技术、创意的理解更准确。因此，创新开放度在开放广度和开放深度两个方面的增强将为企业带来更多的新知识、新创意与新技术，帮助企业加快创新速度，节省研发成本，实现技术突破，更好地迎合甚至创造市场需求，从而促进企业创新绩效的提升（闫春、黄绍升、黄正萧，2020）。

从理论上来说，企业对供应商、顾客、竞争对手、科研院所开放有利于创新绩效的提升。所以，外部创新主体的多样性对创新绩效有积极的影响，即开放式创新广度对创新绩效有积极影响。部分学者从开放式创新的开放度来探讨其与创新绩效之间的关系，他们认为企业联合申请专利数越多，开放式创新的程度就越高，从而企业的创新绩效就越好，即开放式创新深度对绩效有积极影响，综上所述，本章提出以下假设。

假设 7 - 3a：开放式创新广度对创新绩效有显著的正向影响。

假设 7 - 3b：开放式创新深度对创新绩效有显著的正向影响。

### 7.1.4　政府创新支持、开放式创新与创新绩效

"互联网＋"时代，企业不再是独立的经济体，而是网络中的成员之一。在开放式创新模式下，国内外学者主要探讨了网络关系对企业创新绩效的直接与间接影响。网络关系是企业为了提高自身竞争能力而建立、维持和运用的一种关系。对于直接影响，大多数学者认为，网络关系的广度和深度都会直接正向影响企业创新绩效，但作用曲线不同（Greco et al.，2016）。对于间接影响，有些企业对于外部网络关系的重要性以及外部网络主体成员的资源储备和具有的能力都不清楚，自然也摸不清网络关系中所蕴含的机会，而良好的网络关系能力和开放式创新能力能帮助评估和辨析其中的奥秘，实现协同合作创新（Mazzola，2015）。也有实证研究表明，企业网络关系在开放式创新中与组织搜索策略或学习能力等产生交互作用进而影响企业的创新绩效（谭云清，2015）。

随着经济全球化时代的到来，企业竞争压力逐渐显现出来。企业必须开始寻求竞争的主动权，而基础条件还是必须要把握技术创新，这是在经济全球化时代维持企业竞争优势必要选择。然而由于知识、信息、技术资源等生产要素的稀缺性，企业逐渐感受到仅依靠自身能力的困难性，为在这种形势下生存与发展，企业的竞争模式必须由此改变，通过构建创新网络，促进企业与其他主体间的技术交流，转变为深入合作竞争模式。企业通过技术合作实现知识流动与共享，从而提高技术创新成功率，获得更高的收益。技术创新具备风险高、投入高和失败率高的特征。随着企业外部技术环境的不确定性以及技术本身的复杂性，企业与网络主体间普遍采用技术合作。首先，技术合作一定程度上能避免创新风险带来的损失，降低生产和交易成本。其次，在企业与其他主体间良好的信任以及社会资本条件下，能够促进企业与网络中其他主体间的技术资源快速双向流动，增加创新的知识储备，提升企业研发能力。资源依赖观认为，企业创新越依赖某种资源，比如外部知识，越需要建立并维持与这些资源持有者之间良好的创新网络关系。有研究表明，在创新网络中已初步形成了由政府、企业、中介服务机构、高校和科研院所等

节点组成的关系网络，在一定程度上有效地促进了产学研之间的合作，形成了动态的外部规模经济。企业通过外部网络关系整合资源，增强知识、信息、资源等生产要素的共享性，提高企业技术创新的知识储备，加快创新速度，提高创新成功率。

大多数企业依靠自己的能力申请得到政府的财政支持，或投身政府提供的研发项目，这些企业一般在规模上或者在企业性质上都有一定的优势，政府对企业的技术创新活动进行补贴的行为相当于向市场传递了信号，说明企业有优质的研发项目。这种信号有利于资金所有者建立自信，将更多资金投入有政府补贴研发项目的企业中去，也能更加吸引创新网络中其他主体加入创新。这就需要企业具备开放式创新的思想以及开放式创新的过程。因此，政府创新支持作为制度环境中的一种激励手段，会影响企业创新行为，通过企业内部开放式创新的过程，企业的创新绩效才能有所提高，所以本章提出以下假设。

假设 7 - 4a：开放式创新广度在政府补助与创新绩效之间起到中介作用。

假设 7 - 4b：开放式创新广度在税收优惠与创新绩效之间起到中介作用。

假设 7 - 4c：开放式创新深度在政府补助与创新绩效之间起到中介作用。

假设 7 - 4d：开放式创新深度在税收优惠与创新绩效之间起到中介作用。

根据以上路径分析，本章将涉及 12 条研究假设，为方便迅速了解研究假设内容，将研究假设内容汇总在表格中（见表 7 - 1）。

表 7 - 1　　　　　　　　　　　　研究假设汇总

| 影响机制 | 假设内容 | 假设关系 |
|---|---|---|
| 政府创新支持对创新绩效的影响 | 假设 7 - 1a：政府补助与创新绩效有显著的正向影响 | 正向显著 |
| | 假设 7 - 1b：税收优惠与创新绩效有显著的正向影响 | 正向显著 |
| 政府创新支持对开放式创新的影响 | 假设 7 - 2a：政府补助与开放式创新广度有显著的正向影响 | 正向显著 |
| | 假设 7 - 2b：政府补助与开放式创新深度有显著的正向影响 | 正向显著 |
| | 假设 7 - 2c：税收优惠与开放式创新广度有显著的正向影响 | 正向显著 |
| | 假设 7 - 2d：税收优惠与开放式创新深度有显著的正向影响 | 正向显著 |
| 开放式创新对创新绩效的影响 | 假设 7 - 3a：开放式创新广度与创新绩效有显著的正向影响 | 正向显著 |
| | 假设 7 - 3b：开放式创新深度与创新绩效有显著的正向影响 | 正向显著 |

续表

| 影响机制 | 假设内容 | 假设关系 |
|---|---|---|
| 中介效应关系 | 假设7-4a: 开放式创新广度在政府补助与创新绩效之间起到中介作用 | 中介作用 |
| | 假设7-4b: 开放式创新广度在税收优惠与创新绩效之间起到中介作用 | 中介作用 |
| | 假设7-4c: 开放式创新深度在政府补助与创新绩效之间起到中介作用 | 中介作用 |
| | 假设7-4d: 开放式创新深度在税收优惠与创新绩效之间起到中介作用 | 中介作用 |

### 7.1.5 概念模型

根据以上路径分析和研究假设,可以看出本章研究的是政府创新支持与创新绩效的关系以及开放式创新这一变量是否在二者关系中发挥中介效应,构建政府创新支持、开放式创新与创新绩效之间概念模型如图7-1所示。

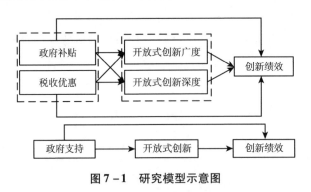

图7-1 研究模型示意图

## 7.2 研究设计

### 7.2.1 样本选取与数据来源

本章选择2011~2015年沪深两市A股制造业上市公司作为研究对象。

控制变量、自变量和因变量的数据主要来源于中国研究数据服务平台 CNRDS，经过手工收集、整理而得，中介变量开放式创新的相关数据主要来源于佰腾网专利检索系统，本节所有数据使用 Excel、SPSS 软件、EViews 软件进行整理分析。具体样本根据以下条件进行筛选：（1）样本来自证监会行业中的分类所得，并截取 2011～2015 年的年报；（2）剔除 2011 年后上市的公司；（3）剔除 B 股以及财务状况异常（ST、*ST）的公司；（4）剔除五年内没有合作申请专利的公司；（5）剔除研发费用数据不全或缺失的公司。

根据以上标准，笔者共筛选出 436 家符合条件的企业。

### 7.2.2　变量选取

（1）因变量。创新绩效被定义为创新产出水平。其衡量标准在学术界并没有统一的意见。这是由于企业的技术创新过程和产出存在复杂性和多样性。在开放式创新模式下，衡量企业绩效已经不能光看企业表面的财务绩效，更应该重视企业创新绩效的差异。以往研究中使用的指标种类不一。朱学冬等（2010）从研发投入、自主产权、创新业绩和创新管理考察创新型企业的创新绩效，其中，自主产权和创新业绩指标表示产出指标。张林（2012）从市场、文化、技术、制度、知识管理的创新以及经营成果、业务流程、财务状况这八个层面表示创新型企业绩效的评价指标。企业的专利数量反映企业研发技术上的一个突破，是技术创新的体现，因此选择专利申请数来衡量创新绩效。同时，考虑到申请专利的滞后性，选择将前后一年与该年的主体平均数作为专利申请数。同时，选用发明专利数量代表创新绩效的间接效益在本章的稳健性检验中加以论证。

（2）自变量。本章所考察的政府创新支持变量主要包括政府补助和税收优惠。对于政府补助的衡量主要从政府的资金流出发，考虑到数据的可得性，采用企业年报中营业外收入明细——政府补助来进行指标衡量。税收优惠的衡量方式，基于 B 指数测算政府对企业技术创新活动的税收优惠金额。目前，世界上大多数国家在税收政策优惠方面采取的措施主要包括

R&D 税收抵扣和 R&D 应税抵扣两种方式。这两种方式都降低了企业的 R&D 成本，从而对企业的技术创新活动产生一定影响。理论界关于税收优惠强度的测算方法也主要基于以上两种政策进行展开，这些方法包括税收抵扣的边际效率法（METC）、B 指数法和 R&D 使用成本法等。其中，B 指数法的应用最为广泛，本章也将使用该方法测算政府税收优惠政策的效果。B 指数法由瓦尔达（Warda，2006）提出并逐渐完善，它反映了每单位研发支出的税后成本，即我国企业 R&D 税收优惠措施的实施强度。B 指数的税收优惠是相对于企业所得税而言，并不考虑诸如流转税、个人所得税等其他税种，企业当年拥有足够的应纳税所得额，以享受税收扣除优惠，无须考虑余额结转问题。

B 指数的计算公式为：$B = (1 - vt)/(1 - t)$，其中，$t$ 是企业所得税税率，当企业享有税前扣除优惠时，每单位 R&D 投资的税后成本即为 $1 - vt$，其中 $v$ 为税前扣除率。B 指数反映的是每单位 R&D 支出的实际成本，如果 $B < 1$，即 $v > 1$（实行加计扣除），表明 R&D 的所得税优惠使得企业的税收支出减少，且 B 指数越小，税收优惠的激励程度越高；如果 $B > 1$，即 $v < 1$（不实行加计扣除），企业 R&D 支出的税后成本提高。因此，B 指数的值与研发的激励程度呈反比。2008 年实施的企业所得税法对企业所得税的税率进行了调整，但新、旧两个税法在企业开发新产品、新技术和新工艺等方面发生的研发费用上均采用了相同的税前扣除率，即税前扣除 150%。企业所得税加权税前扣除率的计算参考戴晨和刘怡（2008）的研究，将企业的加权税前扣除率设为 140%。即 B 指数公式中的 $v = 140\%$。

目前我国企业所享受的税收优惠资本存量的均值总体上呈现出上升的趋势，我国对企业技术创新的税收优惠政策已成为支撑我国企业技术创新的重要力量。事实上，政府对技术创新活动的税收优惠力度与我国经济社会发展的梯度格局较为一致，即经济社会发展较好地区的政府对技术创新活动的税收优惠力度较大；反之，落后地区的政府税收优惠力度则较小。

（3）中介变量。借鉴国内外学者的观点，开放式创新可用开放式创新广度和开放式创新深度去衡量。有的学者采用专利活动度量开放广度（Katila & Ahuja，2002；Chiang & Hung，2010）；有的学者用企业在创新过程中与外部创新要素（包括供应商、顾客、竞争企业等）合作的种类数来度量开发广度（Laursen & Salter，2006）；也有学者采取二分取值法，认为企业在创新的过程中若与外部创新源发生联系，那么这个创新源就取值为1，否则为 0，所有创新源取值的总和就是开放广度的值（Lee & Park，2010）。孙旭（2015）引入赫芬达尔—赫希曼指数（HHI 指数）的思想，计算开放式创新广度，而 HHI 指数是一个综合指数，主要测量产业集中度，引入 HHI 指数测量广度会造成计算结果与广度成反比，是不合理的计算方式。故本节还是沿用企业与外部创新要素合作的种类数衡量开放式创新广度。对于开放式创新深度的测量，学者们进行了不同的探索，有的采用被重复引用专利数占总体被引用专利数的比例来测量开放深度（Katila & Ahuja，2002）；有的用企业在创新过程中与创新要素联系的频数来测量开放深度（Laursen & Salter，2006）；也有的采用 Likert 七级量表衡量企业在创新活动中与外部创新要素发生信息交流的频率来测量开放深度（陈钰芬和陈劲，2008）。考虑到七级量表的调查问卷形式所得数据缺乏客观性，以及数据的可得性，采用联合申请专利数表示开放式创新程度。

（4）控制变量。由于企业规模、企业年龄和资本结构会影响企业知识转化、吸收能力，对创新绩效有较大影响，选择企业规模、企业年龄、资产负债率和研发费用占营业收入的比重为控制变量。规模较大的企业拥有较多的物质及人力资源，可能依据自身优势和特点获取较多的政府补贴，从而对企业创新活动产生积极影响。采用在职员工人数衡量企业规模。资产负债率代表企业的整体负债水平，保持在50% 左右时对企业发展有正向影响，其值越高表明企业的负债压力越大，资金使用受限越明显，进而会影响到企业研发投入的力度。资本结构变量采用资产负债率来衡量。企业内部研发费用占营业收入的比例对企业的研发投入强度具有一定影响。利用年报中研发费用占营业收入的比重来衡量研发费用占比。企业的年龄越大，表示企业发展越成熟，在市场上有一定的竞争力，在创新网络中联合创新的可能性越大。选择企业成立年限作为企业年龄的衡量。

变量说明见表 7 - 2。

表7-2 变量说明

| 类型 | 变量 | 代码 | 说明 |
|---|---|---|---|
| 被解释变量 | 创新绩效 | Ip | 专利申请数量 |
| 解释变量 | 政府补助 | Gov | 营业外收入明细——政府补助 |
| | 税收优惠 | Tax | B 指数 |
| | 开放式创新广度 | Sub | 联合申请专利主体种类数 |
| | 开放式创新深度 | UP | 联合申请专利数 |
| 控制变量 | 企业规模 | Size | 年报披露的每年在职员工总数 |
| | 企业年龄 | Age | 年报所指年份减去企业成立年限 |
| | 资本结构 | Cap | 资产负债率 |
| | 研发费用占比 | Rd_R | 研发费用占营业收入的比重 |

# 7.3　实证分析

## 7.3.1　描述性统计

样本数据的描述性统计见表7-3，从表7-3中可发现，专利数的最大值是5908.333，最小值为0.000，均值为74.936，标准差为317.572，说明企业专利产出差异比较大；作为政府创新支持的衡量维度税收优惠最大值为0.828，最小值为0.000，政府补助的最大值为3120000000，最小值为40000，反映出政府对于不同企业的支持程度是有差异的；作为开放式创新的衡量维度联合申请专利数可看到极大值为2367.667，说明有些企业的专利来源主要是靠与其他主体的合作。联合申请专利主体种类数最大值为4.000，最小值为0.000，反映了不同企业的开放式创新程度不同。

表7-3 各变量的描述性统计

| 变量 | N | 极小值 | 极大值 | 均值 | 标准差 |
|---|---|---|---|---|---|
| 政府补助 | 2180 | 4.000E4 | 3.120E9 | 6.707E7 | 1.901E8 |
| 税收优惠 | 2180 | 0.000 | 0.828 | 0.642 | 0.072 |
| 联合申请专利数 | 2180 | 0.000 | 2367.667 | 12.668 | 84.811 |

续表

| 变量 | N | 极小值 | 极大值 | 均值 | 标准差 |
|---|---|---|---|---|---|
| 联合申请专利主体种类数 | 2180 | 0.000 | 4.000 | 0.570 | 0.679 |
| 专利数 | 2180 | 0.000 | 5908.333 | 74.936 | 317.572 |
| 资产负债率 | 2180 | 2.230 | 113.000 | 42.438 | 19.487 |
| 企业年龄 | 2180 | 3.000 | 57.000 | 15.600 | 5.273 |
| 企业规模 | 2180 | 222.000 | 1.638E5 | 6865.610 | 11978.075 |
| 研发费用占比 | 2180 | 0.010 | 42.320 | 4.337 | 3.542 |

### 7.3.2 相关性分析

从相关性分析表 7 - 4 来看，创新绩效与政府补助、税收优惠、联合申请专利数、联合申请专利主体种类数、资产负债率、企业年龄、企业规模、研发费用占比的相关系数为正，并且 $P$ 值小于 0.01，即在 0.01 水平上显著相关，总体而言相关性均有统计学意义。

表 7 - 4                       变量之间的相关性分析

| 变量 | 1 | 2 | 3 | 4 | 5 | 6 | 7 | 8 | 9 |
|---|---|---|---|---|---|---|---|---|---|
| 1. *Sub* | 1 | | | | | | | | |
| 2. *Cap* | 0.065 ** | 1 | | | | | | | |
| 3. *Age* | 0.044 * | 0.145 ** | 1 | | | | | | |
| 4. *Size* | 0.140 ** | 0.319 ** | 0.122 ** | 1 | | | | | |
| 5. *Gov* | 0.143 ** | 0.228 ** | 0.078 ** | 0.636 ** | 1 | | | | |
| 6. *Tax* | 0.056 ** | 0.166 ** | 0.050 ** | 0.438 ** | 0.673 ** | 1 | | | |
| 7. *Ip* | 0.088 ** | 0.159 ** | 0.080 ** | 0.514 ** | 0.634 ** | 0.734 ** | 1 | | |
| 8. *Rd_r* | 0.019 | − 0.344 ** | − 0.157 ** | − 0.165 ** | 0.013 | 0.049 ** | 0.060 ** | 1 | |
| 9. *Up* | 0.108 ** | 0.059 ** | 0.094 ** | 0.216 ** | 0.272 ** | 0.323 ** | 0.546 ** | 0.035 | 1 |

注：** 代表在 0.01 水平（双侧）上显著相关；* 代表在 0.05 水平（双侧）上显著相关。

### 7.3.3 回归分析

首先，为了减少量纲不一致的影响，统一数据单位，用 STATA 将所有数据进行标准化处理。其次，在面板数据模型形式的选择方法上，本节采用了常用的冗余性检验和豪斯曼检验来判断，冗余性检验的原假设为选择混合效应建立模型，若 $P$ 值小于 0.05，表示拒绝原假设，那么应该选择备择假设，即选择固定效应模型；豪斯曼检验的原假设为选择随机效应建立模型，若 $P$ 值小于 0.05，表示拒绝原假设，那么应该选择备择假设，即选择固定效应模型。冗余性检验和豪斯曼检验的结果都是 $P$ 值很小，小于 0.01，故都是拒绝原假设，因此选择建立固定效应模型。在此基础上，对所有模型进行协整检验，检验结果残差项都是平稳的，说明模型具有长期均衡关系。

利用三步中介回归法来检验开放式创新的中介作用：首先，检验自变量与因变量是否存在显著关系，如果显著，则继续进行随后的分析。其次，检验自变量作用于中介变量的效应是否显著，再将自变量和中介变量同时加入回归，检查自变量与中介变量、中介变量与因变量的显著性，若两个都显著，检验自变量与因变量的直接作用，若此时直接作用的关系不再显著，说明存在完全中介，否则存在部分中介效应；若至少一个不显著，则需进行 sobel 检验，统计值大于 0.9，说明中介效应显著，反之，则为不显著。

sobel 检验公式：$Z = ab/\sqrt{a^2 Sb^2 + b^2 Sa^2}$，其中，$a$ 表示自变量与中介变量的回归系数；$Sa$ 表示其关系的标准误差；$b$ 表示自变量和中介变量同时加入回归时，中介变量与因变量的回归系数；$Sb$ 表示其关系的标准误差。

（1）政府补助、开放式创新、创新绩效的回归结果分析。

本节将政府创新支持、开放式创新与创新绩效之间的关系分为两个部分解读，关于政府补助、开放式创新、创新绩效的回归结果见表 7-5。

表 7-5 　　　　政府补助、开放式创新、创新绩效的回归结果分析

| 项目 | 被解释变量 | | | | | |
|------|------------|------|------|------|------|------|
| | Ip<br>M7-1 | Ip<br>M7-2 | Sub<br>M7-3 | Ip<br>M7-4 | UP<br>M7-5 | Ip<br>M7-6 |
| 控制变量 | | | | | | |
| Rd_R | -0.031 | -0.030 | -0.013 | -0.025 | -0.006 | -0.027 |
| Size | 0.1 *** | 0.122 *** | 0.140 *** | 0.070 ** | 0.129 *** | 0.067 ** |
| Cap | 0.010 | -0.011 | -0.051 | 0.008 | -0.054 * | 0.012 |
| Age | 0.106 *** | 0.120 *** | 0.174 *** | 0.055 ** | 0.144 *** | 0.058 * |

续表

| 项目 | 被解释变量 | | | | | |
|---|---|---|---|---|---|---|
| | *Ip*<br>M7 – 1 | *Ip*<br>M7 – 2 | *Sub*<br>M7 – 3 | *Ip*<br>M7 – 4 | *UP*<br>M7 – 5 | *Ip*<br>M7 – 6 |
| 解释变量 | | | | | | |
| *Gov* | | – 0.061 *** | 0.009 | – 0.064 *** | 0.0118 | – 0.066 *** |
| *Sub* | | | | 0.375 *** | | |
| *Up* | | | | | | 0.430 *** |
| $R^2$ | 0.883 | 0.884 | 0.793 | 0.913 | 0.810 | 0.918 |
| *F* | 29.90 *** | 30.01 *** | 15.17 *** | 41.17 *** | 16.87 *** | 44.54 *** |
| 模型选择 | | | | | | |
| H | 128.203 *** | 408.546 *** | 21.364 *** | 423.117 *** | 24.688 *** | 417.112 *** |
| L | 20.289 *** | 15.552 *** | 13.942 *** | 16.543 *** | 24.688 *** | 17.049 *** |
| 模型选择 | F | F | F | F | F | F |
| 协整检验 | | | | | | |
| LLC | – 25.921 *** | – 25.862 *** | – 25.37 *** | – 31.189 *** | – 26.786 *** | – 31.974 *** |
| ADF | 1487.10 *** | 1490.89 *** | 1415.74 *** | 1785.60 *** | 1490.83 *** | 1828.85 *** |
| PP | 1585.21 *** | 1595.18 *** | 1505.14 *** | 1839.36 *** | 1560.61 *** | 1879.99 *** |

注：模型选择中 H 表示豪斯曼检验结果；L 表示冗余性检验结果；F 表示固定效应模型。*** 代表在 0.001 水平上显著；** 代表在 0.01 水平上显著；* 代表在 0.1 水平上显著。

模型 M7 – 2 是政府补助对创新绩效的总效应结果，结果显示，政府补助对创新绩效呈现负向显著相关性，与假设 7 – 1a 不一致。虽然这与原假设相悖，但与克莱特（Klette，2000）和刘楠等（2005）的研究一致。一种可能的原因是企业创新过程在投入阶段到产生成果阶段存在滞后效应，导致政府补助还没有发挥作用。另外，由于政府补助针对性强，补助及时，激励企业快速投入创新活动，继而短期效果明显，但考虑到长期性，结果就不太理想。这与张继良、李琳琳（2014）的研究结果相似，他们认为，在企业研发投入阶段，政府直接补助的影响强于中间产出和最终产出阶段。另外可能的原因是政府补助的对象由政府部门确定，不仅具有一定的局限性，而且在确定资助对象的过程中，由于官僚主义的存在，更容易出现寻租行为，会在一定程度上加剧企业间竞争的横向不公平。政府部门通常选择规模大、前景好、有利于社会长远发展的研发项目，政府对其提供一定的资金支持，而能够胜任此项目的一般都是技术创新能力强并且经营业绩良好的大型企业，政府代替这类企业选择研发项目。拉奇（Lach，2002）也有类似观点，他认为，当政府计划实施补贴研发项目，对企业来说忽略申请政府研发项目的成本，企业的边际成本机会几乎为零，导致大部分企业把注意力集中在政府补助的项目上。因此，政府的补贴实际上挤占了企业的研发投入，产生替代效应。

模型 M7 - 3 和 M7 - 5 考察了政府补助对开放式创新广度和深度的影响，结果显示，政府补助对开放式创新广度和深度的影响不显著。结果与假设7 - 2a 和假设 7 - 2b 都不一致，说明政府补助对开放式创新广度和深度都没有显著影响。事实上，政府部门的相关行为对企业开放式创新行为有一定的干预作用，且政府部门的干预行为可能压制企业的技术创新活动，政府部门干预过度由原来的帮助者角色成为创新决策者，而真正主导技术创新的企业逐渐成为创新成果的使用者，这可能并不利于创新活动的持续进行。政府的直接补助有可能挤占企业的研发投入，产生替代效应，企业更多地选择政府提供补助的研发项目，而较少投入在与创新网络中的其他主体联合研发上，但政府机构作为创新网络中的主体之一，企业申请政府提供的研发项目整体不会影响企业开放式创新的广度，研发项目所申请的专利也不会影响企业整体的开放式创新深度，所以政府补助对开放式创新没有显著影响。

模型 M7 - 2、M7 - 3、M7 - 4 考察了开放式创新广度在政府补助与创新绩效关系之间的中介作用，显示自变量对中介变量的关系结果不显著，而中介变量对因变量的关系结果显著，按照中介效应检验步骤，需进行 sobel 检验。经由计算得知，sobel 检验 $Z$ 值等于 0. 375，在 5% 的水平上不显著有效，$Z = 0.009 < 0.9$，未能通过显著性检验，故开放式创新广度未能起到中介作用，结果与假设 7 - 4a 不一致。模型 M7 - 2、M7 - 5、M7 - 6 考察了开放式创新深度这一维度的中介结果，显示自变量对中介变量的关系结果不显著，并且中介变量对因变量的关系结果显著，故进行 Sobel 检验，经计算得知统计值等于 0. 507，小于 0. 9，说明未能通过显著性检验，故开放式创新深度未能起到中介作用，结果与假设 7 - 4c 不一致。综合来看，开放式创新对政府补助与创新绩效的关系的中介效应不显著。其中，开放式创新广度对政府补助与创新绩效的关系的中介效应不显著，开放式

创新深度对政府补助与创新绩效的关系的中介效应也不显著。可能是由于政府补助对象有一定的目的性，政府代替企业选择研发项目并对其提供资金支持，从而挤占了企业选择与其他主体合作研发的时间和精力，而这些研发领域和研发项目通常需要拥有一定的资金规模作为坚实的后盾，通常经营规模较大或经营业绩较好的大企业更有机会获得此类补贴，中小型企业获得补助的机会较少。政府补助属于事前补贴，并且资金一次性流入，对企业财务稳健的影响能够立竿见影，但有可能存在企业与政府的信息不对称，最终目标也不一致。企业可能更喜欢技术创新活动所产生的短期收益，相比之下政府更注重投入虽然有一定风险性和长回收期但有利于社会战略发展的技术创新项目，所以由政府补助的技术研发项目一般能产生长期效益而不像企业期待的可以立即见效，企业即使是采取开放式创新，在政府补助与创新绩效之间的关系依然起不到作用。

（2）税收优惠、开放式创新、创新绩效的回归结果分析。

关于税收优惠、开放式创新、创新绩效的回归结果见表 7 - 6。模型 M7 - 7 是税收优惠对创新绩效的总效应结果。结果显示，税收优惠对创新绩效有显著的正向影响，与假设 7 - 1b 一致。税收优惠虽然主要对有应纳税所得额的盈利企业比较有效，但跟政府补助比较而言，税收优惠的普遍性更大，受众范围更广，税收优惠对企业的规模、企业的性质以及经营业绩都没有严格要求，并且企业可就其发展需要自行决定在某一领域的研发项目，由此获得税收方面的相关优惠政策，这是税收优惠带来的便利性，较政府特定选择企业对象而言也更公平。税收优惠可能存在的缺点就是短期效果不明显，但长期效果较好。政府部门在制定税收优惠政策的同时还为企业避免部分投资风险损失制定税收抵免或税前扣除等优惠措施。因此，针对企业的税收优惠制度也是降低企业投资风险的重要途径。政府通过实施企业研发支出的税前扣除、加速折旧、所得税的优惠等税收政策，一方面能减少企业进行研发时所需的成本费用，另一方面能激励企业把更多的资金用在研发活动上。

**表 7 − 6      税收优惠、开放式创新、创新绩效的回归结果分析**

| 项目 | 被解释变量 | | | | |
|---|---|---|---|---|---|
| | *Ip*<br>M7 − 7 | *Sub*<br>M7 − 8 | *Ip*<br>M7 − 9 | *Up*<br>M7 − 10 | *Ip*<br>M7 − 11 |
| 控制变量 | | | | | |
| *Rd_R* | − 0.030 | − 0.011 | − 0.027 | − 0.003 | − 0.029 |
| *Size* | 0.073 *** | 0.083 ** | 0.043 * | 0.069 * | 0.043 * |
| *Cap* | − 0.017 | − 0.067 * | 0.007 | − 0.070 ** | 0.013 |
| *Age* | 0.068 *** | 0.095 * | 0.034 | 0.059 * | 0.043 |
| 解释变量 | | | | | |
| *Tax* | 0.381 *** | 0.814 *** | 0.092 ** | 0.884 *** | 0.001 |
| *Sub* | | | 0.354 *** | | |
| *Up* | | | | | 0.429 *** |
| $R^2$ | 0.891 | 0.830 | 0.912 | 0.853 | 0.918 |
| *F* | 32.28 *** | 19.28 *** | 40.97 *** | 22.97 *** | 44.07 *** |
| 模型选择 | | | | | |
| H | 88.954 *** | 136.056 *** | 243.543 *** | 162.379 *** | 303.658 *** |
| L | 11.023 *** | 17.899 *** | 9.708 *** | 21.099 *** | 9.773 *** |
| 模型选择 | F | F | F | F | F |
| 协整检验 | | | | | |
| LLC | − 32.649 *** | − 33.631 *** | − 33.436 *** | − 37.826 *** | − 33.332 *** |
| ADF | 1846.85 *** | 1912.54 *** | 1887.94 *** | 2110.17 *** | 1873.89 *** |
| PP | 1897.67 *** | 1961.37 *** | 1936.73 *** | 2136.32 *** | 1906.13 *** |

注：模型选择中 H 表示豪斯曼检验结果；L 表示冗余性检验结果；F 表示固定模型。 *** 代表在 0.001 水平上显著；** 代表在 0.01 水平上显著；* 代表在 0.1 水平上显著。

模型 M7 − 8 和 M7 − 10 考察了税收优惠对开放式创新广度和深度的影响，显示政府补助对开放式创新广度和深度的关系结果显著。结果与假设 7 − 2c 和假设 7 − 2d 都不一致，说明税收优惠对开放式创新有显著影响。这一结果与崔海云和施建军（2013）等观点一致，政府的税收优惠政策可以激励企业从外部获取技术知识和信息，促进企业与外部创新网络主体之间的合作。所以政府应多采取一些支持和鼓励措施激励更多企业加入开放式创新行列。一方面，制造企业要想获取技术进步，获得企业品牌影响力和良好的声誉，就需要兼顾内、外向型开放式创新思想，促进整体制造业科技实力的进步；另一方面，政府也能获得社会公众的认可，激励政府制定出更为有效的政策。

模型 M7-7、M7-8 和 M7-9 考察了开放式创新广度在税收优惠与创新绩效之间的中介作用，显示税收优惠对开放式创新广度的关系结果显著，同时开放式创新广度对创新绩效的关系结果显著，按照中介效应的检验步骤，检查税收优惠对创新绩效的直接效应是显著的，故开放式创新广度起到部分中介作用，结果与假设 7-4b 一致。模型 M7-7、M7-10 和 M7-11 考察了开放式创新深度这一维度的中介结果，显示税收优惠对开放式创新深度的关系结果显著，并且开放式创新深度对创新绩效的关系结果也显著，但税收优惠对创新绩效的直接作用不显著，说明开放式创新深度起到完全中介作用，结果与假设 7-4d 一致。综上，开放式创新在税收优惠和创新绩效的关系中起到了中介作用。其中，开放式创新广度在税收优惠和创新绩效的关系中起到部分中介作用，开放式创新深度在税收优惠和创新绩效的关系中起到完全中介作用。说明拥有税收优惠政策的企业在研发时与更多的主体合作对企业创新绩效的提升起到了部分作用，而拥有税收优惠政策的企业在研发时与其他主体更多地注重专利申请数量，从而提升创新绩效，更多的联合专利数量在税收优惠和创新绩效的关系中能够起到完全中介作用。也可以说，开放式创新深度比开放式创新广度更能影响税收优惠与创新绩效的直接关系。由于税收优惠属于事后补贴，企业在不确定是否会享有这项优惠时不会随意采取一项风险高的技术创新活动，可能更愿意选择与其他主体联合研发，减少研发成本，降低风险。同时，政府对企业的技术创新活动进行税收优惠的行为相当于向市场传递了信号，说明企业有优质的研发项目，该企业有较强的研发能力。这种信号有利于资金所有者建立自信，将更多资金投入有政府补贴研发项目的企业中去，也能更加吸引创新网络中其他主体加入研发项目团队中，从而更好地进行开放式创新，进而提升企业创新绩效，更有利于提升企业整体绩效。

综合表 7 – 5 和表 7 – 6 分析开放式创新对创新绩效的影响发现：模型 M7 – 4 和 M7 – 9 考察了开放式创新广度对创新绩效的影响，模型 M7 – 6 和 M7 – 11 考察了开放式创新深度对创新绩效的影响，结果显示都为显著正向影响。这与假设 7 – 3a 和假设 7 – 3b 都一致，说明开放式创新对创新绩效有显著的正向影响。这一结果与王鹏飞（2010）、巴尔卡等（Balka et al., 2013）等大多数学者的结论一致，但这些学者都是以调查问卷的形式得出结论。本节将开放式创新分为广度和深度两个维度，利用制造业企业上市公司与其他主体之间联合申请专利的情况衡量了开放式创新。开放式创新广度的增加，有助于企业从多个联合创新主体间获取、整合、转化、利用知识资源等生产要素，提高企业知识储备，加强研发能力，形成开放的创新网络。与创新绩效有显著的正向关系也意味着制造业企业应该多利用创新网络中其他主体的资源和能力，利用好开放式创新平台，追求专利数量，提高开放式创新广度和深度，进而提高企业的创新绩效。

表 7 – 7 　　　　　　　　　　　研究假设验证情况

| 影响机制 | 假设内容 | 假设关系 | 实证结果 |
|---|---|---|---|
| 政府创新支持对创新绩效的影响 | 假设 7 – 1a：政府补助与创新绩效有显著的正向影响 | 正向显著 | 负向显著（未验证） |
| | 假设 7 – 1b：税收优惠与创新绩效有显著的正向影响 | 正向显著 | 正向显著（已验证） |
| 政府创新支持对开放式创新的影响 | 假设 7 – 2a：政府补助与开放式创新广度有显著的正向影响 | 正向显著 | 不显著（未验证） |
| | 假设 7 – 2b：政府补助与开放式创新深度有显著的正向影响 | 正向显著 | 不显著（未验证） |
| | 假设 7 – 2c：税收优惠与开放式创新广度有显著的正向影响 | 正向显著 | 正向显著（已验证） |
| | 假设 7 – 2d：税收优惠与开放式创新深度有显著的正向影响 | 正向显著 | 正向显著（已验证） |
| 开放式创新对创新绩效的影响 | 假设 7 – 3a：开放式创新广度与创新绩效有显著的正向影响 | 正向显著 | 正向显著（已验证） |
| | 假设 7 – 3b：开放式创新深度与创新绩效有显著的正向影响 | 正向显著 | 正向显著（已验证） |

| 影响机制 | 假设内容 | 假设关系 | 实证结果 |
|---|---|---|---|
| 中介效应关系 | 假设 7 - 4a：开放式创新广度在政府补助与创新绩效之间起到中介作用 | 中介作用 | 不显著（未验证） |
| | 假设 7 - 4b：开放式创新广度在税收优惠与创新绩效之间起到中介作用 | 中介作用 | 显著（部分中介） |
| | 假设 7 - 4c：开放式创新深度在政府补助与创新绩效之间起到中介作用 | 中介作用 | 不显著（未验证） |
| | 假设 7 - 4d：开放式创新深度在税收优惠与创新绩效之间起到中介作用 | 中介作用 | 显著（完全中介） |

## 7.4　结论与讨论

依托开放式创新理论和制度环境理论，本章利用 436 家上市公司的面板数据为研究样本，基于理论与实证相结合的方式，研究了政府支持、开放式创新和创新绩效之间的关系，得出以下四点研究结论。

第一，政府支持对创新绩效呈现显著影响。（1）政府补助对创新绩效呈现负相关显著影响，这就启示着政府可以将一次性发放的政府补助改成事前、事中和事后多次发放，合理配置政府补助在不同部门的比例。（2）税收优惠显著正向影响企业的创新绩效，说明税收优惠力度越大，企业创新绩效越突出，这就启示着政府可以继续完善现行税收优惠政策体系，加大创新活动的优惠力度，给予企业研发全程优惠政策扶持，提高税收优惠政策的精准程度与激励效果。

第二，不同的政府支持手段对开放式创新影响程度不同。（1）政府补助对开放式创新没有显著影响。政府在其补助的研发项目中往往扮演主导者角色，但是随着创新项目的长期运行，政府自身的局限性会日益凸显，因此政府需要把握开放式创新的参与程度，合理分配创新资源，避免创新主体的简单叠加。（2）税收优惠对开放式创新有显著影响，这就启示着政府可以针对创新实行税收减免，建设开放式创新体系并根据不同的创新阶段给予不同的优惠程度。

第三，开放式创新对创新绩效有显著的正向影响。开放式创新广度和深度都对创新绩效产生积极的促进影响，即企业与外部主体合作数量和与其联合申请专利数量越多，开放式创新广度和深度就越高，从而企业创新效率也就越高。这要求企业培养自身动态能力，积极融入合作研发的大环境。

第四，开放式创新对政府补助与创新绩效关系的中介效应不显著，而对税收优惠和创新绩效的关系起到了中介作用。换言之，税收优惠需要企业通过开放式创新过程实现创新绩效的提升。这就启示着政府需要营造开放式创新发展氛围，以税收优惠政策调动网络主体的积极性。

# 第8章  政府创新支持、开放式创新与制造企业创新质量

"互联网＋"时代，企业与外部边界逐渐模糊，企业对外部资源需求也越来越大，于是企业更倾向于采取开放式创新，通过与外部资源拥有者合作来巩固和增强自身竞争优势。企业必须"要用全球视野整合资源以大力推进开放式创新"，正如李克强总理在第十届夏季达沃斯论坛上所提出的一样。与此同时，2016 年国务院发布的《国家创新驱动发展战略纲要》中明确提出："支持企业面向全球布局创新网络，全方位推进开放式创新。"2017 年 7 月，国务院印发的《关于强化实施创新驱动发展战略进一步推进大众创业万众创新深入发展的意见》就曾指出，通过众包、竞赛等开放式创新解决企业创新难点，支持企业开放供应链资源和市场渠道，有效整合利用企业、高校和科研院所的现有创新资源，以提高创新效率和水平，推动制造业创新网络构建。因此，习近平总书记在 2018 年 12 月的庆祝改革开放 40 周年大会上指出，"创新是改革开放的生命"，"融合、开放、分享"的开放式创新成为推动实现制造强国的强大动力。目前，我国正在积极实施创新驱动发展战略，大力推进企业实施开放式创新，以抓住全球化带来的诸多开放性发展机遇。据 Forrester 网站发布的白皮书显示，61% 的企业正在增加对开放式创新的投入。对美欧销售收入大于 250 万美元/年的企业进行创新调查显示，78% 的调查对象都在进行开放式创新（Chesbrough，2013）。与此同时，我国制造企业也正在积极拥抱开放式创新，推动制造业高质量发展。例如，家电制造业巨头海尔与美的重金打造的开放式创新平台，经过多年的运行已经实现了全球多方创新资源汇聚与共享，推动科技需求方和提供方有效对接，真正成为全

球化的科技交互平台，让所有的参与方都能从中受益，最终为全球用户创造更加美好的生活体验。

因此，开放式创新已经成为企业进行创新活动的主导模式，企业必须要用开放的视野整合可利用的资源以推进开放式创新（Ettlinger，2017）。开放式创新可以通过有意识的知识流入和流出来改善企业创新过程，是企业获得创新资源和提高创新产出的重要模式。开放式创新的原因、过程和结果已成为技术创新领域关注的焦点问题（West et al，2014；高良谋和马文甲，2014）。综观学术界对于开放式创新的研究视角，主要体现在以下三个方面：一是基于创新模式视角进行探讨，大多数学者站在企业角度一般将开放式创新模式分为内向型和外向型两种（米捷，2015）。内向型开放式创新能够及时获知、理解和把握客户与市场的需求及其变动，有助于企业创新路径选择以及合理配置资源，进而提高创新绩效（Sisodiya，2013；Kim，2016）。外向型开放式创新是企业将其自身难以商业化的创意、概念和技术输出到组织外部，由其他组织来进行商业化，对企业创新绩效的作用机制并不一致，有的学者认为没有显著影响（Kani，2012；Hung，2013），也有的认为会提高企业创新绩效（Hu et al.，2015）。二是基于组织学习视角进行探讨，开放式创新为组织学习提供了一个可以处理外部知识的机会与平台，拥有较低知识位势的企业会通过集体学习中心、行业协会等中介平台获取更多的外部知识（Carroll et al.，2017），组织学习对企业创新绩效的影响有显著的正向关系（Antonio & William，2015；Cheng，2016）。企业可以通过开放式创新和组织学习的有效互动来促进企业的可持续性创新和发展（Lopes，2017），而且组织学习在开放式创新与企业创新绩效关系间起部分中介作用（张振刚，2015；李柏洲，2016）。三是基于网络关系视角进行探讨，"互联网 +"时代，企业不再是独立的经济体，而是网络中的成员之一，网络关系的广度和深度都会直接正向影响企业创新绩效，但作用曲线不同（Greco et al.，2016）。网络关系能力在帮助企业分辨和评估不同外部关系的重要性、蕴含的机会、其他网络成员资源和能力的利用程度，以及实现协同创新效果等方面都具有提高开放式创新能力的作用（Mazzola，2015），企业在开放式创新过程中网络关系与组织搜索策略或学习能力之间的交互作用会对企业创新绩效产生积极影响（谭云清，2015）。

这些研究成果为进一步探讨开放式创新与企业创新质量之间的内在关联奠定了坚实基础。本节基于组织网络理论和信号传递理论拟从外部组织合作和宏观政府层面探讨以下问题：在全国大力推动开放式创新战略背景下，面对政府出台各种优惠政策与研发补助支持创新驱动战略的实施，制造企业是如何获取和利用内外部资源进行合理资源配置以实现企业创新质量的提高？同时，作为外部引导和推动因素的政府创新支持，其与企业内部采取开放式创新会产生怎样的交互作用，进而作用于制造企业整体、自主和联合创新质量提升？为了回答上述问题，本节拟以 2009～2017 年中国沪深 A 股制造业上市公司为研究样本，从理论与实证角度分析开放式创新对企业整体、自主和联合创新质量的影响，并基于外部利益相关者视角探讨外部政府部门给予的资金补助与企业采取开放式创新之间的交互作用如何影响企业整体、自主和联合创新质量，然后进一步根据企业所有制性质的差异和所处地域属性的差异分析三者之间差异的影响机理。

# 8.1　研 究 假 设

## 8.1.1　开放式创新对企业创新质量的直接影响

开放式创新是一种把内部和外部的创意结合起来转化为流程的方式，其强调企业要有意识地与客户、供应商和研究机构等外部利益相关者进行知识互动，通过知识的流入和流出来加速企业创新，并在外部使用创新扩展市场（West，Bogers，2014）。企业越来越多地与外部利益相关者组建开放式创新网络来获取外部知识以填补其自身创新能力的不足。已有大量文献对开放式创新与创新绩效之间的关系进行了广泛研究，但是这种关系的性质和方向仍然没有定论（West et al.，2014）。有学者利用比利时 305 家制造企业（Faems et al.，2010）和欧洲跨国公司的 489 个研发项目（Du et al.，2014）的研究样本进行了测试，发现开放式创新有助于提高企业的财务绩效。但也有学者利用中国台湾 304 家企业（Cheng & Shiu，2015）、英国 213 家制造企业（Laursen & Salter，2006）、西班牙 841 家制造企业（Bianchi et al.，2016）的研究样本进行了测试，发现不同类型、不同程度的开放式创新以及组织形式与利益相关者的差异都会对企业创新质量产生不同的影响，有的是显著的积极影响，有的可能会对企业创新质量产生阻碍作用。但是，大部分学者认为，开放式创新模式下，企业与外部组织之间进行资源互补，共同合作开发新技术、新产品，原有的组织边界被打破，企业之间、企业与研究机构之间进行技术合作开发对专利申请数量和质量有明显的提升作用（张军荣，2017；Brockman et al.，2018；童红霞，2021）。这是因为，通过与外部组织合作，企业可以获得更多的互补性创新资源，以及知识共享与商业化应用，有利于企业创新质量的提升，如发明专利申请数量和授权数量的增加。据此提出如下假设。

假设 8 - 1：企业采取开放式创新有助于企业创新质量的显著提高。

### 8.1.2 政府创新支持对企业创新质量的直接影响

从外部获取资源可以帮助企业更好更快地实现企业战略目标（Porter，1981），外部资源有可能来自竞争对手、合作伙伴、政府等外部利益相关者。其中，政府作为外部利益相关者之一，其可以通过制定税收优惠、税收减免、资金补贴、引导政策等各种直接与间接的方式去减少企业创新的不确定性和成本，促进企业不断进行创新（江静，2011）。政府创新支持应该支持那些具有高就业、高创造潜力的企业，以确保其创新投资的需要，并鼓励机构投资者和私人投资者也积极效仿（Ranga & Etzkowitz，2012）。政府创新支持能够有效刺激企业加大研发投入力度，进而提升创新质量（Thomson & Jensen，2013；张志元、马永凡、张梁，2020）。同时，如果企业获得了政府研发补贴，会显著影响企业研发投入的积极性，最终导致生产率的提高（Einiö，2014）。获得政府基金资助的企业，其技术研发投入程度和创新成果商业化速度都显著提高，产生了显著的放大效应（Guo et al.，2016）。而且，企业一旦获得政府给予的资金补助，这就表明在一定程度上企业创新行为得到政府的认可，会被外部其他利益相关者作为一个利好信号，从而有助于企业获得其他利益相关者的资金与资源支持，进而有助于企业增加创新投入与产出（Kleer，2010）。创新型企业获得政府研发补贴具有认证效应，并被创新型企业用作获取更多外部资本的合法策略（Li，2019）。因此，政府创新支持对于提高企业专利成果产出具有重要的价值（Wang，2018）。

当然，也有研究证据表明，政府研发补贴会对不同类型的企业产生不同的影响。政府创新支持对民营企业创新的促进作用比对国有企业创新的促进作用更大（杨洋等，2015）。制度发展水平越高的地方，获得政府创新支持的企业则能更有效地利用补贴进行创新产出（曾萍和刘洋，2016）。而且，不同类型的政府创新支持也会产生差异：中央政府的研发补贴对于研发项目的质量会产生负面影响，甚至会减少获得补贴企业获得其他外部资本引入的机会；地方政府的研发补贴则会产生相对积极的影响，具有一定的认证效应（Wei & Zuo，2018）。政府创新支持对于企业的研发投入也存在一定的挤出效应，即会在一定程度上替代企业内部研发支出，从而抑制企业创新（Bernini & Pellegrini，2011）。这是因为有的企业会通过寻租行为来得到政府的创新研发补贴，打破正常的市场竞争渠道，导致补贴资金并没有被企业有效地用于创新项目的资源投入，从而阻碍了企业创新质量的提升（Murphy et al.，1993）。因此，政府不能盲目地提高研发补助程度去激励企业实施创新，必须根据企业的创新质量进行动态的补助，才能更大程度地激励企业真正实施高水平的技术创新，从而提高企业自身的创新质量（毛其淋和许家云，2015）。基于信号传递理论，企业为了满足政府考核的需求，往往会增加创新成果产出以此来继续获得政府的补贴，因而政府创新支持潜在地提升了企业创新质量。据此提出如下假设。

假设 8-2：企业获得政府创新支持的额度越大越有利于企业创新质量的显著增加。

### 8.1.3　开放式创新与政府创新支持的交互影响

组织网络理论认为，企业是嵌入在其所处的关系网络中而非孤立存在的经济体，企业通过组建网络，并与网络成员进行沟通，使网络中各个主体的创新资源互相传递，从而促进企业创新产出的增加。政府作为创新网络主体成员之一，它为企业所提供的各种扶持政策可以为其发展提供良性的制度环境，从而有效改善企业的创新生态环境。尽管学者对政府在企业创新网络中的作用和参与程度持有不同的看法，但是政府创新支持对于企业研发和创新至关重要，因为市场本身无法为知识生产提供足够的激励。已有大量文献研究表明，政府创新支持会直接或间接影响企业创新产出（Murphy et al.，1993；Kleer，2010；Thomson & Jensen，2013；Wei & Zuo，2018）。政府出台了大量政策鼓励企业组建网络组织进行创新，越来越多的学者广泛关注政府创新支持对企业合作创新网络的影响，政府创新支持的政策支持有利于企业与外部组织组建网络关系，提高创新网络成员之间的合作强度和合作成果的产出（Caloffi et al.，2015）。当然，政府对企业创新给予一定的补助并不是促进创新的唯一途径，政府创新支持在开放式创新与创新绩效之间具有一定的调节效应，调节效应检验有利于测试开放式创新与创新绩效之间的关系。当政府给予创新企业一定的资金补助和政策支持时，企业的开放式创新与创新绩效的关系变得更加紧密，能够有效提高企业创新绩效（Jugend et al.，2018）。

假设8-3：当企业获得的政府创新支持额度增加，同时企业也采取开放式创新，这时企业创新质量会显著提高。

## 8.2 研 究 设 计

### 8.2.1 数据来源

（1）研究样本的行业选择。本节以在中国沪深A股上市的所有制造业上市公司为研究样本。为了确保样本选取符合研究情境，本节主要根据以下标准进行筛选：按照中国证监会2012年发布的《上市公司行业分类指引》将制造业C13~C43等31个大类作为基本样本；剔除证券名称前面带有ST、*ST、S字样的企业样本；剔除数据存在严重缺失的企业样本。

（2）样本数据的区间选择。由于 2008 年以前我国制造业上市公司的研发费用、研发人员以及政府创新支持等相关企业研发和政府支持数据缺失严重，因此，为了准确估计政府创新支持对企业创新的影响，本节以 2008 年作为数据收集的起点，真正进入模型的数据区间为 2009～2017 年。

（3）样本数据的交叉核实。为保证研究样本数据的真实、可靠，本节的数据主要来源于中国研究数据服务平台 CNRDS 和国泰安 CSMAR 数据库。其中，专利申请、资产负债率、资产总计、员工总数和技术人员数取自中国研究数据服务平台 CNRDS；政府创新支持、研发费用、营业收入取自国泰安 CSMAR 数据库。然后利用多数据库和信息网站数据进行交叉核实以确保样本数据的准确性：利用 CNRDS 和 CSMAR 数据库分年度对相应变量数据进行比对；用上市公司年报及巨潮资讯网等专业信息源，对主要变量数据进行核实。

通过以上对研究样本的行业选择、样本数据的区间选择和样本数据的交叉核实，筛选整理出我国沪深 A 股制造业上市公司 2009～2017 年的非平衡面板数据 8747 个观测样本，然后采用 3 倍平均值的标准差和 5 倍平均值的标准差识别和剔除离群值和极端值之后剩余 7670 个有效观测样本。研究样本的行业和年度分布见表 8－1。

表 8－1　　　　　　　　　研究样本的行业和年度分布　　　　　　　单位：个

| 行业 | 2009 年 | 2010 年 | 2011 年 | 2012 年 | 2013 年 | 2014 年 | 2015 年 | 2016 年 | 2017 年 | 总计 |
|---|---|---|---|---|---|---|---|---|---|---|
| C13 | 11 | 19 | 19 | 25 | 25 | 26 | 29 | 38 | 33 | 225 |
| C14 | 3 | 6 | 12 | 19 | 21 | 27 | 27 | 34 | 20 | 169 |
| C15 | 11 | 10 | 14 | 19 | 16 | 19 | 16 | 17 | 13 | 135 |
| C17 | 6 | 9 | 17 | 21 | 21 | 25 | 26 | 27 | 17 | 169 |
| C18 | 7 | 6 | 14 | 20 | 25 | 28 | 26 | 25 | 17 | 168 |
| C19 | 1 | 0 | 1 | 0 | 0 | 4 | 4 | 4 | 3 | 17 |
| C20 | 4 | 3 | 3 | 2 | 2 | 4 | 7 | 7 | 4 | 36 |
| C21 | 0 | 3 | 5 | 5 | 6 | 8 | 9 | 7 | 5 | 48 |
| C22 | 5 | 9 | 9 | 10 | 11 | 19 | 21 | 20 | 13 | 117 |
| C23 | 2 | 3 | 6 | 8 | 8 | 8 | 9 | 9 | 5 | 58 |
| C24 | 2 | 3 | 3 | 3 | 6 | 10 | 12 | 14 | 6 | 59 |
| C25 | 1 | 3 | 7 | 6 | 5 | 7 | 5 | 5 | 3 | 42 |

续表

| 行业 | 2009 年 | 2010 年 | 2011 年 | 2012 年 | 2013 年 | 2014 年 | 2015 年 | 2016 年 | 2017 年 | 总计 |
|------|---------|---------|---------|---------|---------|---------|---------|---------|---------|------|
| C26 | 38 | 46 | 67 | 89 | 89 | 104 | 122 | 149 | 104 | 808 |
| C27 | 30 | 52 | 67 | 80 | 80 | 97 | 108 | 129 | 86 | 729 |
| C28 | 6 | 9 | 11 | 14 | 13 | 17 | 14 | 15 | 11 | 110 |
| C29 | 10 | 19 | 23 | 33 | 35 | 33 | 37 | 48 | 36 | 274 |
| C30 | 11 | 12 | 18 | 24 | 23 | 41 | 37 | 47 | 25 | 238 |
| C31 | 10 | 10 | 12 | 13 | 15 | 14 | 13 | 13 | 6 | 106 |
| C32 | 9 | 16 | 23 | 33 | 34 | 39 | 49 | 54 | 33 | 290 |
| C33 | 9 | 12 | 18 | 25 | 32 | 42 | 49 | 56 | 42 | 285 |
| C34 | 23 | 26 | 42 | 52 | 57 | 64 | 72 | 98 | 63 | 497 |
| C35 | 18 | 22 | 39 | 49 | 53 | 67 | 73 | 81 | 47 | 449 |
| C36 | 13 | 27 | 40 | 51 | 55 | 59 | 62 | 77 | 47 | 431 |
| C37 | 7 | 8 | 10 | 12 | 12 | 17 | 18 | 18 | 11 | 113 |
| C38 | 22 | 48 | 65 | 82 | 91 | 96 | 117 | 154 | 97 | 772 |
| C39 | 32 | 56 | 95 | 118 | 134 | 159 | 199 | 229 | 138 | 1160 |
| C40 | 3 | 4 | 8 | 10 | 10 | 11 | 13 | 14 | 9 | 82 |
| C41 | 1 | 4 | 8 | 8 | 8 | 7 | 9 | 6 | 3 | 54 |
| C42 | 2 | 3 | 4 | 4 | 4 | 3 | 3 | 4 | 2 | 29 |
| 总计 | 297 | 448 | 660 | 835 | 891 | 1055 | 1186 | 1399 | 899 | 7670 |

资料来源：笔者整理。

## 8.2.2 模型设定

借鉴已有的研究成果，考虑到开放式创新、政府创新支持和其他相关因素可能对制造企业整体、自主和联合创新质量的影响，以及个体与时点的非观测效应差异，建立非平衡面板数据的个体时点双固定效应模型如下：

$$INN_{i,t} = \beta_1 OPE_{i,t} + \beta_2 GOV_{i,t} + \beta_3 GOV_{i,t} \times OPE_{i,t} + \sum_{j=1}^{4} \varphi_j CONTROL_{i,t}^j$$
$$+ \alpha_i + \lambda_t + \varepsilon_{i,t} \tag{8-1}$$

其中，$INN$ 是因变量，表示企业创新质量，是企业整体发明专利申请总量

*TIP*、企业独立申请发明专利数量 *SIP* 和企业联合申请发明专利数量 *CIP* 三个
变量组成的向量，分别从企业整体、自主和联合创新质量三个方面来测量企
业创新成果的产出情况。解释变量分别为 *OPE* 和 *GOV*，*OPE* 表示企业是否采
取开放式创新，*GOV* 表示企业获得政府创新支持的程度。$OPE \times GOV$ 主要衡
量开放式创新和政府创新支持两者的交互作用对企业整体、自主和联合创新
质量的影响。控制变量 *CONTROL* 则是由资产负债率 *CAR*、企业资产 *ENS*、
员工数量 *EMP*、技术密集度 *TEI* 四个变量组成的向量。$\alpha_i$ 为个体固定效应，$\lambda_t$
为时点固定效应，$i$ 表示上市公司，$t$ 表示年份。

### 8.2.3 变量定义

（1）因变量。专利申请数量能够在一定程度上反映企业创新质量（Cor-
naggia et al.，2015；蒋樟生、周洁，2021）。从专利申请到专利获得授权通
常需要1~2年的时间，因此专利申请数量更能反映企业当期创新质量（Grili-
ches，1979；李习保，2007）。同时，考虑到发明、实用新型和外观设计三种
专利中发明专利最为主要，发明专利申请及授权情况能够有效反映企业知识
产出的能力，且能准确衡量企业创新的实际水平，因此，本节借鉴已有研究
成果，采用企业当年发明专利申请总量 *TIP*、当年独立申请的发明专利数量
*SIP* 和当年联合申请的发明专利数量 *CIP*，分别从企业整体、自主和联合创新
质量三个方面来测量企业创新质量。

（2）自变量。本节的自变量主要有两个。首先是开放式创新 *OPE*，本节
测量开放式创新活动主要是基于专利申请的共同所有权，知识产权共有是企
业选择开放式创新活动进行技术开发的有效策略（Brockman et al.，2018）。
考虑到联合企业从选择开放式创新活动到联合共同申请专利需要一定的过程，
因此，若企业在 $t-1$、$t$ 以及 $t+1$ 的 3 年中有联合专利申请记录，则认为该
企业在 $t$ 年采取开放式创新进行技术开发并赋值为 1，否则认为企业未采取开
放式创新并赋值为 0。其次是政府创新支持 *GOV*，由于创新具有一定的外部
性和风险性，政府为了鼓励企业进行创新活动会对其进行一定的资金补贴和
政策支持，政府创新支持被视为矫正"市场失灵"的重要手段（Kleer，

2010；章元等，2018）。因此，本节主要使用营业外收入明细中的政府创新支持额度来衡量政府对企业创新活动的鼓励程度（Guo et al.，2016）。

（3）控制变量。参照同类主题研究成果，选择企业资产规模、企业人员规模、企业经营能力和企业技术知识比重四个细分指标作为控制变量。其中，企业资产规模 *ENS*，取 *t* 年末总资产的自然对数；企业人员规模 *EMP*，取 *t* 年末拥有在职员工人数的自然对数；企业经营能力 *ALR*，取 *t* 年末财务报表中的资产负债率，主要衡量企业利用债权人的资金进行经营活动的能力。资产负债率稍高有利于增强企业投资创新的活力，扩大生产规模和开拓市场。企业技术知识比重 *TEI*，通过技术密集度来衡量，用技术人员数除以员工总数来测算。变量定义见表 8 - 2。

表 8 - 2                          变量定义及指标说明

| 类型 | 变量 | 观测变量 | 指标说明 |
|------|------|---------|---------|
| 因变量 | 创新质量 | 整体创新质量 *TIP* | ln（当年申请的发明专利数量 +1） |
| | | 自主创新质量 *SIP* | ln（当年独立申请的发明专利数量 +1） |
| | | 联合创新质量 *CIP* | ln（当年联合申请的发明专利数量 +1） |
| 自变量 | 创新模式 | 开放式创新 *OPE* | 在 *t*-1、*t* 以及 *t*+1 年是否有联合专利申请记录，是为 1，否为 0 |
| | 政府支持 | 政府创新支持程度 *GOV* | ln（政府创新支持） |
| 控制变量 | 资产规模 | 资产总计 *ENS* | ln（总资产） |
| | 人员规模 | 员工总数 *EMP* | ln（员工总数） |
| | 经营能力 | 资产负债率 *ALR* | 负债总额/资产总额 |
| | 知识比重 | 技术密集度 *TEI* | 技术人员人数/员工总数 |

资料来源：笔者整理。

### 8.2.4 描述性统计

表 8 - 3 列出了企业整体创新质量、自主创新质量、联合创新质量、开放式创新、政府创新支持以及四个控制变量的样本量、最小值、最大值、平均值、标准差和偏度等描述性统计特征结果。从表 8 - 3 可以看出，企业整体创

新质量的平均值为 2.019，标准差为 1.434，说明在 2009~2017 年，我国沪深 A 股制造业上市公司的整体创新质量离散程度较大。大部分企业的整体创新质量都远离行业平均值，即企业整体创新质量高低参差不齐。同样，企业获得政府创新支持的平均值为 -2.187，标准差为 1.477，说明在 2009~2017 年，政府对我国沪深 A 股制造业上市公司的补助金额离散程度较大，不同类型的制造企业在获得政府创新支持的金额大小方面相差较大。

表 8 - 3　　　　　　　　　　变量描述性统计结果

| 变量 | 最小值 | 最大值 | 平均值 | 标准差 | 偏度 | $N$ |
|---|---|---|---|---|---|---|
| $TIP$ | 0 | 7.913 | 2.019 | 1.434 | 0.376 | 7670 |
| $SIP$ | 0 | 3.041 | 0.816 | 0.608 | 0.439 | 7670 |
| $CIP$ | 0 | 3.237 | 0.195 | 0.413 | 2.584 | 7670 |
| $OPE$ | 0 | 1 | 0.468 | 0.499 | 0.129 | 7670 |
| $GOV$ | -7.013 | 2.587 | -2.187 | 1.477 | -0.076 | 7670 |
| $ALR$ | 0.051 | 1.005 | 0.412 | 0.187 | 0.238 | 7670 |
| $ENS$ | 0.147 | 3.028 | 1.490 | 0.490 | 0.544 | 7670 |
| $EMP$ | -0.932 | 1.855 | 0.389 | 0.465 | 0.286 | 7670 |
| $TEI$ | 0.005 | 0.540 | 0.167 | 0.101 | 1.228 | 7670 |

## 8.3　实　证　分　析

### 8.3.1　平稳性检验

主要变量的非平衡面板数据单位根检验见表 8 - 4。由表 8 - 4 可以看出，企业整体创新质量、自主创新质量、联合创新质量、开放式创新、政府创新支持和四个控制变量都通过了 LLC 检验、IPSW 检验、ADF 检验和 PP 检验，这些变量均在 1% 的显著性水平下为平稳序列，因此可以加入模型中进行非平衡面板数据回归分析。

表 8 - 4                                                        单位根检验

| 主要变量 | LLC 检验 | IPSW 检验 | ADF 检验 | PP 检验 |
|---|---|---|---|---|
| TIP | - 257. 040<br>(0. 0000) | - 33. 8964<br>(0. 0000) | 2746. 77<br>(0. 0000) | 3336. 76<br>(0. 0000) |
| SIP | - 319. 650<br>(0. 0000) | - 27. 5329<br>(0. 0000) | 2700. 80<br>(0. 0000) | 3240. 91<br>(0. 0000) |
| CIP | - 38. 1513<br>(0. 0000) | - 12. 7501<br>(0. 0000) | 1210. 95<br>(0. 0000) | 1500. 57<br>(0. 0000) |
| OPE | - 25. 7583<br>(0. 0000) | - 7. 91758<br>(0. 0000) | 745. 866<br>(0. 0000) | 881. 602<br>(0. 0000) |
| GOV | - 60. 8933<br>(0. 0000) | - 36. 8612<br>(0. 0000) | 2820. 38<br>(0. 0000) | 3270. 53<br>(0. 0000) |
| ALR | - 426. 552<br>(0. 0000) | - 26. 2758<br>(0. 0000) | 2625. 30<br>(0. 0000) | 3343. 30<br>(0. 0000) |
| ENS | - 43. 1397<br>(0. 0000) | - 18. 6960<br>(0. 0000) | 2084. 65<br>(0. 0000) | 3014. 51<br>(0. 0000) |
| EMP | - 50. 7979<br>(0. 0000) | - 4. 28186<br>(0. 0000) | 2314. 46<br>(0. 0000) | 3084. 19<br>(0. 0000) |
| TEI | - 91. 8511<br>(0. 0000) | - 21. 4538<br>(0. 0000) | 2776. 12<br>(0. 0000) | 3422. 78<br>(0. 0000) |

注：括号内的值为显著性概率 $P$ 值。

### 8.3.2  直接影响分析

（1）开放式创新对企业创新质量的直接影响。

模型 M8 - 1 ~ M8 - 3 主要分析了开放式创新对企业整体、自主和联合创新质量的直接影响（见表 8 - 5）。M8 - 1 中 OPE 的回归系数为 0.2460（$p = 0.0000$），并且模型的判决系数为 0.8023，这表明企业采用开放式创新能够显著提高企业整体创新质量。M8 - 2 中 OPE 的回归系数为 0.0436（$p = 0.0000$），并且模型的判决系数为 0.7859，这表明企业采用开放式创新能够显著提高企业自主创新质量。M8 - 3 中 OPE 的回归系数为 0.1833（$p = 0.0000$），并且模型的判决系数为 0.7111，这表明企业采用开放式创新能够显著提高企业联合创新质量。由此可见，通过"开放、共享和平等"的开放式创新能够获得外部利益相关者的互补资源、知识和信息，从而既能够改进企业自主创新质量，也能提高企业的联合创新质量，进而提高企业整体创新质量。这就印证了假设 8 - 1，即企业采取开放式创新有助于企业创新质量的显著提高。

表 8 - 5　　　　　　　*OPE*、*GOV* 与对企业创新质量直接影响的检验结果

| 自变量 | 因变量 | | | | | |
|---|---|---|---|---|---|---|
| | *TIP*<br>M8 - 1 | *SIP*<br>M8 - 2 | *CIP*<br>M8 - 3 | *TIP*<br>M8 - 4 | *SIP*<br>M8 - 5 | *CIP*<br>M8 - 6 |
| *OPE* | 0. 2460 ***<br>( 0. 0000 ) | 0. 0436 ***<br>( 0. 0000 ) | 0. 1833 ***<br>( 0. 0000 ) | | | |
| *GOV* | | | | 0. 0524 ***<br>( 0. 0000 ) | 0. 0230 ***<br>( 0. 0007 ) | 0. 0075 *<br>( 0. 0686 ) |
| *ALR* | - 0. 5130 ***<br>( 0. 0000 ) | - 0. 2197 ***<br>( 0. 0000 ) | - 0. 0383<br>( 0. 3165 ) | - 0. 5339 ***<br>( 0. 0000 ) | - 0. 2214 ***<br>( 0. 0000 ) | - 0. 0586<br>( 0. 1366 ) |
| *ENS* | 1. 0836 ***<br>( 0. 0000 ) | 0. 4470 ***<br>( 0. 0000 ) | 0. 1621 ***<br>( 0. 0000 ) | 1. 0466 ***<br>( 0. 0000 ) | 0. 4195 ***<br>( 0. 0000 ) | 0. 1827 ***<br>( 0. 0000 ) |
| *EMP* | 0. 6398 ***<br>( 0. 0000 ) | 0. 2829 ***<br>( 0. 0000 ) | 0. 0789 **<br>( 0. 0136 ) | 0. 6274 ***<br>( 0. 0000 ) | 0. 2790 ***<br>( 0. 0000 ) | 0. 0735 **<br>( 0. 0256 ) |
| *TEI* | 1. 1705 ***<br>( 0. 0000 ) | 0. 5611 ***<br>( 0. 0000 ) | 0. 0284<br>( 0. 7167 ) | 1. 0813 ***<br>( 0. 0000 ) | 0. 5420 ***<br>( 0. 0000 ) | - 0. 0307<br>( 0. 7024 ) |
| 个体效应 | 固定 | 固定 | 固定 | 固定 | 固定 | 固定 |
| 时间效应 | 固定 | 固定 | 固定 | 固定 | 固定 | 固定 |
| $R^2$ | 0. 8023 | 0. 7859 | 0. 7111 | 0. 8005 | 0. 7862 | 0. 6942 |
| DW 值 | 1. 9741 | 1. 9804 | 2. 1133 | 1. 9643 | 1. 9801 | 2. 0806 |
| F 统计量 | 13. 8834<br>( 0. 0000 ) | 12. 5524<br>( 0. 0000 ) | 8. 4178<br>( 0. 0000 ) | 13. 7229<br>( 0. 0000 ) | 12. 5752<br>( 0. 0000 ) | 7. 7652<br>( 0. 0000 ) |
| 豪斯曼检验 | 173. 7549<br>( 0. 0000 ) | 107. 2220<br>( 0. 0000 ) | 184. 4258<br>( 0. 0000 ) | 83. 8593<br>( 0. 0000 ) | 81. 0489<br>( 0. 0000 ) | 61. 8777<br>( 0. 0000 ) |
| 冗余性检验 | 6. 8120<br>( 0. 0000 ) | 6. 7074<br>( 0. 0000 ) | 4. 9284<br>( 0. 0000 ) | 7. 4885<br>( 0. 0000 ) | 6. 9581<br>( 0. 0000 ) | 6. 2497<br>( 0. 0000 ) |

注：*、**、***分别表示在10%、5%、1%的水平上显著，括号内的值为显著性检验 P 值。

（2）开放式创新对企业自主和联合创新质量的差异影响。

同时，进一步比较开放式创新是否对企业自主和联合创新质量的影响存在显著差异。在同样控制变量的基础上，通过观察比较模型 M8-2 和 M8-3 中 OPE 的回归系数，因变量为联合创新质量中 $OPE$ 的回归系数为 0.1833，显著大于因变量为自主创新质量中 $OPE$ 的回归系数 0.0436，这就说明在同等条件下，企业是否采用开放式创新对企业联合创新质量和自主创新质量的影响存在显著差异。这是由于企业在开放式创新过程中能够充分利用外部知识进行合作创新，参与方更加倾向于共同申请专利以实现知识融合、开放与分享，导致企业采取开放式创新对联合创新质量的提高更加显著。

（3）政府创新支持对企业创新质量的直接影响。

模型 M8-4 ~ M8-6 主要分析了政府创新支持对企业整体、自主和联合创新质量的直接影响。M8-4 中 GOV 的回归系数为 0.0524（$p = 0.0000$），并且模型的判决系数为 0.8005，这表明企业获得政府创新支持能够显著提高企业整体创新质量。M8-5 中 GOV 的回归系数为 0.0230（$p = 0.0007$），并且模型的判决系数为 0.7862，这表明企业获得政府创新支持能够显著提高企业自主创新质量。M8-6 中 GOV 的回归系数为 0.0075（$p = 0.0686$），并且模型的判决系数为 0.6942，这表明企业获得政府创新支持能够显著提高企业联合创新质量。由此可见，企业从外部利益相关者政府那里获得资金补助后，能在一定程度上提高企业技术人员的研发效率，同时也能向外部利益相关者传递有利的信号，获得其他组织的资源投入用以改善创新资源投入结构，从而既能够提高企业自主创新质量，也能提高企业的联合创新质量，最终提高企业整体创新质量。这就印证了假设 8-2，即企业获得政府创新支持能够显著提高企业创新质量。

（4）政府创新支持对企业自主和联合创新质量的差异影响。

同时，进一步比较政府创新支持是否对企业自主和联合创新质量的影响存在显著差异。在同样控制变量的基础上，通过观察比较 M8-5 和 M8-6 中 GOV 的回归系数，因变量为联合创新质量中 GOV 的回归系数为 0.0075，显著小于因变量为自主创新质量中 GOV 的回归系数 0.0230，这就说明在同等条件下，企业是否获得政府创新支持对企业联合创新质量和自主创新质量的影响存在显著差异，企业倾向于将其自身获得的政府创新支持额度视为其内部资源，更多地将其用于激励内部技术的研究与开发，导致企业获得政府创新支持对企业自主创新质量的提高显著高于联合创新质量的提高。

### 8.3.3　交互影响分析

（1）开放式创新与政府创新支持的交互作用显著性分析。

为了验证开放式创新与政府创新支持对企业创新质量的交互作用是否显著，本节在模型 M8 - 1 ～ M8 - 3 的基础上增加自变量政府创新支持得到 M8 - 7 ～ M8 - 9。然后，进一步增加交互项 $GOV \times OPE$ 进行回归分析得到 M8 - 10 ～ M8 - 12（见表 8 - 6）。

表 8 - 6　　　　　　　*OPE*、*GOV* 对企业创新质量交互影响的检验结果

| 自变量 | 因变量 | | | | | |
|---|---|---|---|---|---|---|
| | *TIP*<br>M8 - 7 | *SIP*<br>M8 - 8 | *CIP*<br>M8 - 9 | *TIP*<br>M8 - 10 | *SIP*<br>M8 - 11 | *CIP*<br>M8 - 12 |
| *OPE* | 0. 2422 ***<br>（0. 0000） | 0. 0419 ***<br>（0. 0007） | 0. 1829 ***<br>（0. 0000） | 0. 3466 ***<br>（0. 0000） | 0. 1198 ***<br>（0. 0000） | 0. 2251 ***<br>（0. 0000） |
| *GOV* | 0. 0493 ***<br>（0. 0000） | 0. 0225 ***<br>（0. 0000） | 0. 0051<br>（0. 1995） | 0. 0279 **<br>（0. 0398） | 0. 0066<br>（0. 2718） | - 0. 0035<br>（0. 4591） |
| *GOV* × *OPE* | | | | 0. 0468 ***<br>（0. 0036） | 0. 0349 ***<br>（0. 0000） | 0. 0189 ***<br>（0. 0007） |
| *ALR* | - 0. 5061 ***<br>（0. 0000） | - 0. 2166 ***<br>（0. 0000） | - 0. 0376<br>（0. 3257） | - 0. 5077 ***<br>（0. 0000） | - 0. 2177 ***<br>（0. 0000） | - 0. 0382<br>（0. 3171） |
| *ENS* | 1. 0091 ***<br>（0. 0000） | 0. 4130 ***<br>（0. 0000） | 0. 1544 ***<br>（0. 0000） | 1. 0003 ***<br>（0. 0000） | 0. 4064 ***<br>（0. 0000） | 0. 1509 ***<br>（0. 0000） |
| *EMP* | 0. 6338 ***<br>（0. 0000） | 0. 2801 ***<br>（0. 0000） | 0. 0783 **<br>（0. 0144） | 0. 6232 ***<br>（0. 0000） | 0. 2722 ***<br>（0. 0000） | 0. 0740 **<br>（0. 0207） |
| *TEI* | 1. 1577 ***<br>（0. 0000） | 0. 5552 ***<br>（0. 0000） | 0. 0270<br>（0. 7294） | 1. 1638 ***<br>（0. 0000） | 0. 5597 ***<br>（0. 0000） | 0. 0295<br>（0. 7058） |
| 个体效应 | 固定 | 固定 | 固定 | 固定 | 固定 | 固定 |

续表

| 自变量 | 因变量 | | | | | |
|---|---|---|---|---|---|---|
| | *TIP*<br>M8－7 | *SIP*<br>M8－8 | *CIP*<br>M8－9 | *TIP*<br>M8－10 | *SIP*<br>M8－11 | *CIP*<br>M8－12 |
| 时间效应 | 固定 | 固定 | 固定 | 固定 | 固定 | 固定 |
| $R^2$ | 0.8030 | 0.7866 | 0.7112 | 0.8032 | 0.7875 | 0.7117 |
| DW 值 | 1.97694 | 1.9830 | 2.1137 | 1.9765 | 1.9825 | 2.1162 |
| F 统计量 | 13.9271<br>(0.0000) | 12.5966<br>(0.0000) | 8.4148<br>(0.0000) | 13.9415<br>(0.0000) | 12.6527<br>(0.0000) | 8.4312<br>(0.0000) |
| 豪斯曼检验 | 189.1333<br>(0.0000) | 126.4456<br>(0.0000) | 180.6925<br>(0.0000) | 213.9154<br>(0.0000) | 140.5233<br>(0.0000) | 258.8247<br>(0.0000) |
| 冗余性检验 | 6.8175<br>(0.0000) | 6.7385<br>(0.0000) | 4.9049<br>(0.0000) | 6.7164<br>(0.0000) | 6.6502<br>(0.0000) | 4.7173<br>(0.0000) |

注：**、***分别表示在5%、1%的水平上显著，括号内的值为显著性概率 P 值。

M8－1 只用了控制变量和自变量 *OPE* 来估计因变量 *TIP*，M8－7 加入了另一个自变量 *GOV*，M8－10 再加入了自变量的交互项 *GOV* × *OPE*，综观这三个模型的回归结果表明，交互项 *GOV* × *OPE* 的回归系数显著（$Beta = 0.0468$，$p = 0.0036$），这表明开放式创新与政府创新支持对企业整体创新质量具有显著的交互作用。

M8－2 只用了控制变量和自变量 *OPE* 来估计因变量 *SIP*，M8－8 加入了另一个自变量 *GOV*，M8－11 再加入了两个自变量的交互项 *GOV* × *OPE*，综观这三个模型的回归结果表明，交互项 *GOV* × *OPE* 的回归系数显著（$Beta = 0.0349$，$p = 0.0000$），这表明开放式创新与政府创新支持对企业自主创新质量具有显著的交互作用。

M8－3 只用了控制变量和自变量 *OPE* 来估计因变量 *CIP*，M8－9 加入了另一个自变量 *GOV*，M8－12 再加入了两个自变量的交互项 *GOV* × *OPE*，综观这三个模型的回归结果表明，交互项 *GOV* × *OPE* 的回归系数显著（$Beta = 0.0189$，$p = 0.0007$），这表明开放式创新与政府创新支持对企业联合创新质量具有显著的交互作用。

通过上述分别分析开放式创新与政府创新支持对企业整体创新质量、自主创新质量以及联合创新质量的交互作用的显著性，可以发现，企业采取开放式创新，企业创新质量会表现得更好。同时，企业获得政府创新支持，企业创新质量也会表现得更好。进一步分析发现，如果企业在获得政府创新支持的同时，企业也实施开放式创新，将会带来事半功倍的效果。这就说明，政府创新支持与开放式创新对企业整体创新质量、自主创新质量以及联合创新质量的提升具有显著的交互作用，印证了假设 8 - 3，即当企业获得的政府创新支持额度增加时，同时企业也采取开放式创新，这时将会显著积极提高企业创新质量。

（2）开放式创新与政府创新支持的交互作用强弱分析。

上述检验分析表明，政府创新支持与开放式创新的交互作用显著。为了进一步分析两个自变量的交互作用如何影响企业整体、自主和联合创新质量的方向变化，在表 8 - 6 分析的基础上，根据实际情况分成企业采取开放式创新和企业未采取开放式创新两种情形，并将所有控制变量取均值后进行计算得出回归方程。

当企业采取开放式创新时（$OPE=1$），企业整体创新质量的回归方程表示为 $TIP=2.4477+0.1380×GOV$，企业自主创新质量的回归方程表示为 $SIP=0.9825+0.0677×GOV$，企业联合创新质量的回归方程表示为 $CIP=0.4335+0.0510×GOV$。

当企业未采取开放式创新时（$OPE=0$），企业整体创新质量的回归方程表示为 $TIP=2.0304+0.0684×GOV$，企业自主创新质量的回归方程表示为 $SIP=0.8338+0.0234×GOV$，企业联合创新质量的回归方程表示为 $CIP=0.0679+0.0078×GOV$，然后根据这六个回归方程绘制开放式创新与政府创新支持对企业创新质量的交互作用图，如图 8 - 1 所示。

根据图 8 - 1（a）可知：当企业采取开放式创新时，政府创新支持对企业整体创新质量的影响为 0.1380；当企业未采取开放式创新时，政府创新支持对企业整体创新质量的影响为 0.0684。说明开放式创新与政府创新支持的交互作用并没有改变自变量对企业整体创新质量的影响方向，只是增强了自变量对因变量的影响程度，即开放式创新与政府创新支持对企业整体创新质量具有增强交互作用。

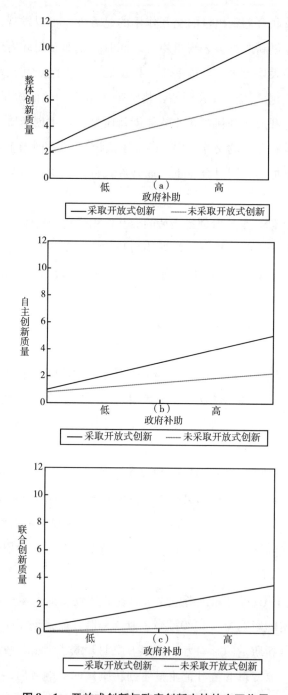

图 8-1　开放式创新与政府创新支持的交互作用

根据图 8 - 1（b）可知：当企业采取开放式创新时，政府创新支持对企业自主创新质量的影响为 0.0677；当企业未采取开放式创新时，政府创新支持对企业自主创新质量的影响为 0.0234。说明开放式创新与政府创新支持的交互作用并没有改变自变量对企业自主创新质量的影响方向，只是增强了自变量对因变量的影响程度，即开放式创新与政府创新支持对企业自主创新质量具有增强交互作用。

根据图 8 - 1（c）可知：当企业采取开放式创新时，政府创新支持对企业联合创新质量的影响为 0.0510；当企业未采取开放式创新时，政府创新支持对企业联合创新质量的影响为 0.0078。说明开放式创新与政府创新支持的交互作用并没有改变自变量对企业联合创新质量的影响方向，只是增强了自变量对因变量的影响程度，即开放式创新与政府创新支持对企业联合创新质量具有增强交互作用。

通过上述对开放式创新与政府创新支持交互作用关系分析，本节认为，开放式创新与政府创新支持对企业整体、自主和联合创新质量的影响具有增强交互作用。这就表明企业管理者为了提高企业整体、自主和联合创新质量，必须在有效利用企业现有资源的基础上，积极获取政府创新支持，并加强与外部组织之间的资源和信息共享进行开放式创新，以便有效提高技术人员的研发效率，产出更多的专利技术。

### 8.3.4　稳健性检验

为了考察前述研究结果的稳健性，本节主要采取以下三种方法进行稳健性检验：（1）因变量替换差异，分别用衡量创新投入的研发费用占比 *RRD* 替换用来衡量创新产出的企业创新绩效 *TIP* 指标；（2）估计方法差异，考虑当期创新绩效肯定会受到前一期创新绩效的影响，因此在自变量中添加因变量的滞后项（t–1）进行估计检验；（3）样本期限差异，结合表 8 - 1 样本在不同二级行业及不同年份的分布情况，将只有较少样本企业的年份 2009 年删掉，或者将只有较少样本的 C19、C20、C21、C23、C24、C25、C40、C41 和 C42 这九个二级行业删掉进行检验。上述三种检验结果表明，模型的系数值和伴随概率发生了一定的变化。通过观测 *OPE*、*GOV* 以及 *GOV* × *OPE* 等主要观测变量的回归系数、伴随概率以及模型判决系数发现与前文并无显著性差异，回归结果见表 8 – 7。

表 8 – 7　　　　　　　　　　　稳健性检验结果

| 自变量 | 方法（a） | 方法（b） | | | 方法（c） | | |
|---|---|---|---|---|---|---|---|
| | RRD | TIP | SIP | CIP | TIP | SIP | CIP |
| OPE | 0. 0489 * (0. 0681) | 0. 3196 *** (0. 0000) | 0. 1180 *** (0. 0000) | 0. 2234 *** (0. 0000) | 0. 3407 *** (0. 0000) | 0. 1200 *** (0. 0000) | 0. 2226 *** (0. 0000) |
| GOV | 0. 0114 (0. 1543) | 0. 0105 (0. 4971) | – 0. 0006 (0. 9301) | – 0. 0050 (0. 3729) | 0. 0255 * (0. 0662) | 0. 0058 (0. 3434) | – 0. 0040 (0. 4159) |
| GOV × OPE | 0. 0176 * (0. 0624) | 0. 0416 *** (0. 0188) | 0. 0366 *** (0. 0000) | 0. 0146 ** (0. 0244) | 0. 0429 *** (0. 0086) | 0. 0348 *** (0. 0000) | 0. 0158 *** (0. 0059) |
| ALR | – 0. 0534 (0. 4080) | – 0. 4250 *** (0. 0017) | – 0. 1665 *** (0. 0051) | – 0. 0494 (0. 3160) | – 0. 4766 *** (0. 0000) | – 0. 2047 *** (0. 0000) | – 0. 0175 (0. 6587) |
| ENS | 1. 0048 *** (0. 0000) | 1. 0243 *** (0. 0000) | 0. 4065 *** (0. 0000) | 0. 1622 *** (0. 0001) | 1. 0281 *** (0. 0000) | 0. 4095 *** (0. 0000) | 0. 1567 *** (0. 0000) |
| EMP | 0. 7168 *** (0. 0000) | 0. 5283 *** (0. 0000) | 0. 2478 *** (0. 0000) | 0. 0538 (0. 1714) | 0. 5694 *** (0. 0000) | 0. 2596 *** (0. 0000) | 0. 0547 (0. 1097) |
| TEI | 1. 0311 *** (0. 0000) | 1. 1197 *** (0. 0000) | 0. 5377 *** (0. 0000) | 0. 0113 (0. 9075) | 1. 0025 *** (0. 0000) | 0. 4873 *** (0. 0000) | 0. 0013 (0. 9874) |
| 因变量滞后项 | | 0. 0838 *** (0. 0000) | 0. 0787 *** (0. 0000) | 0. 0522 *** (0. 0003) | | | |
| 个体效应 | 固定 | 固定 | 固定 | 固定 | 固定 | 固定 | 固定 |
| 时间效应 | 固定 | 固定 | 固定 | 固定 | 固定 | 固定 | 固定 |
| $R^2$ | 0. 9129 | 0. 8201 | 0. 8079 | 0. 7337 | 0. 8094 | 0. 7946 | 0. 7168 |
| DW 值 | 1. 3758 | 2. 2889 | 2. 2692 | 2. 3318 | 2. 0465 | 2. 0578 | 2. 1470 |
| F 统计量 | 35. 8062 (0. 0000) | 13. 7195 (0. 0000) | 12. 6533 (0. 0000) | 8. 2922 (0. 0000) | 13. 8319 (0. 0000) | 12. 5997 (0. 0000) | 8. 2407 (0. 0000) |
| 豪斯曼检验 | 252. 6919 (0. 0000) | 2053. 4960 (0. 0000) | 2052. 0514 (0. 0000) | 2122. 3714 (0. 0000) | 203. 9007 (0. 0000) | 130. 4696 (0. 0000) | 250. 7524 (0. 0000) |
| 冗余性检验 | 12. 6350 (0. 0000) | 2. 4368 (0. 0000) | 2. 4548 (0. 0000) | 1. 9692 (0. 0000) | 6. 6877 (0. 0000) | 6. 6309 (0. 0000) | 4. 6412 (0. 0000) |

注：*、**、*** 分别表示在 10%、5%、1% 的水平上显著，括号内的值为显著性概率 *P* 值。

由于开放式创新 *OPE* 与政府创新支持 *GOV* 可能会通过影响企业研发投入 *RRD* 进而影响企业创新质量，因此，为了分析开放式创新和政府创新支持的作用路径，在上述模型分析的基础上增加研发投入 *RRD* 作为中介变量进行回归分析，结果见表 8 - 8。根据表 8 - 8 的回归结果可知，开放式创新 *OPE* 和政府创新支持 *GOV* 对因变量（企业整体创新质量 *TIP*、企业自主创新质量 *SIP* 以及企业联合创新质量 *CIP*）有显著的正向作用。而且，M8 - 13 中 *GOV* × *OPE* 的回归系数为 0. 0176（$p = 0.0624$），而且政府创新支持 *GOV* 的回归系数为 0. 0114（$p = 0.1543$），表明政府创新支持显著调节开放式创新 *OPE* 对创新投入 *RRD* 的影响。在此基础上，分别建立 M8 - 14 ~ M8 - 19 检验开放式创新 *OPE* 是否通过创新投入 *RRD* 影响创新质量（*TIP*、*SIP* 和 *CIP*）的中介过程受到了政府创新支持 *GOV* 的调节作用。

表 8 - 8　　　　　　　　**GOV 调节 OPE 与 TIP 的中介过程检验结果**

| 变量 | RRD | TIP | TIP | SIP | SIP | CIP | CIP |
|---|---|---|---|---|---|---|---|
| | M8 - 13 | M8 - 14 | M8 - 15 | M8 - 16 | M8 - 17 | M8 - 18 | M8 - 19 |
| RRD | | 0. 1785 *** (0. 0000) | 0. 1771 *** (0. 0000) | 0. 0694 *** (0. 0000) | 0. 0685 *** (0. 0000) | 0. 0330 *** (0. 0001) | 0. 0325 *** (0. 0001) |
| OPE | 0. 0489 * (0. 0681) | 0. 2405 *** (0. 0000) | 0. 3380 *** (0. 0000) | 0. 0425 *** (0. 0008) | 0. 1177 *** (0. 0000) | 0. 1874 *** (0. 0000) | 0. 2215 *** (0. 0000) |
| GOV | 0. 0114 (0. 1543) | 0. 0458 *** (0. 0001) | 0. 0259 * (0. 0552) | 0. 0206 *** (0. 0001) | 0. 0051 (0. 4045) | 0. 0027 (0. 5039) | − 0. 0043 (0. 3766) |
| GOV × OPE | 0. 0176 * (0. 0624) | | 0. 0436 *** (0. 0064) | | 0. 0339 *** (0. 0000) | | 0. 0154 *** (0. 0074) |
| ALR | − 0. 0534 (0. 4080) | − 0. 4967 *** (0. 0000) | − 0. 4982 *** (0. 0000) | − 0. 2023 *** (0. 0000) | − 0. 2030 *** (0. 0000) | − 0. 0164 (0. 6796) | − 0. 0167 (0. 6731) |
| ENS | 1. 0048 *** (0. 0000) | 0. 8291 *** (0. 0000) | 0. 8224 *** (0. 0000) | 0. 3453 *** (0. 0000) | 0. 3390 *** (0. 0000) | 0. 1261 *** (0. 0004) | 0. 1232 *** (0. 0006) |
| EMP | 0. 7168 *** (0. 0000) | 0. 5051 *** (0. 0000) | 0. 4963 *** (0. 0000) | 0. 2158 *** (0. 0000) | 0. 2097 *** (0. 0000) | 0. 0338 (0. 3305) | 0. 0310 (0. 3715) |
| TEI | 1. 0311 *** (0. 0000) | 0. 9741 *** (0. 0000) | 0. 9812 *** (0. 0000) | 0. 4189 *** (0. 0000) | 0. 4216 *** (0. 0000) | − 0. 0312 (0. 7039) | − 0. 0299 (0. 7149) |
| 个体效应 | 固定 | 固定 | 固定 | 固定 | 固定 | 固定 | 固定 |

续表

| 变量 | RRD | TIP | TIP | SIP | SIP | CIP | CIP |
|---|---|---|---|---|---|---|---|
| | M8 – 13 | M8 – 14 | M8 – 15 | M8 – 16 | M8 – 17 | M8 – 18 | M8 – 19 |
| 时间效应 | 固定 | 固定 | 固定 | 固定 | 固定 | 固定 | 固定 |
| $R^2$ | 0.9129 | 0.8051 | 0.8054 | 0.7954 | 0.7962 | 0.7172 | 0.7175 |
| DW 值 | 1.3758 | 1.9950 | 1.9946 | 2.0743 | 2.0732 | 2.1509 | 2.1519 |
| F 统计量 | 35.8062 (0.0000) | 14.1100 (0.0000) | 14.1215 (0.0000) | 12.6576 (0.0000) | 12.7112 (0.0000) | 8.2570 (0.0000) | 8.2654 (0.0000) |

注：*、*** 分别表示在 10%、1% 的水平上显著，括号内的值为显著性概率 P 值。

（1）开放式创新与政府创新支持通过创新投入对企业整体创新质量的作用路径分析。

以企业整体创新质量 TIP 为因变量进行中介调节效应分析，M8 – 14 中创新投入 RRD 的回归系数为 0.1785（$p = 0.0000$），开放式创新 OPE 的回归系数由 M8 – 13 中的 0.0489（$p = 0.0681$）显著改变为 0.2405（$p = 0.0000$），表明创新投入在开放式创新与整体创新质量之间起到部分中介作用。而且，M8 – 15 中创新投入 RRD 的回归系数为 0.1771（$p = 0.0000$），并且开放式创新与政府创新支持的交互项 $GOV \times OPE$ 的回归系数为 0.0436（$p = 0.0064$），表明开放式创新 OPE 通过创新投入 RRD 影响整体创新质量 TIP 的中介过程受到了政府创新支持金额 GOV 的调节作用，作用路径（$GOV \times OPE \rightarrow RRD \rightarrow TIP$）的显著性表明，政府创新支持在开放式创新与整体创新质量之间是有中介的调节变量，即政府创新支持 GOV 调节了开放式创新 OPE 通过创新投入 RRD 影响整体创新质量 TIP 中介过程的前半段路径。

（2）开放式创新与政府创新支持通过创新投入对企业自主创新质量的作用路径分析。

以企业自主创新质量 SIP 为因变量进行中介调节效应分析，M8 – 16 中创新投入 RRD 的回归系数为 0.0694（$p = 0.0000$），开放式创新 OPE 的回归系数由 M8 – 13 中的 0.0489（$p = 0.0681$）下降为 0.0425（$p = 0.0008$），表明创新投入在开放式创新与自主创新质量之间起到部分中介作用。M8 – 17 中创新投入 RRD 的回归系数为 0.0685（$p = 0.0000$），并且开放式创新与政府创新支持的交互项 $GOV \times OPE$ 的回归系数为 0.0339（$p = 0.0000$），表明开放式

创新 *OPE* 通过创新投入 *RRD* 影响自主创新质量 *SIP* 的中介过程受到了政府创新支持金额 *GOV* 的调节作用，作用路径（*GOV* × *OPE*→*RRD*→*SIP*）的显著性表明，政府创新支持在开放式创新与自主创新质量之间是有中介的调节变量，即政府创新支持 *GOV* 调节了开放式创新 *OPE* 通过创新投入 *RRD* 影响自主创新质量 *SIP* 中介过程的前半段路径。

（3）开放式创新与政府创新支持通过创新投入对企业联合创新质量的作用路径分析。

以企业联合创新质量 *SIP* 为因变量进行中介调节效应分析，M8 – 18 中创新投入 *RRD* 的回归系数为 0.0330（$p = 0.0001$），开放式创新 *OPE* 的回归系数由 M8 – 13 中的 0.0489（$p = 0.0681$）显著改变为 0.1874（$p = 0.0000$），表明创新投入在开放式创新与联合创新质量之间起到部分中介作用。M8 – 19 中创新投入 *RRD* 的回归系数为 0.0325（$p = 0.0001$），并且开放式创新与政府创新支持的交互项 *GOV* × *OPE* 的回归系数为 0.0154（$p = 0.0074$），表明开放式创新 *OPE* 通过创新投入 *RRD* 影响联合创新质量 *CIP* 的中介过程受到了政府创新支持金额 *GOV* 的调节作用，作用路径（*GOV* × *OPE*→*RRD*→*CIP*）的显著性表明，政府创新支持在开放式创新与联合创新质量之间是有中介的调节变量，即政府创新支持 *GOV* 调节了开放式创新 *OPE* 通过创新投入 *RRD* 影响联合创新质量 *SIP* 中介过程的前半段路径。

在上述分析的基础上，本节发现，表 8 – 8 中交互项 *GOV* × *OPE* 在 M8 – 15、M8 – 17 和 M8 – 19 的回归系数都显著为正，且 $Beta_{TIP} = 0.0436 > Beta_{SIP} = 0.0339 > Beta_{CIP} = 0.0154$，同时政府创新支持 *GOV* 在 M8 – 17 和 M8 – 19 的回归系数不显著。表明政府创新支持主要通过调节作用影响自主创新质量和联合创新质量，并且对自主创新质量的调节作用大于联合创新质量。

### 8.3.5 异质性分析

（1）所有制异质性影响分析。

鉴于不同所有制企业在获得政府创新支持与开放式创新等外部资源的方式和程度具有明显的差异（Wei & Zuo，2018；杨亭亭，2018），根据制造业上市公司的企业性质将样本企业分为国有企业和非国有企业两大类，其中国有企业进入回归的非平衡面板数据有效观测值为 2429 个，非国有企业的有效观测值为 5241 个，回归结果见表 8 - 9。

表 8 - 9　　　　　　　　　　所有制异质性的检验结果

| 变量 | 国有企业 | 非国有企业 | 国有企业 | 非国有企业 | 国有企业 | 非国有企业 |
|---|---|---|---|---|---|---|
| | TIP | TIP | SIP | SIP | CIP | CIP |
| | M8 - 20 | M8 - 21 | M8 - 22 | M8 - 23 | M8 - 24 | M8 - 25 |
| OPE | 0. 3566 *** (0. 0000) | 0. 3231 *** (0. 0000) | 0. 1123 *** (0. 0003) | 0. 1219 *** (0. 0000) | 0. 2481 *** (0. 0000) | 0. 1976 *** (0. 0000) |
| GOV | 0. 0223 (0. 3494) | 0. 0282 * (0. 0895) | 0. 0056 (0. 5960) | 0. 0062 (0. 3936) | - 0. 0063 (0. 4885) | - 0. 0025 (0. 6500) |
| GOV × OPE | 0. 0677 ** (0. 0110) | 0. 0306 (0. 1396) | 0. 0352 *** (0. 0029) | 0. 0338 *** (0. 0002) | 0. 0342 *** (0. 0008) | 0. 0069 (0. 3140) |
| ALR | - 0. 8721 *** (0. 0000) | - 0. 3554 *** (0. 0067) | - 0. 4148 *** (0. 0000) | - 0. 1339 ** (0. 0200) | - 0. 0752 (0. 3344) | - 0. 0220 (0. 6117) |
| ENS | 1. 2454 *** (0. 0000) | 0. 8852 *** (0. 0000) | 0. 5122 *** (0. 0000) | 0. 3608 *** (0. 0000) | 0. 2051 *** (0. 0009) | 0. 1229 *** (0. 0016) |
| EMP | 0. 4312 *** (0. 0036) | 0. 7340 *** (0. 0000) | 0. 1838 *** (0. 0051) | 0. 3254 *** (0. 0000) | 0. 0838 (0. 1374) | 0. 0592 (0. 1273) |
| TEI | 1. 1215 *** (0. 0047) | 1. 1363 *** (0. 0000) | 0. 6497 *** (0. 0002) | 0. 4910 *** (0. 0000) | - 0. 1906 (0. 2073) | 0. 1339 (0. 1374) |
| 个体效应 | 固定 | 固定 | 固定 | 固定 | 固定 | 固定 |
| 时间效应 | 固定 | 固定 | 固定 | 固定 | 固定 | 固定 |
| $R^2$ | 0. 8230 | 0. 7823 | 0. 8102 | 0. 7640 | 0. 7228 | 0. 6981 |
| DW 值 | 1. 6779 | 2. 1333 | 1. 7026 | 2. 1345 | 2. 0709 | 2. 1304 |
| F 统计量 | 20. 2139 (0. 0000) | 10. 9256 (0. 0000) | 18. 5560 (0. 0000) | 9. 8399 (0. 0000) | 11. 3387 (0. 0000) | 7. 0302 (0. 0000) |

注：*、**、*** 分别表示在 10%、5%、1% 的水平上显著，括号内的值为显著性概率 P 值。

交互项 GOV × OPE 在模型 M8 - 20 中的回归系数为 0. 0677（$p = 0.0110$），在 M8 - 21 中的回归系数为 0. 0306（$p = 0.1396$），表明政府创新支持与开放式创新的交互作用对不同所有制企业整体创新质量的影响存在显著差异，对国有企业整体创新质量的提高有显著的积极影响，对非国有企业则没有显著的积极影响。

交互项 $GOV \times OPE$ 在模型 M8 – 22 中的回归系数为 0. 0352（ $p$ = 0. 0029），在 M8 – 23 中的回归系数为 0. 0338（ $p$ = 0. 0002），表明政府创新支持与开放式创新的交互作用对不同所有制企业自主创新质量的影响并无显著差异，对国有企业自主创新质量的提高稍大于对非国有企业的影响。

交互项 $GOV \times OPE$ 在 M8 – 24 中的回归系数为 0. 0342（ $p$ = 0. 0008），在 M8 – 25 中的回归系数为 0. 0069（ $p$ = 0. 3140），表明政府创新支持与开放式创新的交互作用对不同所有制企业联合创新质量的影响存在显著差异，对国有企业联合创新质量的提高有显著的积极影响，对非国有企业则没有显著的积极影响。

（2）地域异质性影响分析。

地域差异也会影响到开放式创新与政府创新支持对企业创新的质量。随着中国经济的快速发展，创新日益集中在少数地区，企业创新质量的地区差异日益扩大（李习保，2007）。我国发明专利质量在各区域存在明显差异，东部地区的专利质量明显优于其他地区（宋河发等，2014）。因此，根据制造业上市公司的注册地址，将样本企业划分为东部地区企业和非东部地区企业两大类，其中属于东部地区企业进入回归的非平衡面板数据有效观测值为5486个，非东部地区企业的有效观测值为2184个，回归结果见表8 – 10。

表 8 – 10　　　　　　　　　　　地域异质性的检验结果

| 变量 | 国有企业 | 非国有企业 | 国有企业 | 非国有企业 | 国有企业 | 非国有企业 |
| --- | --- | --- | --- | --- | --- | --- |
| | *TIP* | *TIP* | *SIP* | *SIP* | *CIP* | *CIP* |
| | M8 – 26 | M8 – 27 | M8 – 28 | M8 – 29 | M8 – 30 | M8 – 31 |
| *OPE* | 0. 4117 \*\*\* (0. 0000) | 0. 1998 \*\* (0. 0107) | 0. 1510 \*\*\* (0. 0000) | 0. 0472 (0. 1676) | 0. 2296 \*\*\* (0. 0000) | 0. 2203 \*\*\* (0. 0000) |
| *GOV* | 0. 0042 (0. 7964) | 0. 0814 \*\*\* (0. 0013) | – 0. 0042 (0. 5577) | 0. 0328 \*\*\* (0. 0031) | – 0. 0063 (0. 2743) | 0. 0000 (0. 9954) |
| *GOV* × *OPE* | 0. 0583 \*\*\* (0. 0024) | 0. 0252 (0. 4026) | 0. 0443 \*\*\* (0. 0000) | 0. 0135 (0. 3050) | 0. 0134 \* (0. 0515) | 0. 0362 \*\*\* (0. 0002) |

续表

| 变量 | 国有企业 | 非国有企业 | 国有企业 | 非国有企业 | 国有企业 | 非国有企业 |
| --- | --- | --- | --- | --- | --- | --- |
| | *TIP* | *TIP* | *SIP* | *SIP* | *CIP* | *CIP* |
| | M8 – 26 | M8 – 27 | M8 – 28 | M8 – 29 | M8 – 30 | M8 – 31 |
| ALR | − 0. 5087 *** | − 0. 5593 *** | − 0. 2217 *** | − 0. 2347 ** | − 0. 0075 | − 0. 1200 * |
| | (0. 0001) | (0. 0089) | (0. 0001) | (0. 0121) | (0. 8703) | (0. 0817) |
| ENS | 1. 0694 *** | 0. 8037 *** | 0. 4450 *** | 0. 3051 *** | 0. 1535 *** | 0. 1368 ** |
| | (0. 0000) | (0. 0000) | (0. 0000) | (0. 0002) | (0. 0001) | (0. 0254) |
| EMP | 0. 5230 *** | 0. 9197 *** | 0. 2211 *** | 0. 4216 *** | 0. 0682 * | 0. 0894 |
| | (0. 0000) | (0. 0000) | (0. 0000) | (0. 0000) | (0. 0733) | (0. 1327) |
| TEI | 0. 9719 *** | 1. 6543 *** | 0. 5030 *** | 0. 6654 *** | − 0. 0767 | 0. 3773 ** |
| | (0. 0002) | (0. 0003) | (0. 0000) | (0. 0009) | (0. 4062) | (0. 0107) |
| 个体效应 | 固定 | 固定 | 固定 | 固定 | 固定 | 固定 |
| 时间效应 | 固定 | 固定 | 固定 | 固定 | 固定 | 固定 |
| $R^2$ | 0. 8022 | 0. 8084 | 0. 7833 | 0. 7990 | 0. 7133 | 0. 7110 |
| DW 值 | 2. 0286 | 1. 8654 | 2. 0278 | 1. 8859 | 2. 1364 | 2. 0702 |
| F 统计量 | 13. 5451 | 14. 6897 | 12. 0697 | 13. 8402 | 8. 3082 | 8. 5675 |
| | (0. 0000) | (0. 0000) | (0. 0000) | (0. 0000) | (0. 0000) | (0. 0000) |

注：*、**、*** 分别表示在 10%、5%、1% 的水平上显著，括号内的值为显著性概率 $P$ 值。

交互项 $GOV \times OPE$ 在模型 M8 – 26 中的回归系数为 0. 0583（$p$ = 0. 0024），在 M8 – 27 中的回归系数为 0. 0252（$p = 0. 4026$），表明政府创新支持与开放式创新的交互作用对不同区域企业整体创新质量的影响存在显著差异，对东部地区企业整体创新质量的提高有显著的积极影响，对非东部地区企业则没有显著的积极影响。

交互项 $GOV \times OPE$ 在 M8 – 28 中的回归系数为 0. 0443（$p = 0. 0000$），在 M8 – 29 中的回归系数为 0. 0135（$p = 0. 3050$），表明政府创新支持与开放式创新的交互作用对不同区域企业自主创新质量的影响存在显著差异，对东部地区企业自主创新质量的提高有显著的积极影响，对非东部地区企业则没有显著的积极影响。

交互项 $GOV \times OPE$ 在 M8 – 30 中的回归系数为 0. 0134（$p = 0. 0515$），在 M8 – 31 中的回归系数为 0. 0362（$p = 0. 0002$），表明政府创新支持与开放式创新的交互作用对不同区域企业联合创新质量的影响均存在显著的积极影响，但是对东部区域企业联合创新质量正向影响强度小于对非东部区域企业的影响。

## 8.4　结论与讨论

本章基于 2009 ~ 2017 年我国沪深 A 股制造业上市公司非平衡面板数据，考察了开放式创新、政府创新支持对企业整体、自主与联合创新质量的直接影响和交互影响，以及开放式创新与政府创新支持通过影响企业研发投入进而影响企业创新质量的有中介的调节作用机制，研究发现如下所述。

第一，企业采用开放式创新能够显著提高创新质量，而且由于开放式创新过程中企业能够充分利用外部知识进行合作创新和共同申请专利，导致开放式创新对联合创新质量的正向影响显著高于自主创新。进一步地，企业获得政府创新支持能够显著提高创新质量，且对自主和联合创新质量的正向影响程度没有显著差异。

第二，政府创新支持可以有效引导企业积极实施开放式创新。如果企业在获得政府创新支持的同时，也实施开放式创新，这将会显著积极提高企业整体、自主和联合创新质量。并且，政府创新支持会增加开放式创新对企业整体、自主和联合创新质量的正向影响程度，即开放式创新与政府创新支持对企业整体、自主和联合创新质量的影响具有增强交互作用。

第三，政府创新支持调节了开放式创新通过创新投入影响创新质量中介过程的前半段路径，对国有企业整体创新质量和联合创新质量的提高有显著的积极影响，对非国有企业则没有显著的积极影响；对东部地区企业整体创新质量和自主创新质量的提高有显著的积极影响，对非东部地区企业则没有显著的积极影响。

# 第9章　对策建议

## 9.1　政府层面

### 9.1.1　规范资本市场运作机制，构建良性资本市场环境

当企业未能实现外部机构预期绩效，从而产生较大的市场预期差距时，投资者对企业的信心会下降，容易做出减少投资的决策。企业管理者为了改变现状，更加倾向于创新变革，加大创新投入，进而产生长期前景激励效应。而机构关注能有效降低投资者和企业管理者之间的信息不对称性，对企业管理者产生间接约束与激励作用。因此，政府部门应继续完善资本市场的运作机制，充分发挥券商等中介机构的外部治理与监督效应，引导投资者从重视"短期利益"转变为重视企业未来长期发展前景的"成长价值"。良性的资本市场环境可以激励企业通过持续创新的途径来提高竞争力，从而推动"大众创业、万众创新"蓬勃发展。

### 9.1.2　建立健全环境规制体系，落实绿色发展理念

作为政策的制定者，政府应完善环保法律，适当加大对企业污染行为的惩罚力度，提高排污费征收水平，充分发挥强制性环境规制的积极作用，使其成为企业创新新动力。在进行正式环境规制这一过程中，政府应把握好尺度，缓慢提高环境规制的强度，过犹不及，避免突破倒"U"型的拐点。对

此，政府可采取排污权交易等环境规制工具激励企业绿色创新，避免过强的环境规制力度带来的负面影响。

进一步地，作为社会公众代理人，政府应充分调动公众参与共同环境监督的积极性，建立正式和非正式的环境规制体系，协同提高环境监管效率。例如，扩大公众投诉与维权渠道，使公众监督成为环境与经济协调发展的保障。再者，健全环境信息披露机制，完善公众与环保部门之间的互动传达机制，创建政府专业执法及公众监督相结合的环境保护监督网络等。通过正式和非正式的监督施压，有利于倒逼企业采取绿色创新变革。另外，政府有必要引导公众舆论，一方面，提高公众对于企业环境污染的关注度，对于举报成功的民众给予奖励；另一方面，规范各大新闻媒体报道的真实性和客观性，避免过度报道甚至扭曲报道企业的负面环境新闻，以免适得其反。

### 9.1.3 灵活运用各种支持手段，扶持制造企业转型升级

政府创新支持是提升制造企业创新能力和创新质量的重要推动力。政府直接补助和税收优惠是最主要的政府创新支持手段。为加快实现制造企业转型升级和中国智造，政府应加强对制造企业自主创新和联合创新的补助程度以激励企业加大研发投入力度，并根据发明专利的申请与授权情况评估企业获得政府支持后的创新质量，以判断企业对政府考核要求的完成进度。

灵活的政府支持手段可以产生更积极的创新激励效果。例如，当政府直接资金补贴较高时，政府可以适当降低环境规制强度；当政府税收优惠强度较高时，政府可以引导社会媒体对企业环境污染的关注。而对不同类型的企业政府也应采取差异化的政策。例如，针对低技术企业，政府应正确引导社会舆论，规范公众的监督行为，提醒公众不要给企业造成过大负担，同时加强风险投资的比重，使政府采购的竞争机制透明化，引导政策性金融机构对高新技术企业进行扶持等；针对高技术企业，政府应当给予更多税收优惠。

而政府补助的发放制度应从一次性发放改成事前、事中和事后多次发放，

并合理配置政府补助在不同行业产业的比例。（1）政府应丰富财政补贴方式与形式。现行财政补贴大多数属于先审批、后拨款的事前补贴，在相关监管制度和效果评估制度不健全的情况下，这一方式往往会引发企业利用虚假项目骗补的现象，大大降低补贴资金的使用效率。因此，将一次性发放的政府补助改成事前、事中和事后多次发放，并统一事前补贴与事后奖励制度。政府部门除了直接给予企业补贴所用的现金或实物以外，还可以通过间接资助国家或者民间科研机构的方式鼓励科研机构与企业密切合作，依靠科研机构的专业指导和技术支持促进企业杰出的研发活动。（2）政府补助在不同行业产业的比例需要合理配置，重点关注制造业的技术研发投入，调动制造企业进行新产品的开发设计等创新活动开展的积极性，提高制造企业参与度，进而提高企业创新质量和创新产出。完善现行税收优惠政策体系，加大创新活动的优惠力度，给予企业研发全程优惠政策扶持，提高税收优惠政策的精准程度与激励效果，同时对研发人员个人所得税也提供相应的税收优惠，鼓励研发人员积极创新。（3）加强资金监管以及建立健全财税激励政策效果评估机制。一方面，可为政府相关扶持政策决策提供参考，对于没有达到预期效果或激励效果比较差的扶持政策，可予以取消或降低政策力度；另一方面，也可以促使企业合理有效地利用财政补贴与税收优惠政策，提高财政扶持资金的使用效果。政府要继续加强对制造业企业技术创新的推动引领，制定更多适用于制造企业的研发支持政策，并保证支持对象的公平竞争性，防止官僚主义的产生。政府必须关注不同支持手段及其组合产生的差异化激励效果，充分发挥直接资助和间接支持对制造业企业技术创新的推动作用。

最后，政府应当加快完善中西部地区配套措施，改善中西部地区面对环境规制压力创新动力表现不足的情况。创新具有高投入、高风险的特征，而西部地区经济水平发展落后、创新资源缺乏，很多中西部地区的企业即使面对环境规制压力也缺乏创新的积极性和主动性。因此，政府应加快完善中西部地区政策，通过财政补贴、税收优惠等方式对中西部地区企业进行扶持，减少环境规制成本对企业的冲击；并实施相应的金融政策缓解中西部地区融资约束的问题，激励企业采取积极创新的方式。

### 9.1.4 牵头创新合作平台建立，营造开放式创新氛围

政府应积极牵头开放式创新平台的建立，推动多主体共同参与政府补贴研发项目，并根据不同的创新阶段给予不同的税收优惠力度。（1）建立开放式创新平台的意义在于让各个主体相互学习与促进，共同完成政府的补助项目。因此，政府可以让出其在项目中的主导地位，促使各类创新主体有机结合，实现知识增值，高效完成创新项目。（2）根据开放式创新的不同阶段，政府应该给予不同的税收优惠力度。例如，在技术研发风险性最大的基础性阶段，政府需要给予大力支持；在具有较大潜在商业价值的应用研究阶段，政府可以帮助企业渡过这一阶段；在企业可以独立完成产品和工艺技术的研发阶段，政府主要给予税收优惠、专利奖励等激励政策。

进一步地，政府需要营造有利的开放式创新氛围，以税收优惠政策调动网络主体积极性，以健全的专利管理办法保障合作的顺利开展。（1）由于创新网络中主体的参与动机并不一致，政府可以利用税收优惠政策调动各方活力，引导各方朝着共同的目标开展创新合作。参与主体只有注重专利成果产出，才能得到持续的政府支持，获得可观的事后补贴资金（黎文靖、郑曼妮，2016）。因此，只有建立共同的目标，才能为开放式创新的发展营造良好的氛围。此外，政府还可以建立与扶持制造企业创新孵化器，吸引更多的创新主体参与研发，提高合作平台的开放性和公益性。（2）加强专利管理。一方面，积极开放或购买各大专利库，为企业引用专利成果提供可靠且充分的渠道支持。另一方面，规范专利保护的管理办法，完善知识产权保护制度，引导创新平台建立科学的竞合机制，以保障创新主体的商业利益，从而推动创新合作的顺利开展。

由于政府创新支持和开放式创新的交互作用对不同性质和不同地区企业创新质量的影响存在显著差异，政府应该把有限的资源优先用于东部地区国有企业的开放式创新合作，鼓励东部地区的国有企业率先与产业链上下游企业、科研机构和用户进行开放式创新合作，加快制造业企业转型升级，推动创新驱动战略的实施。

# 9.2 企业层面

## 9.2.1 树立持续创新意识，关注长远价值创造

当企业未能实现外部机构预期绩效，出现较大市场预期差距时，企业管理者应勇于采取创新变革的方式，加大创新投入，激发员工创新行为。以创新变革突破现有的市场困境，构建起新的竞争优势，可以为企业创造长期升值空间，进而重新赢得投资者的信心。因此，企业管理者不应过度关注短期绩效，而应重视企业未来的发展前景。这要求企业必须树立起持续创新意识，加大创新项目的投资与开发力度，培养动态的竞争优势。此外，政府也会大力支持企业创新，企业应将政府补助充分用于创新实践中，加快攻克优势创新项目，而不是用于投资短期项目。

## 9.2.2 广泛搜寻外部资源，拥抱开放式创新模式

市场竞争是促进企业管理者调整研发投入决策的有效外部治理机制。为了避免被其他竞争对手"弯道超车"，或者被跟随者模仿降低其市场竞争的优势，企业管理者在制定创新决策时往往会权衡外部市场的影响，加强与产业链上下游企业、科研机构、高校和用户的关联，以减少信息不对称性。这也加速了开放式创新模式的出现与普及。在开放式创新模式下，企业往往会采取合作技术开发、联合申请专利、共享专利商业化收益的形式来开展创新合作。合作主体间互补资源的交换和融合可以弥补企业创新资源短缺的困境，降低创新风险，进而大大提升创新效率。开放式创新正取代封闭式创新成为企业创新的主要模式。

企业管理者必须高度重视开放式创新模式的应用，积极构建开放式创新平台，特别是要注重培养与供应商、客户、政府、竞争对手等各个外部创新主体的合作信赖关系，以期给企业带来更多的新知识、新资源、新创意。在

当前复杂多变的市场环境下，单靠企业自身资源和能力无法实现持续创新，企业必须对外开放组织边界，提高创新开放度，不仅要注重创新合作主体的多样性，同时还要注重与创新网络主体合作的深度。通过多渠道汲取外部显性或隐性知识加速实现内外部知识的整合，企业才能弥补内部创新资源不足的缺陷，进而提高创新意愿，促进创新投入的增加，最终实现企业转型升级。

在广泛搜寻外部资源、构建创新合作网络的过程中，企业也要注重提高吸收能力和动态能力，积极融入合作研发的大环境中。因为开放式创新是一个动态发展的过程，企业内部活动和外部联盟伙伴及市场变化都是不断互相影响的，要求企业必须培养动态能力。总而言之，开放式创新可以提高企业研发投入产出效率，加快企业转型升级和中国智造的实现，有效推动创新驱动战略实施。

### 9.2.3 监测环境规制压力，依靠绿色创新谋求发展

随着绿色发展理念的提出，微观企业，尤其是制造企业，正面临着越来越严格的环境规制，既来自政府层面，也来自公众层面。为避免受到合法性质疑，一方面，制造企业应该积极配合政府的工作，遵守相关的环境政策法规，坚持可持续发展理念。通过加大创新投入，积极从容地采取从源头治理环境污染的创新方式解决环境保护与企业经济效益提升的矛盾。另一方面，企业要重视舆论的作用，积极回应公众和媒体的关注。企业密切了解公众环保意识的变化，可以更深入地收集公众需求，把握行业最新的创新动向，进而调整企业战略。这有助于企业及时更新改造生产流程，生产符合公众需求的绿色产品，从而率先树立市场地位，进而获取超额利润并实现可持续发展。

# 参 考 文 献

[1] 安同良，施浩，Ludovico Alcorta. 中国制造业企业 R&D 行为模式的观测与实证——基于江苏省制造业企业问卷调查的实证分析 [J]. 经济研究，2006（2）：21－30.

[2] 安同良，周绍东，皮建才. R&D 补贴对中国企业自主创新的激励效应 [J]. 经济研究，2009（10）：87－98.

[3] 卞晨，初钊鹏，孙正林. 环境规制促进企业绿色技术创新的政策仿真研究 [J]. 工业技术经济，2021，40（7）：12－22.

[4] 曹春辉，席酉民，曹瑄玮. 企业节能减排的动因探析与策略选择 [J]. 管理评论，2013，25（7）：3－10.

[5] 曹建海，邓菁. 补贴预期、模式选择与创新激励效果——来自战略性新兴产业的经验证据 [J]. 经济管理，2014（8）：21－30.

[6] 曹霞，李传云，于娟，于兵. 市场机制和政府调控下的产学研合作创新网络演化博弈仿真——以新能源汽车产业为例 [J]. 系统管理学报，2020，29（3）：464－474.

[7] 曹献飞. 融资约束与企业研发投资——基于企业层面数据的实证研究 [J]. 软科学，2014，28（12）：73－78.

[8] 曾敏刚，吕少波，吴倩倩. 政府支持、信任与供应链外部整合的关系研究 [J]. 中国管理科学，2014，22（12）：48－55.

[9] 曾萍，刘洋. 政府支持对企业技术创新的影响——基于资源基础观与制度基础观的整合视角 [J]. 经济研究，2016，38（2）：14－25.

[10] 陈德敏，张瑞. 环境规制对中国全要素能源效率的影响——基于省际面板数据的实证检验 [J]. 经济科学，2012（4）：49－65.

[11] 陈嘉文，姚小涛．组织与制度的共同演化：组织制度理论研究的脉络剖析及问题初探 [J]．管理评论，2015，27（5）：135 – 144.

[12] 陈静，曾德明，欧阳晓平．知识重组能力与高新技术企业绩效——冗余资源与创新开放度的调节效应分析 [J]．管理工程学报，2021，35（3）：23 – 33.

[13] 陈凯华，官建成．中国区域创新系统功能有效性的偏最小二乘诊断 [J]．数量经济技术经济研究，2010（8）：18 – 32.

[14] 陈林，朱卫平．出口退税和创新补贴政策效应研究 [J]．经济研究，2008（11）：74 – 87.

[15] 陈钰芬，陈劲．开放度对企业技术创新绩效的影响 [J]．科学学研究，2008，26（2）：419 – 426.

[16] 陈钰芬，陈劲．开放式创新促进创新绩效的机理研究 [J]．科研管理，2009，30（4）：1 – 9.

[17] 陈志明．外部知识源连接、开放式创新与企业创新绩效关系研究 [J]．科技进步与对策，2016，33（10）：59 – 65.

[18] 成琼文，赵艺璇．企业核心型开放式创新生态系统价值共创模式对价值共创效应的影响——一个跨层次调节效应模型 [J]．科技进步与对策，2021.

[19] 程华，赵祥．企业规模、研发强度、资助强度与政府科技资助的绩效关系研究——基于浙江民营科技企业的实证研究 [J]．科研管理，2008，29（2）：37 – 43.

[20] 崔海云，施建军．开放式创新、政府扶持与农业龙头企业绩效的关系研究 [J]．农业经济问题，2013（9）：84 – 91.

[21] 邓向荣，冯学良，李仲武．网络关注度对企业创新激励效应的影响机制研究——基于中国 A 股上市公司数据的实证分析 [J]．中央财经大学学报，2020（9）：93 – 106.

[22] 端利涛，李思瑞，李家琳，吕本富．政府创新激励干预下的分析师关注与企业研发投入——以"中国制造2025"与"一带一路"为例的实证研究 [J]．工业技术经济，2021，40（1）：95 – 103.

[23] 范允奇，李晓钟. 政府 R&D 投入、空间外溢与我国高技术产业技术创新效率 [J]. 工业技术经济，2014，33（5）：101 – 107.

[24] 冯海红，曲婉，李铭禄. 税收优惠政策有利于企业加大研发投入吗？[J]. 科学学研究，2015，33（5）：665 – 673.

[25] 傅京燕，李丽莎. 环境规制、要素禀赋与产业国际竞争力的实证研究——基于中国制造业的面板数据 [J]. 管理世界，2010（10）：87 – 98.

[26] 傅利平，高歌. 政策关注度与企业创新——基于政府资助的传导机制 [J]. 中国科技论坛，2021（6）：19 – 27.

[27] 高俊光，孙雪薇，赵诗雨，等. 企业开放式创新合作策略：文献综述 [J]. 技术经济，2017（3）：34 – 47.

[28] 高良谋，马文甲. 开放式创新：内涵、框架与中国情境 [J]. 管理世界，2014（6）：157 – 169.

[29] 高艳慧，万迪昉，蔡地. 政府研发补贴具有信号传递作用吗？——基于我国高技术产业面板数据的分析 [J]. 科学学与科学技术管理，2012，33（1）：5 – 11.

[30] 郭尉. 创新开放度对企业创新绩效影响的实证研究 [J]. 科研管理，2016（10）：43 – 50.

[31] 郭晓丹，何文韬，肖兴志. 战略性新兴产业的政府补贴、额外行为与研发活动变动 [J]. 宏观经济研究，2011（11）：63 – 69，111.

[32] 郭妍，张立光. 环境规制对工业企业 R&D 投入影响的实证研究 [J]. 中国人口·资源与环境，2014（53）：104 – 107.

[33] 韩文艳，熊永兰. 开放式创新背景下创新范式研究演化路径与热点分析 [J]. 科技管理研究，2021，41（9）：1 – 7.

[34] 何郁冰. 国内外开放式创新研究动态与展望 [J]. 科学学与科学技术管理，2015（3）：3 – 12.

[35] 黄雨婷，李浩澜. 行业特征、政府支持与行业创新绩效研究 [J]. 产业经济评论，2015（5）：43 – 55.

[36] 贾瑞跃，魏玖长，赵定涛. 环境规制和生产创新效率：基于规制工具视角的实证分析 [J]. 中国科学技术大学学报，2013，43（3）：

217 - 222.

[37] 江静. 公共政策对企业创新支持的绩效——基于直接补贴与税收优惠的比较分析 [J]. 科研管理, 2011, 32 (4): 1 - 8.

[38] 江炎骏, 杨青龙. 地方政府干预, 环境规制与技术创新——基于我国省际面板数据的研究 [J]. 安徽行政学院学报, 2015, 6 (3): 35 - 39.

[39] 蒋伏心, 王竹君, 白俊红. 环境规制对技术创新影响的双重效应——基于江苏制造业动态面板数据的实证研究 [J]. 中国工业经济, 2013 (7): 44 - 55.

[40] 蒋为. 环境规制是否影响了中国制造业企业研发创新? ——基于微观数据的实证研究 [J]. 财经研究, 2015, 41 (2): 76 - 87.

[41] 蒋樟生, 周洁, 赵馨子, 王飞飞. 双重环境规制、创新开放度与制造企业创新投入 [J]. 中国环境管理, 2021, 13 (1): 128 - 135.

[42] 蒋樟生, 周洁. 行为额外性视角政府补助对企业合作创新的驱动机制——公司治理与要素市场的调节作用 [J]. 技术经济, 2021, 40 (10): 23 - 34.

[43] 蒋樟生. 不同监督情境下政府创新支持对企业研发投入的影响——基于农业上市公司的实证研究 [J]. 经济理论与经济管理, 2021, 41 (9): 55 - 70.

[44] 蒋樟生. 开放式创新对制造业企业研发投入的影响——政府补助与市场竞争的调节作用 [J]. 科技进步与对策, 2021, 38 (9): 100 - 108.

[45] 蒋樟生. 市场预期对制造企业创新投入的影响——机构关注和政府补助的调节作用 [J]. 外国经济与管理, 2019, 41 (11): 57 - 69.

[46] 蒋樟生. 制造业 FDI 行业内和行业间溢出对全要素生产率变动的影响 [J]. 经济理论与经济管理, 2017 (2): 78 - 87.

[47] 颉茂华, 王瑾, 刘冬梅. 环境规制、技术创新与企业经营绩效 [J]. 南开管理评论, 2014, 17 (6): 106 - 113.

[48] 孔淑红. 税收优惠对科技创新促进作用的实证分析——基于省际面板数据的经验分析 [J]. 科技进步与对策, 2010, 27 (24): 32 - 36.

[49] 黎文靖, 郑曼妮. 实质性创新还是策略性创新? ——宏观产业政

策对微观企业创新的影响 [J]. 经济研究，2016（4）：60 – 73.

[50] 李柏洲，等. 开放式创新、知识创造和企业创新绩效关系 [J]. 哈尔滨工程大学学报，2016，37（12）：1748 – 1755.

[51] 李勃昕，韩先锋. 环境规制是否影响了中国工业 R&D 创新效率 [J]. 科学学研究，2013，31（7）：1032 – 1040.

[52] 李广培，李艳歌，全佳敏. 环境规制、R&D 投入与企业绿色技术创新能力 [J]. 科学学与科学技术管理，2018，39（11）：63 – 75.

[53] 李国志. 制造企业低碳技术创新模式选择——基于两阶段博弈模型的分析 [J]. 经营与管理，2014（10）：92 – 93.

[54] 李娜，伍世代. 扩大开放与环境规制对我国产业结构升级的影响 [J]. 经济地理，2016，36（11）：109 – 123.

[55] 李培楠，赵兰香，万劲波. 创新要素对产业创新绩效的影响——基于中国制造业和高技术产业数据的实证分析 [J]. 科学学研究，2014，32（4）：604 – 612.

[56] 李平，陈红花，刘元名. 开放式创新模式下创新开放度实证研究 [J]. 中国科技论坛，2014（1）：10 – 15.

[57] 李树斌，何云，郭明晶. 信息披露质量、融资约束与企业研发投入关系的实证分析 [J]. 统计与决策，2017：164.

[58] 李习保. 中国区域创新能力变迁的实证分析：基于创新系统的观点 [J]. 管理世界，2007（12）：18 – 30，171.

[59] 李欣，杨朝远，曹建华. 网络舆论有助于缓解雾霾污染吗？——兼论雾霾污染的空间溢出效应 [J]. 经济学动态，2017（6）：45 – 57.

[60] 李艳艳，王坤. 企业行为约束下技术创新所得税激励政策效应研究 [J]. 科技进步与对策，2016（4）：102 – 105.

[61] 李昭华，蒋冰冰. 欧盟玩具业环境规制对我国玩具出口的绿色壁垒效应 [J]. 经济学季刊，2009，8（3）：813 – 828.

[62] 连燕玲，贺小刚，高皓. 业绩期望差距与企业战略调整——基于中国上市公司的实证研究 [J]. 管理世界，2014，（11）：119 – 132，188.

[63] 廖进球，刘伟明. 波特假说、工具选择与地区创新效率 [J]. 经

济问题探索，2013（10）：50 - 57.

[64] 刘金林，冉茂盛. 环境规制对行业生产创新效率的影响研究 [J].
科研管理，2015，36（7）：107 - 114.

[65] 刘凌. 开放式创新环境下的政府信息供给研究 [J]. 情报科学，
2016，34（1）：48 - 52.

[66] 刘楠，杜跃平. 政府补贴方式选择对企业研发创新的激励效应研
究 [J]. 科技进步与对策，2005，22（11）：18 - 19.

[67] 刘相锋，王磊. 地方政府补贴能够有效激励企业提高环境治理效
率吗 [J]. 经济理论与经济管理，2019（6）：55 - 69.

[68] 柳剑平，郑光凤. 环境规制、研发支出与全要素生产率——基于
中国大中型工业企业的面板模型 [J]. 工业技术经济，2013（11）：90 - 99.

[69] 龙静，黄励敬，余志杨. 政府支持行为对中小企业创新绩效的影
响——服务性中介机构的作用 [J]. 科学学研究，2012（5）：783 - 792.

[70] 鲁若愚，周阳，丁奕文，周冬梅，冯旭. 企业创新网络：溯源、
演化与研究展望 [J]. 管理世界，2021，37（1）：217 - 233，14.

[71] 陆玉梅，王春梅. R&D 投入对上市公司经营绩效的影响研究——
以制造业、信息技术业为例 [J]. 科技管理研究，2011（5）：122 - 127.

[72] 吕开剑，孙慧. 政府补助对企业创新绩效影响的内在机制——基
于新能源企业的研究 [J]. 科技管理研究，2020，40（6）：54 - 62.

[73] 马富萍，茶娜. 环境规制对技术创新绩效的影响研究——制度环
境的调节作用 [J]. 研究与发展管理，2012，24（1）：60 - 66.

[74] 马艳艳，刘凤朝. 企业跨组织研发合作广度和深度对创新绩效的
影响——基于中国工业企业数据的实证 [J]. 科研管理，2014，35（6）：
33 - 40.

[75] 毛江华，戴鑫. 组织合法性理论视角下强制性与自愿性环境披露
对比研究 [J]. 生态经济，2011（3）：37 - 39.

[76] 毛其淋，许家云. 政府补贴对企业新产品创新的影响——基于补
贴强度"适度区间"的视角 [J]. 中国工业经济，2015，（6）：94 - 107.

[77] 米捷，林润辉. 公平偏好如何影响开放式创新：一个基于计算经

济学的研究 [J]. 中国管理科学, 2015, 23 (12): 157 – 166.

[78] 聂辉华, 谭松涛, 王宇锋. 创新、企业规模和市场竞争: 基于中国企业层面的面板数据分析 [J]. 世界经济, 2008 (7): 57 – 66.

[79] 潘红波, 杨海霞. 利益相关者"创新关注"促进了企业创新吗? ——来自深交所"互动易"的证据 [J]. 南开管理评论, 2021.

[80] 彭文斌, 程芳芳, 路江林. 环境规制对省域绿色创新效率的门槛效应研究 [J]. 南方经济, 2017 (9): 73 – 84.

[81] 彭小宝, 张佳, 刘国芳, 等. 制度压力与中小企业双元性创新意愿: 领导力风格的调节作用 [J]. 科技进步与对策, 2018, 35 (16): 89 – 96.

[82] 秦颖, 孙慧. 自愿参与型环境规制与企业研发创新关系——基于政府监管与媒体关注视角的实证研究 [J]. 科技管理研究, 2020, 40 (4): 254 – 262.

[83] 任爱莲. 创新开放度、吸收能力与创新绩效的关系研究——来自中小电子科技企业的证据 [J]. 科技进步与对策, 2010, 27 (20): 10 – 14.

[84] 阮敏, 肖凤. 自愿参与型环境规制与企业技术创新——公众关注度和市场进程的调节作用 [J/OL]. 科技进步与对策: 1 – 11 [2021 – 10 – 13]. http: //kns. cnki. net/kcms/detail/42. 1224. g3. 20210528. 1001. 012. html.

[85] 尚勇敏, 周冯琦, 林兰. 开放式创新对节能环保企业创新绩效的影响 [J]. 科技进步与对策, 2021, 38 (10): 114 – 122.

[86] 邵传林. 制度环境、财政补贴与企业创新绩效——基于中国工业企业微观数据的实证研究 [J]. 软科学, 2015 (9): 34 – 37.

[87] 邵福泽, 周伟. 开放式创新、战略柔性与创新绩效——一个交互效应模型 [J]. 科技进步与对策, 2016, 33 (9): 1 – 7.

[88] 申晨. 环境规制与工业绿色全要素生产率——基于命令—控制型与市场激励型规制工具的实证分析 [J]. 研究与发展管理, 2017, 29 (2): 144 – 154.

[89] 沈能, 刘凤朝. 高强度的环境规制真能促进技术创新吗? ——基于"波特假说"的再检验 [J]. 中国软科学, 2012 (4): 49 – 59.

[90] 沈能. 环境效率、行业异质性与最优规制强度——中国工业企业面板数据线性检验 [J]. 中国工业经济, 2012 (3): 56 - 68.

[91] 盛光华, 张志远. 补贴方式对创新模式选择影响的演化博弈研究 [J]. 管理科学学报, 2015, 18 (9): 34 - 45.

[92] 施建军, 栗晓云. 政府补助与企业创新能力: 一个新的实证发现 [J]. 经济管理, 2021, 43 (3): 113 - 128.

[93] 史安娜, 李兆明, 黄永春. 工业企业研发活动与政府研发补贴理念转变——基于演化博弈视角 [J]. 中国科技论坛, 2013 (5): 12 - 17.

[94] 宋河发等. 基于中国发明专利数据的专利质量测度研究 [J]. 科研管理, 2014, 35 (11): 68 - 76

[95] 宋凌云, 王贤彬. 重点产业政策、资源重置与产业生产率 [J]. 管理世界, 2013 (12): 63 - 77.

[96] 宋文飞, 李国平, 韩先锋. 价值链视角下环境规制对 R&D 创新效率的异质门槛效应——基于工业 33 个行业 2004～2011 年的面板数据分析 [J]. 财经研究, 2014, 40 (1): 93 - 104.

[97] 宋洋. 创新资源、研发投入与产品创新程度——资源的互斥效应和研发的中介效应 [J]. 中国软科学, 2017 (12): 154 - 168.

[98] 苏楠, 宋来胜. FDI、产业集聚结构和行业创新绩效——基于制造业 13 个分行业面板数据的 GMM 分析 [J]. 经济与管理, 2013, 27 (7): 92 - 97.

[99] 苏昕, 周升师. 双重环境规制、政府补助对企业创新产出的影响及调节 [J]. 中国人口·资源与环境, 2019, 29 (3): 33 - 41.

[100] 孙冰, 丛桂宇, 田胜男. 环境规制对企业绿色创新的影响机理研究——战略柔性与区域差异性的双调节作用 [J/OL]. 科技进步与对策: 1 - 8 [2021 - 10 - 13]. http: //kns. cnki. net/kcms/detail/42. 1224. G3. 20210615. 0956. 004. html.

[101] 孙伟, 江三良. 环境规制与政府投入的创新效应研究 [J]. 经济观察, 2015, 29 (12): 106 - 111.

[102] 孙旭, 等. 开放式创新广度、外部环境对企业创新绩效的影响

[J]. 中国科技论坛, 2015 (10): 80 – 85.

[103] 谭云清. 网络嵌入特征、搜索策略对企业开放式创新的影响研究 [J]. 管理学报, 2015, 12 (12): 1780 – 1787.

[104] 陶永明. 企业技术创新投入对技术创新绩效影响机理研究——基于吸收能力视角 [J]. 东北财经大学学报, 2014 (1): 59 – 65.

[105] 田红彬, 郝雯雯. FDI、环境规制与绿色创新效率 [J]. 中国软科学, 2020 (8): 174 – 183.

[106] 田晓丽. 研发费用税收优惠对企业技术创新的影响研究 [J]. 现代管理科学, 2016 (11): 84 – 86.

[107] 童红霞. 数字经济环境下知识共享、开放式创新与创新绩效——知识整合能力的中介效应 [J]. 财经问题研究, 2021.

[108] 童伟伟, 张建民. 环境规制能促进技术创新吗——基于中国制造业企业数据的再检验 [J]. 财经科学, 2012 (11): 66 – 74.

[109] 王杰, 刘斌. 环境规制与企业全要素生产率——基于中国工业企业数据的经验分析 [J]. 中国工业经济, 2014 (3): 44 – 56.

[110] 王菁, 程博, 孙元欣. 期望绩效反馈效果对企业研发和慈善捐赠行为的影响 [J]. 管理世界, 2014 (8): 115 – 133.

[111] 王雎, 曾涛. 开放式创新: 基于价值创新的认知性框架 [J]. 南开管理评论, 2011, 14 (2): 114 – 125.

[112] 王娟茹, 张渝. 环境规制、绿色技术创新意愿与绿色技术创新行为 [J]. 科学学研究, 2018 (2): 352 – 360.

[113] 王俊. R&D 补贴对企业 R&D 投入及创新产出影响的实证研究 [J]. 科学学研究. 2010, 28 (9): 1368 – 1374.

[114] 王丽平, 何亚蓉. 互补性资源、交互能力与合作创新绩效 [J]. 科学学研究, 2016, 34 (1): 132 – 141.

[115] 王鹏. 环境规制与我国经济增长关系的区域差异研究——基于东、中、西部地区三次产业部门的数据分析 [J]. 产经评论, 2012 (5): 111 – 118.

[116] 王书斌, 徐盈之. 环境规制与雾霾脱钩效应——基于企业投资偏

好的视角 [J]. 中国工业经济, 2015 (4): 18 - 30.

[117] 王遂昆, 郝继伟. 政府补贴、税收与企业研发创新绩效关系研究——基于深圳中小板上市企业的经验证据 [J]. 科技进步与对策, 2014 (9): 92 - 96.

[118] 王一卉. 政府补贴、研发投入与企业创新绩效——基于所有制、企业经验与地区差异的研究 [J]. 经济问题探索, 2013 (7): 138 - 143.

[119] 王玉涛, 王菊仙, 赵迎旭. 我国证券分析师股票评级、评级修正与市场反应 [J]. 管理评论, 2021, 33 (2): 3 - 14.

[120] 王圆圆, 刘国新, 郎坤. 开放式创新的外部有效性研究 [J]. 管理学刊, 2011, 24 (1): 22 - 25.

[121] 王云, 李延喜, 马壮, 宋金波. 媒体关注、环境规制与企业环保投资 [J]. 南开管理评论, 2017, 20 (6): 83 - 94.

[122] 吴超鹏, 吴世农, 程静雅, 等. 风险投资对上市公司投融资行为影响的实证研究 [J]. 经济研究, 2012, 47 (1): 105 - 119, 160.

[123] 伍红, 郑家兴. 政府补助和减税降费对企业创新效率的影响: 基于制造业上市企业的门槛效应分析 [J]. 当代财经, 2021 (3): 28 - 39.

[124] 谢乔昕. 环境规制扰动、政企关系与企业研发投入 [J]. 科学学研究, 2016 (5): 713 - 719.

[125] 谢乔昕. 环境规制、绿色金融发展与企业技术创新 [J]. 科研管理, 2021, 42 (6): 65 - 72.

[126] 谢荣辉. 环境规制、引致创新与中国工业绿色生产率提升 [J]. 产业经济研究, 2017 (2): 42 - 52.

[127] 熊航, 静峥, 展进涛. 不同环境规制政策对中国规模以上工业企业技术创新的影响 [J]. 资源科学, 2020, 42 (7): 1348 - 1360.

[128] 徐鸿翔, 韩先锋, 宋文飞. 环境规制对污染密集产业技术创新的影响研究 [J]. 统计与决策, 2015 (22): 135 - 139.

[129] 徐佳, 魏玖长, 王帅, 等. 开放式创新视角下区域创新系统演化路径分析 [J]. 科技进步与对策, 2017, 34 (5): 25 - 34.

[130] 徐建中, 孙颖. 市场机制和政府监管下新能源汽车产业合作创新

演化博弈研究 [J]. 运筹与管理, 2020, 29 (5): 143 – 151.

[131] 徐晓萍, 张顺晨, 许庆. 市场竞争下国有企业与民营企业的创新性差异研究 [J]. 财贸经济, 2017, 38 (2): 141 – 155.

[132] 徐玉莲, 王玉冬. 创业板推出、企业融资约束与研发投入强度——基于创业板企业上市前后的数据检验 [J]. 软科学, 2015 (8): 53 – 56.

[133] 徐圆. 源于社会压力的非正式性环境规制是否约束了中国的工业污染? [J]. 财贸研究, 2014 (2): 7 – 15.

[134] 许骞. 创新开放度、知识吸收能力对企业创新绩效的影响机制研究——基于环境动态性视角 [J]. 预测, 2020, 39 (5): 9 – 15.

[135] 薛阳, 胡丽娜. 制度环境、政府补助和制造业企业创新积极性: 激励效应与异质性分析 [J]. 经济经纬, 2020, 37 (6): 88 – 96.

[136] 闫春, 蔡宁. 创新开放度对开放式创新绩效的作用机理 [J]. 科研管理, 2014, 35 (3): 18 – 24.

[137] 闫春, 黄绍升, 黄正萧. 创新开放度与创新绩效关系的元分析 [J]. 研究与发展管理, 2020, 32 (6): 177 – 190.

[138] 闫志俊, 于津平. 政府补贴与企业全要素生产率——基于新兴产业和传统制造业的对比分析 [J]. 经济研究, 2017 (1): 1 – 13.

[139] 杨建华, 楼润平, 姚卿. 利益相关者、管理认知对企业环境保护战略选择的影响——基于我国上市公司的实证研究 [J]. 管理评论, 2012, 24 (3): 142 – 151.

[140] 杨盛东, 杨旭, 吴相利, 伍昱飞, 周嘉. 环境规制对区域碳排放时空差异的影响——基于东北三省32个地级市的实证分析 [J]. 环境科学学报, 2021, 41 (5): 2029 – 2038.

[141] 杨亭亭, 罗连化, 许伯桐. 政府补贴的技术创新效应: "量变"还是"质变"? [J]. 中国软科学, 2018 (10): 52 – 61.

[142] 杨洋, 魏江, 罗来军. 谁在利用政府补贴进行创新? ——所有制和要素市场扭曲的联合调节效应 [J]. 管理世界, 2015 (1): 75 – 86, 98, 188.

［143］杨振兵，张诚．产能过剩与环境治理双赢的动力机制研究——基于生产侧与消费侧的产能利用率分解［J］．当代经济科学，2015（6）：42－52．

［144］杨震宁，赵红．中国企业的开放式创新：制度环境、"竞合"关系与创新绩效［J］．管理世界，2020，36（2）：139－160．

［145］姚大庆．母国环境规制与外商直接投资：对污染避难所效应的一个解释［J］．世界经济研究，2015（3）：65－71，128．

［146］尤济红，王鹏．环境规制能否促进 R&D 偏向于绿色技术研发？——基于中国工业部门的实证研究［J］．经济评论，2016（3）：26－38．

［147］于淼．基于知识视角的企业开放式创新能力机制研究［J］．财经问题研究，2012（3）：110－116．

［148］余明桂，钟慧洁，范蕊．分析师关注与企业创新——来自中国资本市场的经验证据［J］．经济管理，2017，39（3）：175－192．

［149］余威，宁博．交叉上市、投资者关注与企业创新——基于沪深 A 股上市公司的实证研究［J］．外国经济与管理，2018，40（1）：50－63．

［150］余伟，陈强，陈华．环境规制、技术创新与经营绩效——基于 37 个工业行业的实证分析［J］．科研管理，2017，38（2）：18－25．

［151］余泳泽．创新要素集聚、政府支持与科技创新效率——基于省域数据的空间面板计量分析［J］．经济评论，2011（2）：93－101．

［152］袁建国，范文林，程晨．税收优惠与企业技术创新——基于中国上市公司的实证研究［J］．税务研究，2016（10）：28－33．

［153］袁丽静，郑晓凡．环境规制、政府补贴对企业技术创新的耦合影响［J］．资源科学，2017，39（5）：911－923．

［154］原毅军，谢荣辉．环境规制的产业结构调整效应研究——基于中国省际面板数据的实证检验［J］．中国工业经济，2014（8）：57－69．

［155］原毅军，谢荣辉．环境规制与工业绿色生产率增长——对"强波特假说"的再检验［J］．中国软科学，2016（07）：144－154．

［156］韵江，马文甲，陈丽．开放度与网络能力对创新绩效的交互影响

研究 [J]. 科研管理, 2012 (7): 8 - 15.

[157] 臧志彭. 政府补助、研发投入与文化产业上市公司绩效——基于 161 家文化上市公司面板数据中介效应实证 [J]. 华东经济管理, 2015 (6): 80 - 88.

[158] 张成, 陆旸, 郭路. 环境规制强度和生产技术进步 [J]. 经济研究, 2011 (2): 113 - 124.

[159] 张弛, 任剑婷. 基于环境规制的我国对外贸易发展策略选择 [J]. 生态经济, 2005 (10): 169 - 171.

[160] 张慧雪, 沈毅, 郭怡群. 政府补助与企业创新的"质"与"量"——基于创新环境视角 [J]. 中国科技论坛, 2020 (3): 44 - 53.

[161] 张江雪, 蔡宁, 杨陈. 环境规制对中国工业绿色增长指数的影响 [J]. 中国人口·资源与环境, 2015, 25 (1): 24 - 31.

[162] 张杰, 芦哲, 郑文平, 等. 融资约束、融资渠道与企业 R&D 投入 [J]. 世界经济, 2012 (10): 66 - 88.

[163] 张军荣. 开放式创新能提升专利质量吗? [J]. 科研管理, 2017, 38 (11): 103 - 109.

[164] 张林. 创新型企业绩效评价影响因素分析——基于财务与非财务视角的问卷调查结果分析 [J]. 经济研究导刊, 2012 (11): 83 - 85.

[165] 张嫚. 环境规制与企业行为间的关联机制研究 [J]. 财经问题研究, 2005 (4): 32 - 38.

[166] 张鹏, 朱常俊. 发达国家中小企业技术创新税收实践及其启示 [J]. 科学学研究, 2007, 25 (3): 551 - 556.

[167] 张同斌, 高铁梅. 财税政策激励, 高新技术产业发展与产业结构调整 [J]. 经济研究, 2012 (5): 58 - 70.

[168] 张永安, 张瑜, 筱丹. 外部资源获取、内部创新投入与企业经济绩效关系——以新一代信息技术企业为例 [J]. 华东经济管理, 2018, 32 (10): 170 - 175.

[169] 张永安, 关永娟. 政府补助对企业创新绩效的影响 [J]. 工业技术经济, 2021, 40 (2): 18 - 25.

[170] 张玉明，邢超，张瑜. 媒体关注对重污染企业绿色技术创新的影响研究 [J]. 管理学报，2021，18 (4)：557 - 568.

[171] 张振刚，陈志明，李云健. 开放式创新、吸收能力与创新绩效关系研究 [J]. 科研管理，2015，36 (3)：49 - 56.

[172] 张志元，马永凡，张梁. 供给侧改革视角的政府补助与企业创新 [J]. 科研管理，2020，41 (8)：85 - 94.

[173] 张中元. FDI、环境规制与技术进步——基于中国省级数据的实证分析 [J]. 数量经济技术经济研究，2012 (4)：19 - 32.

[174] 张座铭，刘玮，易明. 开放式创新与企业创新能力的"倒 U 型"关系实证研究 [J]. 工业技术经济，2014 (1)：75 - 81.

[175] 章元，程郁，佘国满. 政府补贴能否促进高新技术企业的自主创新？——来自中关村的证据 [J]. 金融研究，2018 (10)：123 - 140.

[176] 赵莉，张玲. 媒体关注对企业绿色技术创新的影响：市场化水平的调节作用 [J]. 管理评论，2020，32 (9)：132 - 141.

[177] 赵良玉，李增泉，刘军霞. 管理层偏好、投资评级乐观性与私有信息获取 [J]. 管理世界，2013 (4)：33 - 45，47，46，187 - 188.

[178] 赵胜民，张博超. 分析师关注如何影响公司投资行为——基于不同投资类型的分析 [J]. 中央财经大学学报，2021 (5)：51 - 64.

[179] 赵文红，邵建春，尉俊东，等. 参与度、信任与合作效果的关系——基于中国非营利组织与企业合作的实证分析 [J]. 南开管理评论，2008，11 (3)：51 - 57.

[180] 赵玉民，朱方明，贺立龙. 环境规制的界定、分类与演进研究 [J]. 中国人口·资源与环境，2009，19 (6)：85 - 90.

[181] 周海华，王双龙. 正式与非正式的环境规制对企业绿色创新的影响机制研究 [J]. 软科学，2016，30 (8)：47 - 51.

[182] 周海涛，张振刚. 政府研发资助方式对企业创新投入与创新绩效的影响研究 [J]. 管理学报，2015，12 (12)：1797 - 1804.

[183] 朱学冬，陈雅兰. 创新型企业创新绩效评价研究——以福建省为例 [J]. 中国科技论坛，2010 (9)：77 - 82.

［184］Ambec S, Barla P. A theoretical foundation of the Porter hypothesis ［J］. Economics Letters, 2002, 75 (3): 355 – 360.

［185］Antonio K W L, William L. Regional innovation system, absorptive capacity and innovation performance: An empirical study ［J］. Technological Forecasting & Social Change, 2015, 92 (3): 99 – 114.

［186］Antweiler W, Copeland B R, Taylor M S. Is free trade good for the environment? ［J］. American Economic Review, 2001, 91 (4): 877 – 908.

［187］Aristizabal R M, Botero F M C, Canavire B G. Does financial development promote innovation in developing economies? An empirical analysis ［J］. Review of Development Economics, 2017, 21 (3): 475 – 496.

［188］Armando S V. An empirical analysis of the nonlinear relationship between environment regulation and manufacturing productivity ［J］. Journal of Applied Economics, 2013, 16 (2): 357 – 372.

［189］Audia P G, Greve H R. Less likely to fail: Low performance, firm size and factory expansion in the shipbuilding industry ［J］. Management Science, 2006, 52 (1): 83 – 94.

［190］Balka K, Raasch C, Herstatt C. The effect of selective openness on value creation in user innovation communities ［J］. Journal of Product Innovation Management, 2013, 31 (2): 392 – 407.

［191］Balsmeier B. Unions, collective relations laws and R&D investment in emerging and developing countries ［J］. Research Policy, 2017, 46 (1): 292 – 304.

［192］Bansal P, Clelland I. Talking trash: Legitimacy, impression management, and unsystematic risk in the context of the natural environment ［J］. Academy of Management Journal, 2004, 47 (1): 93 – 103.

［193］Belderbos R, Carree M, Lokshin B. Cooperative R&D and firm performance ［J］. Research Policy, 2004, 33 (10): 1477 – 1492.

［194］Bernini C, Pellegrini G. How are growth and productivity in private firms affected by public subsidy? Evidence from a regional policy ［J］. Regional

Science and Urban Economics, 2011, 41 (3): 253 –265.

[195] Berrone P, Fosfuri A, Gelabert L, et al. Necessity as the mother of "green" inventions: Institutional pressures and environmental innovations [J]. Strategic Management Journal, 2013, 34 (8): 891 –909.

[196] Bianchi M, et al. Organizing for inbound open innovation: How external consultants and a dedicated R&D unit influence product innovation performance [J]. Journal of Product Innovation Management, 2016, 33 (4): 492 –510.

[197] Blackman A, Vincent J R. Alternative pollution control policies in developing countries [J]. Review of Environmental Economics & Policy, 2010, 4 (2): 234 –253.

[198] Bloom N, Griffith N, Reenen J V. Do R&D tax credits work? Evidence from a panel of countries 1979 – 1997 [J]. Journal of Public Economics, 2002, 85 (1): 1 –31.

[199] Brockman P, Khurana IK, Zhong R. Societal trust and open innovation [J]. Research Policy, 2018, 47 (10): 2048 –2065.

[200] Bronzini R, Piselli P. The impact of R&D subsidies on firm innovation [J]. Research Policy, 2016, 45 (2): 442 –457.

[201] Brouhleetal K, Graham B. Innovation under the Climate Wise Program [J]. Resource and Energy Economics, 2013 (35): 91 –112.

[202] Buysse K, Verbeke A. Proactive environmental strategies: A stakeholder management perspective [J]. Strategic Management Journal, 2010, 24 (5): 453 –470.

[203] Caloffi A, Rossi F, Russo M. What makes SMEs more likely to collaborate? Analyzing the role of regional innovation policy [J]. European Planning Studies, 2015, 23 (7): 1245 –1264.

[204] Carroll G P, et al. Measuring the effectiveness and impact of an open innovation platform [J]. Drug Discovery Today, 2017, 22 (1): 776 –785.

[205] Castaño M S, Méndez M T, Galindo M Á. Innovation, internationalization and business growth expectations among entrepreneurs in the services sector

[J]. Journal of Business Research, 2016, 69 (5): 1690 – 1695.

[206] Chakravarty A, Grewal R. Analyst earnings forecasts and advertising and R&D budgets: Role of agency theoretic monitoring and bonding costs [J]. Journal of Marketing Research, 2016, 53 (4): 580 – 596.

[207] Chen W R, Miller K D. Situational and institutional determinants of firms' R&D search intensity [J]. Strategic Management Journal, 2007, 28 (4): 369 – 381.

[208] Chen Z. Product market competition and innovation: What can we learn from economic theory? [J]. Frontiers of Economics in China, 2017, 12 (3): 450 – 464.

[209] Cheng C C J, Shiu E C. The inconvenient truth of the relationship between open innovation activities and innovation performance [J]. Management Decision, 2015, 53 (3): 625 – 647.

[210] Cheng C C J. Effects of open innovation and knowledge – based dynamic capabilities on radical innovation: An empirical study [J]. Journal of Engineering and Technology Management, 2016, 41 (3): 79 – 91.

[211] Chesbrough H W, Appleyard M M. Open innovation and strategy [J]. California Management Review, 2007, 50 (1): 57.

[212] Chesbrough H W. Open innovation: The new imperative for creating and profiting from technology [M]. Harvard Business School press, 2003: 34 – 41.

[213] Chesbrough H, Brunswicker S. Managing open innovation in large firms [R]. Fraunhofer Verlag, Berkeley, 2013 (5): 1 – 40.

[214] Chesbrough H, Crowther A K. Beyond high tech: Early adopters of open innovation in other industries [J]. R&D Management, 2006, 36 (3): 229 – 236.

[215] Chiang Y H, Hung K P. Exploring open search strategies and perceived innovation performance from the perspective of inter-organizational knowledge flows [J]. R&D Management, 2010, 40 (3): 292 – 299.

［216］Chiao C. Relationship between debt, R&D and physical investment, evidence from US firm-level data ［J］. Applied Financial Economics, 2002, 12 (2): 105 – 121.

［217］Chintrakarn P. Environmental regulation and US states technical in efficiency ［J］. Economics Letters, 2008, 100 (3): 363 – 365.

［218］Cole M A, Elliott R J R, Okubo T, et al. The carbon dioxide emissions of firms: A spatial analysis ［J］. Journal of Environmental Economics and Management, 2013, 65 (2): 290 – 309.

［219］Cornaggia J, Mao Y, Tian X, et al. Does banking competition affect innovation? ［J］. Journal of Financial Economics, 2015 (1): 189 – 209.

［220］Costa-Campi M T, Duch – Brown N, García-Quevedo J. R&D drivers and obstacles to innovation in the energy industry ［J］. Energy Economics, 2014, 46: 20 – 30.

［221］Cropper M L, Oates W E. Environmental economics: A survey ［J］. Journal of Economic Literature, 1992 (30): 675 – 740.

［222］Czarnitzki D, Hanel P, Miguel J. Evaluating the impact of R&D tax credits on innovation: A microeconometric study on Canadian firms ［J］. Research Policy, 2011: 217 – 229.

［223］Dahlander L, Gann D M. How open is innovation? ［J］. Research Policy, 2010, 39 (6): 699 – 709.

［224］Darin M, Nicodano G, Sembenelli A. Public policy and the creation of active venture capital markets ［J］. Journal of Public Economics, 2006, 90 (9): 1699 – 1723.

［225］Das T K, Teng B S. A resource-based theory of strategic alliances ［J］. Journal of Management, 2000, 26 (1): 31 – 61.

［226］David D L, Zenga Ping, Hailin Lan. Co-patent, financing constraints, and innovation in SMEs: An empirical analysis using market value panel data of listed firms ［J］. Journal of Engineering and Technology Management, 2018, 48: 15 – 27.

[227] Deegan C, Rankin M. Do Australian companies report environmental news objectively? An analysis of environmental disclosures by firms prosecuted successfully by the environmental protection authority accounting [J]. Auditing and Accountability Journal, 1996, 9 (2): 50 – 67.

[228] Delgado-Ceballos J, Aragón – Correa J A, Ortiz-De-Mandojana N, et al. The effect of internal barriers on the connection between stakeholder integration and proactive environmental strategies [J]. Journal of Business Ethics, 2012, 107 (3): 281 – 293.

[229] DiMaggio P J, Powell W W. The iron cage revisited: Institutional isomorphism and collective rationality in organizational fields [J]. American Sociological Review, 1983, 48 (2): 147 – 160.

[230] Dowling J, Pfeffer J. Organizational legitimacy: Social values and organizational behavior [J]. Pacific Sociological Review, 1975, 18 (1): 122 – 136.

[231] Dragomir V. Eco-management and the paradigm of self-regulation [J]. Environmental Engineering and Management Journal, 2008, 7 (4): 427 – 431.

[232] Du J, Leten B, Vanhaverbeke W. Managing open innovation projects with science-based and market-based partners [J]. Research Policy, 2014, 43 (5): 828 – 840.

[233] Dufour C, Lanoie P, Patry M. Regulation and productivity [J]. Journal of Productivity Analysis, 1998 (9): 233 – 247.

[234] Dunlap D, McDonough EF, Mudambi R, et al. Making up is hard to do: Knowledge acquisition strategies and the nature of new product innovation [J]. Journal of Product Innovation Management, 2016, 33 (4): 472 – 491.

[235] Ebersberger B, Bloch C, Herstad S J. Open innovation practices and their effect on innovation performance [J]. International Journal of Innovation and Technology Management, 2012, 9 (6): 1 – 22.

[236] Ederer F, Manso G. Is pay for performance detrimental to innovation? [J]. Management Science, 2013, 59 (7): 1496 – 1513.

［237］ Einiö E. R&D subsidies and company performance: Evidence from geographic variation in government funding based on the ERDF population-density Rule ［J］. Review of Economics & Statistics, 2014, 96 (4): 710 –728.

［238］ Eliste P, Fedriksson P G. The political economy of environmental regulations, government assistance, and foreign trade ［J］. Mimeo, Washington, DC: The World Bank, 1999: 129 –139.

［239］ Enkel E, Gassmann O, Chesbrough H. Open R&D and open innovation: Exploring the phenomenon ［J］. R&D Management, 2009, 39 (4): 311 –316.

［240］ Faems D, Visser M D, Andries P, et al. Technology alliance portfolios and financial performance: Value-enhancing and cost-Increasing effects of open innovation ［J］. Journal of Product Innovation Management, 2010, 27 (6): 785 –796.

［241］ Faems D, Van Looy B. Inter-organizational collaboration and innovation, toward a portfolio approach ［J］. Journal of Product Innovation, 2003, 20 (1): 57 –69

［242］ Fasaei H, Tempelaar M P, Jansen J J P. Firm reputation and investment decisions: The contingency role of securities analysts' recommendations ［J］. Long Range Planning, 2018, 51 (5): 680 –692.

［243］ Freel S. Sectoral patterns of small firm innovation, networking and proximity ［J］. Research Policy, 2003, 32 (5): 751 –770.

［244］ Frondel M, Horbach J, Rennings K. End-of-pipe or cleaner production? An empirical comparison of environmental innovation decisions across OECD countries ［J］. Business Strategy & the Environment, 2008, 16 (8): 571 –584.

［245］ Gentry R J, Shen W. The impacts of performance relative to analyst forecasts and analyst coverage on firm R&D intensity ［J］. Strateg. Manag. J., 2013 (34): 121 –130.

［246］ Gilbert M, Cordey-Hayes M. Understanding the process of knowledge transfer to achieve successful technological innovation [J]. Technovation, 1996, 16 (6): 301 –312.

[247] Goergen M, Renneboog L. Investment policy, internal financing and ownership concentration in the UK [J]. Journal of Corporate Finance, 2001, 7 (3): 257 –284.

[248] Görg H, Strobl E. The effect of R&D subsidies on private R&D [J]. Economica, 2007, 74 (294): 215 –234.

[249] Gray W B. The cost of regulation: OSHA, EPA and the productivity slowdown [J]. American Economic Review, 1987, 77 (77): 998 –1006.

[250] Greco M, Grimaldi M, Cricelli L. An analysis of the open innovation effect on firm performance [J]. European Management Journal, 2016, 34 (5): 501 –516.

[251] Griliches Z. Issues in assessing the contribution of research and development to productivity growth [J]. The Bell Journal of Economics, 1979, 10 (1): 92 –116.

[252] Guellec D, Pottelsberghe B V, Potterie D L. The impact of public R&D expenditure on business R&D [J]. Economic Innovation New Technology, 2003 (3): 225 –243.

[253] Guo B, Castrillo D P, Simats A T. Firms' innovation strategy under the shadow of analyst coverage [J]. Journal of Financial Economics, 2019, 131 (2): 456 –483.

[254] Guo D, Guo Y, Jiang K. Government-subsidized R&D and firm innovation: Evidence from China [J]. Research Policy, 2016, 45 (6): 1129 –1144.

[255] Hagedoorn J, Roijakkers N, Van Kranenburg H. Inter-firm R&D networks: The importance of strategic network capabilities for high-tech partnership formation [J]. British Journal of Management, 2006 (17): 39 –53.

[256] Hamamoto M. Environmental regulation and the productivity of Japanese manufacturing industries [J]. Resource and Energy Economics, 2006, 28

(4)：299 – 312.

[257] Hastbacka M. Open innovation：What's mine is mine-what if yours could be mine, too? [J]. Technology Management Journal, 2004 (12)：1 – 3.

[258] Hilgers D, Ihl C. Citizensourcing：Applying the concept of open inno-vation to the public sector [J]. International Journal of Public Participation, 2010, 4 (1)：67 – 88.

[259] Hu Y, et al. Outbound open innovation in bio-pharmaceutical out-licensing [J]. Technovation, 2015, 35 (1)：46 – 58.

[260] Huang S X, Pereira R, Wang C. Analyst coverage and the likelihood of meeting or beating analyst earnings forecasts [J]. Contemporary Accounting Research, 2017, 34 (2)：871 – 899.

[261] Hung K P, Chou C. The impact of open innovation on firm perform-ance：The moderating effects of internal R&D and environmental turbulence [J]. Technovation, 2013, 33 (10)：368 – 380.

[262] Iglesias-Sanche P P, Lope-Delgado P, Correia M B, Jambrino-Mal-donado C. How do external openness and R&D activity influence open innovation management and the potential contribution of social media in the tourism and hospi-tality industry? [J]. Information Technology & Tourism, 2020, 22 (2)：297 – 323.

[263] Inauen M, Wicki A S. The impact of outside-in open innovation on innovation performance [J]. European Journal of Innovation Management, 2011, 14 (4)：496 – 520.

[264] Inkpen A C. An examination of collaboration and knowledge transfer：China-Singapore Suzhou industrial park [J]. Journal of Management Studies, 2006, 43 (4)：779 – 811.

[265] Jaffe A B, Palmer K. Environmental regulation and innovation：A panel data study [J]. Review of Economics & Statistics, 1997, 79 (4)：610 – 619.

[266] Jiang Z Y, Wang Z J, Li Z B. The effect of mandatory environmental

regulation on innovation performance: Evidence from China [J]. Journal of Cleaner Production, 2018, 203: 482 – 491.

[267] Jiang Z, Zhao X and Zhou J. Does the supervision mechanism promote the incentive effects of government innovation support on the R&D input of agricultural enterprises? [J]. IEEE Access, 2021 (9): 3339 – 3359.

[268] Jiang Z. Can the gap and rating of market expectation promote innovation input of China manufacturers? [J]. Sustainability, 2020, 12 (5): 2039.

[269] Jugend D, et al. Relationships among open innovation, innovative performance, government support and firm size: Comparing Brazilian firms embracing different levels of radicalism in innovation [J]. Technovation, 2018, 74/75 (6/7): 54 – 65.

[270] Kang K N, Park H. Influence of government R&D support and inter-firm collaborations on innovation in Korean biotechnology SMEs [J]. Technovation, 2012, 32 (1): 68 – 78.

[271] Kani M, Motohashi K. Understanding the technology market for patents: New insights from a licensing survey of Japanese firms [J]. Research Policy, 2012, 41 (1): 226 – 235.

[272] Kassinis G, Vafeas N. Stakeholder pressures and environmental performance [J]. Academy of Management Journal, 2006, 49 (1): 145 – 159.

[273] Kathuria V. Informal regulation of pollution in a developing country: Empirical evidence from Gujarat, India [J]. Ecological Economics, 2007, 63 (2): 403 – 417.

[274] Katila R, Ahuja G. Something old, something new: A longitudinal study of search behavior and new product introduction [J]. Academy of Management Journal, 2002, 45 (6): 1183 – 1194.

[275] Keller A Levinson. Pollution abatement costs and foreign direct investment inflows to U. S. States [J]. Review of Economics and Statistics, 2002, 84 (4): 691 – 703.

[276] Kessler E H, Chakrabarti A K. Innovation speed: A conceptual model

of context, antecedents, and outcomes [J]. Academy of Management Review, 1996, 21 (4): 1143 – 1191.

[277] Kim B, et al. Balancing absorptive capacity and inbound open innovation for sustained innovative performance: An attention – based view [J]. European Management Journal, 2016, 34 (1): 80 – 90.

[278] Kleer R. Government R&D subsidies as a signal for private investors [J]. Research Policy, 2010, 39 (10): 1361 – 1374.

[279] Kneller R, Manderson E. Environmental regulations and innovation activity in UK manufacturing industries [J]. Resource and Energy Economics, 2012, 34 (2): 211 – 235.

[280] Kraatz M S. Learning by association? Interorganizational networks and adaptation to environmental change [J]. Academy of Management Journal, 1998, 41 (6): 621 – 643.

[281] Krell K, Matook S, Rohde F. The impact of legitimacy-based motives on IS adoption success: An institutional theory perspective [J]. Information & Management, 2016, 53 (6): 683 – 697.

[282] Lach S. Do R&D subsidies stimulate or displace private R&D? Evidence from Israel [J]. Journal of Industrial Economics, 2002, 50 (4): 369 – 390.

[283] Langpap C, Shimshack J P. Private citizen suits and public enforcement: Substitutes or complements? [J]. Journal of Environmental Economics & Management, 2010, 59 (3): 235 – 249.

[284] Lanoie P, et al. Environmental policy, innovation and performance: New insights on the Porter Hypothesis [J]. Journal of Economics and Management Strategy, 2011, 20: 803 – 42.

[285] Laursen K, Salter A. Open for innovation: The role of openness in explaining innovation performance among UK manufacturing firms [J]. Strategic Management Journal, 2006, 27 (2): 131 – 150.

[286] Lazzarotti V, Manzini R. Different modes of open innovation: A theo-

retical framework and an empirical study〔J〕. International Journal of Innovation Management, 2009, 13 (4), 615 –636.

〔287〕 Lee S, Park G, Yoon B, et al. Open innovation in SMEs—An intermediated network model〔J〕. Research Policy, 2010, 39 (2): 290 –300.

〔288〕 Lerner, J. The government as venture capitalist: The long-run impact of the SBIR program〔J〕. The Journal of Business, 1999 (72): 285 –318.

〔289〕 Lewis G J, Harvey B. Perceived environmental uncertainty: The extension of Miller's scale to the natural environment〔J〕. Journal of Management Studies, 2001, 38 (2): 201 –233.

〔290〕 Li L, Chen J, Gao H, Xie L. The certification effect of government R&D subsidies on innovative entrepreneurial firms' access to bank finance: Evidence from China〔J〕. Small Business Economics, 2019, 52 (1): 241 –259.

〔291〕 Lian Yanling, He Xiaogang, Gao Hao. The performance aspiration gap and the strategy adjustment: A case study based on China's listed companies〔J〕. Management World, 2014 (11): 119 –132, 188.

〔292〕 Liao, Zhongju. Institutional pressure, knowledge acquisition and a firm's environmental innovation〔J〕. Business Strategy and the Environment, 2018.

〔293〕 Lichtenthaler U, Ernst H. External technology commercialization in Large firms: Results of a quantitative benchmarking study〔J〕. R&D Management, 2007, 37 (5): 383 –397.

〔294〕 Lichtenthaler U. Open innovation: Past research, current debates, and future directions〔J〕. Academy of Management Perspectives, 2011, 25 (1): 75 –93.

〔295〕 Lichtenthaler U. Outbound open innovation and its effect on firm performance: Examining environmental influences〔J〕. R&D Management, 2009, 39 (4): 317 –330.

〔296〕 Lim K. The relationship between research and innovation in the semiconductor and pharmaceutical industries (1981 –1997)〔J〕. Research Policy, 2004, 33 (2): 287 –321.

[297] Link A N, Scott J T. Private investor participation and commercialization rates for government-sponsored research and development: Would a prediction market improve the performance of the SBI Program? [J]. Economic, 2009 (76): 264-281.

[298] Liu M, Liu L, Xu S, Du M, Liu X, Zhang, Y. The influences of government subsidies on performance of new energy firms: A firm heterogeneity perspective [J]. Sustainability, 2019 (11): 4518.

[299] Lo W H, Fryxell G E, Rooij B V, et al. Explaining the enforcement gap in China: Local government support and internal agency obstacles as predictors of enforcement actions in Guangzhou [J]. Journal of Environmental Management, 2012, 111 (6): 227-235.

[300] Lopes C M, et al. An analysis of the interplay between organizational sustainability, knowledge management, and open innovation [J]. Journal of Cleaner Production, 2017, 142 (1): 476-488.

[301] Luk C L, Yau O H M, Sin L Y M, et al. The effects of social capital and organizational innovativeness in different institutional contexts [J]. Journal of International Business Studies, 2008, 39 (4): 589-612.

[302] Lv D D, Chen W, Zhu H, Lan H. How does inconsistent negative performance feedback affect the R&D investments of firms? A study of publicly listed firms [J]. Journal of Business Research, 2019, 102: 151-162.

[303] Malmendier U, Shanthikumar D. Are small investors naive about incentives [J]. Journal of Financial Economics, 2007, 85 (2): 457-489.

[304] Mansfield E, Switzer L. How effective are Canada's direct tax incentive for R&D [J]. Canada Public, 1985, 11 (2): 241-246.

[305] Mateescu C, Constantinescu I, Alves M. Environmental hazards and anaerobic treatment of waste waters generated in alcohol industry [J]. Environmental Engineering and Management Journal, 2010, 9 (3): 393-397.

[306] Matthias B, Margarethe W. Analyzing analyst research: A review of past coverage and recommendations for future research [J]. Journal of Manage-

ment, 2018, 44 (1): 218 – 248.

[307] Maurer J G. Readings in organization theory: Open-system approaches [J]. Journal of Business, 1971, 31 (1): 1 – 11.

[308] Mazzola E, Bruccoleri M, Perrone G. Supply chain of innovation and new product development [J]. Journal of Purchasing & Supply Management, 2015, 21 (4): 273 – 284.

[309] Mazzola E, et al. Network embeddedness and new product development in the biopharmaceutical industry: The moderating role of open innovation flow [J]. International Journal of Production Economics, 2015, 160 (2): 106 – 119.

[310] McFarland R G, Bloodgood J M, Payan J M. Supply chain contagion [J]. Journal of Marketing, 2008, 72 (2): 63 – 79.

[311] Menguc B, Auh S, Ozanne L. The interactive effect of internal and external factors on a proactive environmental strategy and its influence on a firm's performance [J]. Journal of Business Ethics, 2010, 94 (2): 279 – 298.

[312] Mian Yang, Jiangchuan Xu, Fuxia Yang, Hongbo Duan. Environmental regulation induces technological change and green transformation in Chinese cities [J]. Technological Forecasting and Social Change, 2021, 167: 21 – 41.

[313] Miotti L. Sachwald F. Co-operative R&D why and with whom? An integrated framework of analysis [J]. Research Policy, 2003, 32 (8): 1481 – 1499.

[314] Mohr R D. Technical change, external economies and the Porter Hypothesis [J]. Journal of Environmental Economics and Management, 2002, 43 (1): 158 – 168.

[315] Murphy K M, Shleifer A, Vishny R W. Why is rent-seeking so costly to growth? [J]. The American Economic Review, 1993, 83 (2): 409 – 414.

[316] Negash, M, Lemma, T T. Institutional pressures and the accounting and reporting of environmental liabilities [J]. Business Strategy and the Environment, 2020, 29 (5): 1941 – 1960.

［317］ Nelson R, Winter S. An evolutionary theory of economic change ［M］. Cambridge: Harvard University Press, 1982.

［318］ Nieto M J, Santamarla L. The importance of diverse collaborative networks for the novelty of product innovation ［J］. Technovation, 2007, 27 (3): 367 – 377.

［319］ Nyaupane G P, Timothy D J. Power, regionalism and tourism policy in Bhutan. ［J］. Annals of Tourism Research, 2010, 37 (4): 969 – 988.

［320］ Parida V, Westerberg M, Frishammar J. Inbound open innovation activities in high-tech SMEs: The impact on innovation performance ［J］. Journal of Small Business Management, 2012, 50 (2): 283 – 309.

［321］ Pfeffer J, Salancik G R. The external control of organizations: A resource dependence perspective ［J］. Social Science Electronic Publishing, 2003, 23 (2): 123 – 133.

［322］ Phelps C C. A longitudinal study of the influence of alliance network structure and composition on firm exploratory innovation ［J］. Academy of Management Journal, 2009, 53 (4): 890 – 913.

［323］ Phillip H P, Wong P K. Antecedents to entrepreneurship among university students in singapore: Beliefs, attitudes and background ［J］. Journal of Enterprising Culture, 2002, 10 (2): 151 – 174.

［324］ Porter M E, Claas V D L. Toward a new conception of the environment-competitiveness relationship ［J］. Journal of Economic Perspectives, 1995, 9 (4): 97 – 118.

［325］ Porter M. E. The contributions of industrial organization to strategic management ［J］. Academy of Management Review, 1981, 6 (4): 609 – 620.

［326］ Prencipe A. Board composition and innovation in university spin-offs: Evidence from the Italian context ［J］. Journal of Technology Management & Innovation, 2016 (11): 33 – 39.

［327］ Radnejad A B, Vredenburg H, Woiceshyn J. Meta-organizing for open innovation under environmental and social pressures in the oil industry ［J］. Technovation, 2017, 66 – 67: 14 – 27.

［328］ Ranga M, Etzkowitz H. Great expectations: An innovation solution to the contemporary economic crisis ［J］. European Planning Studies, 2012, 20 (9): 1429 – 1438.

［329］ Reed R, Jessup L, Storrud-Barnes S. How open innovation affects the drivers of competitive advantage ［J］. Management Decision, 2012, 50 (1): 58 – 73.

［330］ Rigby D, Zook C. Open-market innovation ［J］. Harvard Business Review, 2002, 80 (10): 80 – 93.

［331］ Romero-Martínez A M, Ortiz-de-Urbina-Criadob M, Soriano D R. Evaluating European union support for innovation in Spanish small and medium enterprises ［J］. Service Industries Journal, 2010, 30 (5): 671 – 683.

［332］ Sang M L, Hwang T, Choi D. Open innovation in the public sector of leading countries ［J］. Management Decision, 2012, 50 (1): 147 – 162.

［333］ Sarkis J, Gonzalez-Torre P, Adenso-Diaz B. Stakeholder pressure and the adoption of environmental practices: The mediating effect of training ［J］. Journal of Operations Management, 2010, 28 (2): 163 – 176.

［334］ Sasidharan S, Jijo Lukose P J, Komera S. Financing constraints and investments in R&D: Evidence from Indian manufacturing firms ［J］. The Quarterly Review of Economics and Finance, 2015, 55: 28 – 39.

［335］ Selznick, Philip. TVA and the grass roots: A study in the sociology of formal organization ［J］. American Journal of Sociology, 1949, 14 (3): 35 – 36.

［336］ Seok J E, Kim J, Park H S. Regulatory and social dynamics of voluntary agreement adoption: The case of voluntary energy efficiency and GHG reduction agreement in South Korea ［J］. Energy Policy, 2021, 148: 1 – 11.

［337］ Shimshackm, Ward B. Regulator reputation, enforcement and environmental comp-liance ［J］. Journal of Environmental Economics and Management, 2005, 50 (3): 519 – 540.

[338] Shon J, Yan M. R&D cuts and subsequent reversals: Meeting or beating quarterly analyst forecasts [J]. European Accounting Review, 2015, 24: 147 – 166.

[339] Sisodiya S R, Johnson J L, Grégoire Y. Inbound open innovation for enhanced performance: Enablers and opportunities [J]. Industrial Marketing Management, 2013, 42 (5): 836 – 849.

[340] Steven C Michael, John A Pearce II. The need for innovation as a rationale for government involvement in entrepreneurship [J]. Entrepreneurship & Regional Development, 2009, 21 (3): 285 – 302.

[341] Suchman M C. Managing legitimacy: Strategic and institutional approaches [J]. Academy of Management Review, 1995, 20 (3): 571 – 610.

[342] Sung J K, Park J, Yoo S. Exploring the impact of strategic emphasis on advertising versus R&D during stock market downturns and upturns [J]. Journal of Business Research, 2019, 94: 56 – 64.

[343] Takalo T, Tanayama T. Adverse selection and financing of innovation: Is there a need for R&D subsidies? [J]. Journal of Technology Transfer, 2010, 35 (1): 16 – 41.

[344] Teece D J, Pisano G, Shuen A. Dynamic capabilities and strategic management [J]. Strategic Management Journal, 1997, 18 (7): 509 – 533.

[345] Thomson R, Jensen P. The effects of government subsidies on business R&D employment: Evidence from OECD countries [J]. National Tax Journal, 2013, 66 (2): 281 – 309.

[346] Uzzi B. Social structure and competition in interfirm networks: The paradox of embeddedness [J]. Administrative Science Quarterly, 1997, 42 (1): 35 – 67.

[347] Van Beers C, Zand F. R&D cooperation, partner diversity, and innovation performance: An empirical analysis [J]. Journal of Product Innovation Management, 2014, 31 (2): 292 – 312.

[348] Walden W D, Schwartz B N. Environmental disclosures and public

policy pressure [J]. Journal of Accounting and Public Policy, 1997, 16 (2): 125 – 154.

[349] Wang F, Chen J, Wang Y, et al. The effect of R&D novelty and openness decision on firms' catch – up performance: Empirical evidence from China [J]. Technovation, 2014, 34 (1): 21 – 30.

[350] Wang H. Pollution charges, community pressure, and abatement cost of industrial pollution in China [J]. Social Science Electronic Publishing, 2015.

[351] Wang J. Innovation and government intervention: A comparison of Singapore and Hong Kong [J]. Research Policy, 2018, 47 (2): 399 – 412.

[352] Wang Jing, Cheng Bo, Sun Yuanxin. The Impact of expected performance feedback on corporate R&D and charitable donation behavior [J]. Management World, 2014 (8): 115 – 133.

[353] Wang Mansi, Xu Chaohui. The bank claims, internal governance and corporate innovation: Evidence from 2006 – 2015 technology intensive A listed firms [J]. Accounting Research, 2018 (3): 42 – 49.

[354] Wei J, Zuo Y. The certification effect of R&D subsidies from the central and local governments: Evidence from China [J]. R&D Management, 2018, 48 (5): 615 – 626.

[355] West J, Bogers M. Leveraging external sources of innovation: A review of research on open innovation [J]. Journal of Product Innovation Management, 2014, 31: 814 – 831.

[356] Williamson O E. The economics of organization: The transaction cost approach [J]. American Journal of Sociology, 1981, 87 (3): 548 – 577.

[357] Wu Chaopeng, Wu Shinong, Cheng Jingya, et al. The role of venture capital in the investment and financing behavior of listed companies: Evidence from China [J]. Economic Research Journal, 2012, 47 (1): 105 – 119, 160.

[358] Wu J. Technological collaboration in product innovation: The role of market competition and sectoral technological intensity [J]. Research Policy, 2012, 41 (2): 489 – 496.

[359] Wu Y C, Lin B W, Chen C J. How do internal openness and external openness affect innovation capabilities and firm performance? [J]. IEEE Transactions on Engineering Management, 2013, 60 (4): 704 – 716.

[360] Xiaohong Chen, Na Yi, Lu Zhang, Dayuan Li. Does institutional pressure foster corporate green innovation? Evidence from China's top 100 companies [J]. Journal of Cleaner Production, 2018: 188.

[361] Xie R H, Yuan Y J, Huang J J. Different types of environmental regulations and heterogeneous influence on "green" productivity: Evidence from China [J]. Ecological Economics, 2017, 132: 104 – 112.

[362] Xie E, Huang Y, Stevens C E, Lebedev S. Performance feedback and outward foreign direct investment by emerging economy firms [J]. Journal of World Business, 2019, 54 (6).

[363] Yang C H, Yu – Hsuan Tseng, Chiang – Ping Chen. Environmental regulations, induced R&D, and productivity: Evidence from Taiwan's manufacturing industries [J]. Resource & Energy Economics, 2012, 34 (4): 514 – 532.

[364] Yang Yang, Wei Jiang, Luo Laijun. Who innovate from the government subsidies? The joint moderate effects of the ownership and the factor market distortions [J]. Management World, 2015 (1): 75 – 86, 98, 188.

[365] Yu Minggui, Zhong Huijie, Fan Rui. Analyst coverage and firm innovation: Evidence from chinese capital market [J]. Business Management Journal, 2017, 39 (3): 175 – 192.

[366] Yu Wei Ning Bo. Cross-listing, investor attention and corporate innovation: Empirical study based on Chinese A-share listed companies [J]. Foreign Economics & Management, 2018, 40 (1): 50 – 63.

[367] Yuan B, Zhang Y. Flexible environmental policy, technological innovation and sustainable development of China's industry: The moderating effect of environment regulatory enforcement [J]. Journal of Cleaner Production, 2020, 243 (1): 118543.

[368] Zahra S, Hayton J. The effect of international venturing on firm performance: The moderating influence of absorptive capacity [J]. Journal of Business Venturing, 2008, 23 (2): 195 – 220.

[369] Zeng Ping, Liu Yang, Wu Xiaojie. The impact of government support on enterprises' technological innovation: Integration of RBV and IBV [J]. Economic Research Journal, 2016, 38 (2): 14 – 25.

[370] Zhang B, Bi J, Yuan Z, et al. Why do firms engage in environmental management? An empirical study in China [J]. Journal of Cleaner Production, 2008, 16 (10): 1036 – 1045.

[371] Zhang L Y, Toffanin M. The information environment of the firm and the market valuation of R&D [J]. Journal of Business Finance & Accounting, 2018, 45 (9/10): 1051 – 1081.

[372] Zhao Liangyu, Li Zengquan, Liu Junxia. The managers' preferences, the optimization in the evaluation of the investment level and the obtainment of the private information [J]. Management World, 2013 (4): 33 – 45, 47, 46, 187 – 188.

[373] Zhu Q, Sarkis J, Lai K, et al. Institutional – based antecedents and performance outcomes of internal and external green supply chain management practices [J]. Journal of Purchasing & Supply Management, 2013, 19 (2): 106 – 117.

[374] Zhu Q, Geng Y. Drivers and barriers of extended supply chain practices for energy saving and emission reduction among Chinese manufacturers [J]. Journal of Cleaner Production, 2013, 40 (2): 8 – 12.

# 后　记

《中国制造2025》明确提出，"要把创新摆在制造业发展全局的核心位置，坚持把可持续发展作为建设制造强国的重要着力点"。党的十九大也进一步强调，"创新是引领发展的第一动力，是建设现代化经济体系的战略支撑"。本书通过对我国制造企业创新投入与产出、政府支持制造企业创新政策的发展脉络梳理，发现我国总体创新体系布局迅速，政府对民营企业的补助远远低于国有企业，制造企业每年的创新投入和产出成果增速缓慢，且面临的制度与环境规制压力越来越大，创新成本不断提高。因此，如何唤起制造企业自主创新意识、积极融入开放式创新大环境、平衡生态保护与经济增长的关系，需要引起实践界和学术界的重点关注。基于研究结论提出如下建议：政府仍需加大力度规范资本市场运作机制，建立健全环境规制体系，灵活运用各种创新支持手段，建立牵头创新合作平台，营造开放式创新氛围，最终扶持制造企业的创新行为与转型升级；社会公众尤其是消费者也可以通过需求的升级驱使制造企业改变粗放低效的生产模式；制造企业必须有危机意识和敢于创新突破的勇气，拥抱开放式创新模式，持续加大自主研发力度，实现长远价值创造。

在本书出版之际，首先，衷心感谢已经毕业的硕士研究生张红梅、周粹莹和王飞飞，她们三位同学主要参与修订了第5章、第6章和第7章的相关内容，同时也感谢在读研究生叶二子同学，她在收集各方匿名评审专家意见的基础上，主要对前言、绪论、对策建议和后记等部分内容进行了详细的修订。其次，衷心感谢国家社会科学基金办公室以及《经济理论与经济管理》、《外国经济与管理》、《科技进步与对策》、《中国环境管理》、《技术经济》和 *IEEE ACCESS* 等国内外期刊外审专家的倾力指导和关键建议。最后，感谢

2021 年度浙江工商大学工商管理学院代表性成果培育项目的资金支持，对于浙江工商大学工商管理学院郝云宏教授、孙元教授和吴波教授的鼎力支持与帮助表示衷心感谢！当然，本书作者已经竭尽全力完善相关研究内容，但是由于精力和能力有限，可能仍然存在诸多不足和研究不够深入之处，敬请各位读者批评指正。

蒋樟生

2022 年 1 月